O Poder Secreto dos Símbolos Maçônicos

A influência dos símbolos antigos
em momentos fundamentais da História e uma
enciclopédia de todos os importantes
símbolos maçônicos

Robert Lomas

O Poder Secreto dos Símbolos Maçônicos

A influência dos símbolos antigos em momentos fundamentais da História e uma enciclopédia de todos os importantes símbolos maçônicos

Tradução:
Soraya Borges de Freitas

MADRAS®

Publicado originalmente em inglês sob o título *The Secret Power of Masonic Symbols*, por Fair Winds Press.
© 2011, Fair Winds Press.
Direitos de edição e tradução para o Brasil.
Tradução autorizada do inglês.
© 2018, Madras Editora Ltda.

Editor:
Wagner Veneziani Costa

Produção e Capa:
Equipe Técnica Madras

Tradução:
Soraya Borges de Freitas

Revisão da Tradução:
Marina Nobre

Revisão:
Maria Cristina Scomparini
Margarida A. G. de Santana

Dados Internacionais de Catalogação na Publicação (CIP)
(Câmara Brasileira do Livro, SP, Brasil)

Lomas, Robert
O poder secreto dos símbolos maçônicos/Robert Lomas; tradução Soraya Borges de Freitas. – São Paulo: Madras, 2018.
Título original: The secret power of Masonic symbols.
ISBN 978-85-370-0909-3

1. Maçonaria – História 2. Maçonaria – Simbolismo 3. Simbolismo na arte I. Título.

14-03307   CDD-366.1

Índices para catálogo sistemático:
1. Maçonaria: Sociedades secretas   366.1

É proibida a reprodução total ou parcial desta obra, de qualquer forma ou por qualquer meio eletrônico, mecânico, inclusive por meio de processos xerográficos, incluindo ainda o uso da internet, sem a permissão expressa da Madras Editora, na pessoa de seu editor (Lei nº 9.610, de 19.2.98).

Todos os direitos desta edição, em língua portuguesa, reservados pela

MADRAS EDITORA LTDA.
Rua Paulo Gonçalves, 88 – Santana
CEP: 02403-020 – São Paulo/SP
Caixa Postal: 12183 – CEP: 02013-970
Tel.: (11) 2281-5555 – Fax: (11) 2959-3090
www.madras.com.br

Dedicado à minha filha em um ano muito importante.

Agradecimentos

Gostaria de agradecer ao pessoal da Fair Winds Press. A John Gettings, por me propor a ideia deste livro, fornecer as imagens e administrar a produção; a Will Kiestler, por seu trabalho árduo em desenvolver o conceito e compartilhar de suas ideias desafiadoras; e a Matt Marinovich, por editar o texto.

Agradeço, também, aos meus agentes Bill Hamiliton e Charlies Brotherstone da AM Heath Ltda., por todo seu trabalho duro em garantir a realização do projeto.

Aos meus Irmãos maçons da Lodge of Living Stones, por me ajudarem a estudar e compreender os símbolos, por serem uma caixa de ressonância para muitas de minhas ideias e pelo estímulo intelectual regular de nossas reuniões e discussões na Loja.

Por fim, gostaria de agradecer à minha família, por seu apoio contínuo aos meus esforços literários.

Índice

Prefácio	A Influência Oculta dos Símbolos Antigos	15
Parte 1	A Influência Secreta dos Símbolos	20
Capítulo 1	Por Que os Símbolos São Mais Poderosos Que as Palavras	22
	Os símbolos nos tornaram humanos	22
	Os símbolos começaram no fundo das cavernas	26
	O paraíso dos símbolos perfeitos	29
	Como os humanos aprenderam a viver com os símbolos	31
	Os símbolos antigos ainda funcionam	32
	As imagens podem transferir pensamentos	35
	Os símbolos nos ensinaram a pensar	38
Capítulo 2	Como os Símbolos Transformaram Caçadores em Agricultores	41
	Os símbolos possibilitam nossa comunicação com os mortos	41
	Os símbolos ajudaram os caçadores	43
	Os símbolos ensinaram a agricultura	47
	Símbolos antigos encontrados em um quarto de nascimento	49
Capítulo 3	Como os Símbolos Criaram Reinos	55
	A importância da contagem	55
	Os primeiros símbolos	58
	O símbolo de Newgrange	60
	A importância de escrever símbolos	60
	A sorte favorece o escriba	65

	Surgimento de um novo alfabeto..........................67
Capítulo 4	O Poder dos Símbolos no Cérebro Humano 69
	Os seres humanos têm duas mentes 69
	Os símbolos têm apelo sexual 71
	A influência dos símbolos rupestres......................73
	Os símbolos rupestres têm um poder sagrado.......75
Capítulo 5	Como os Símbolos Criaram a Maçonaria..................77
	Símbolos e mitos trabalham juntos 77
	Edifícios são símbolos..78
	Como a cruz verdadeira inspirou os primeiros maçons..80
	Como os primeiros maçons aprenderam com os símbolos..83
	O poder emocional dos símbolos 85
	Como o ensinamento simbólico se espalhou........87
Capítulo 6	Os Símbolos Podem Penetrar a Mente de Deus..........89
	Um símbolo que analisa a igualdade....................89
	As réguas de cálculo maçônicas e a Aritmética antiga..90
	Por que as equações são um mistério 93
	O Grande Arquiteto 96
	Os símbolos são a chave para a mente de Deus..97
	O céu dos símbolos puros..................................101
Capítulo 7	O Símbolo Secreto da Estabilidade Política 105
	As colunas que inspiraram o republicanismo......105
	As colunas que formaram a Maçonaria...............108
	Os símbolos que ensinaram George Washington 108
	Os significados maçônicos das duas colunas..........109
	As colunas que estabeleceram o Egito Antigo..111
	As colunas e as concubinas 113
	As colunas que influenciaram a Guerra Civil Inglesa...115
	As colunas que apoiam os presidentes americanos 116

	As colunas que reconciliaram a Inglaterra e os Estados Unidos..................118
	Um símbolo atual para fortalecer o euro..............119
Capítulo 8	Os Símbolos Maçônicos Que Mudaram a Constituição dos Estados Unidos..........................121
	A solução simbólica à corrupção do poder..........121
	Como os símbolos podem separar poderes..........124
	Como os simbolistas maçons influenciaram James Madison..................126
	Por que as três colunas do Estado sustentam a Constituição dos Estados Unidos........................128
Capítulo 9	Como os Símbolos e a Sociedade Deram um Grande Salto Juntos......................132
	Os maçons e o programa espacial Apolo.............132
	Por que a Lua é um símbolo poderoso.................133
	Como os símbolos auxiliaram o Projeto Apolo..........................136
	Como os símbolos ajudaram a pôr o homem na Lua..................138
Parte 2	Uma Introdução Prática à Simbologia Maçônica........142
Capítulo 10	Símbolos do Primeiro Grau........................144
	O esquadro.........................144
	O nível..............146
	O prumo............148
	O altar...............150
	O Livro da Lei..................152
	O compasso......................154
	O Sol.................156
	A Lua e as estrelas...............158
	O canto nordeste..................160
	A glória no centro...............162
	A coluna esquerda................164
	O Mestre da Loja..................166
	A régua de 24 polegadas........168
	O malho............170
	O cinzel.............171
	A forma da Loja..................172
	A Coluna da Sabedoria..........174
	A Coluna da Força................176

A Coluna da Beleza 178
A Abóbada Celeste 180
Escada de Jacó 182
Fé 184
Esperança 186
Caridade 188
O pavimento mosaico 190
A estrela flamejante 192
A Orla Dentada ou marchetada 194
A Tábua de Delinear 196
A pedra bruta 198
A pedra perfeita 199
O ponto dentro de um círculo 200
Giz, carvão e barro 201
O Lewis 202
O esquadro e o compasso com as duas
pontas cobertas 204

Capítulo 11   Símbolos do Segundo Grau 206
O esquadro e o compasso com uma ponta
coberta 206
A coluna direita 208
As duas colunas na entrada do Templo do
Rei Salomão 210
Os capitéis 212
A rede 213
Flor-de-lis 214
As romãs 215
Os globos 216
A Câmara do Meio 218
A escada em caracol 220
Os salários 222
Uma espiga de milho perto de uma poça
de água 224
As cinco ordens nobres da Arquitetura 226

Capítulo 12   Símbolos do Terceiro Grau 230
O esquadro e o compasso com as duas
pontas reveladas 230
O túmulo aberto 232
O cubo perfeito 234

	O Pórtico 235
	A trapeira 236
	O pavimento xadrez 238
	O cordel 240
	O lápis 241
	O compasso 242
	O ramo de acácia 244
	Os emblemas da mortalidade 246
	A brilhante estrela da manhã 248
Capítulo 13	Símbolos Gerais do Ofício Mais Amplo...................250
	O triângulo equilátero 250
	O triângulo duplo (o Selo de Salomão) 252
	O tau triplo 254
	O triângulo dentro de um círculo 255
	A pedra angular 256
	A cripta 258
	O templo incompleto 260
	As colunas, o círculo e o centro 262
Parte 3:	Uma Introdução Prática às Tábuas de Delinear 264
Capítulo 14	As Tábuas de Delinear..266
	A Tábua de Delinear do Primeiro Grau 266
	A Tábua de Delinear do Segundo Grau 267
	A Tábua de Delinear da Marca 268
	A Tábua de Delinear do Terceiro Grau 269
	A Tábua de Delinear do Arco Real 270
	A Tábua de Delinear do centro 271
	O centro 272
Índice Remissivo...275

Prefácio

A Influência Oculta dos Símbolos Antigos

~~~

Os símbolos maçônicos antigos moldaram quem somos hoje e ainda podem afetar muito nossas vidas. Este livro o conduzirá por esse mundo simbólico secreto.

Até recentemente, apenas um grupo seleto de pessoas estava ciente da importância dos símbolos na construção da sociedade ocidental moderna. Esse grupo recebeu um treinamento abrangente no uso e no poder dos símbolos e aprendeu a reconhecer a influência que poderia derivar da exibição de certos símbolos secretos de poder em locais públicos. O grupo sabia que a capacidade de entender os símbolos é uma habilidade antiga que todos os humanos possuíam, mas que a influência de símbolos específicos nas ações humanas é universal.

A literatura popular recente se agarrou a essa ideia, e ela se tornou assunto de livros ficcionais de suspense de muito sucesso. Em particular, *O Símbolo Perdido*, de Dan Brown* adotou como seu tema principal a busca por um grande símbolo de poder. Mas esse símbolo existe? Os símbolos realmente têm o poder que os escritores atribuem a eles?

Um grupo em especial pensa que sim e, para eles, o estudo dos símbolos tornou-se parte importante de suas vidas. Pode ser coincidência, mas muitos membros desse grupo são figuras eminentes na história da humanidade. Eles ajudaram a formular a ciência moderna e a moldar a República que trouxe liberdade às massas. Foram escritores, músicos, industriais, cientistas, astronautas e políticos influentes. Mas, acima de

---

* N.E.: Sugerimos a leitura de *O Símbolo Perdido de Dan Brown*, de Alex Carmine, Madras Editora.

tudo, pertenceram a uma ordem secreta que passou os últimos 600 anos estudando o modo como os símbolos interagem com os seres humanos para influenciar o progresso ou o desastre. Eles são os maçons.

Iniciada no fim do século XV, a Maçonaria se descrevia como um "sistema peculiar de moralidade, velado pela alegoria e ilustrado por símbolos". O objetivo deste livro é apresentar um guia oficial à simbologia secreta da Maçonaria. Começaremos com uma biografia dos símbolos que moldaram a civilização ocidental e depois revelaremos fatos pouco conhecidos sobre a influência desses símbolos poderosos na sociedade.

Os símbolos falam conosco em um nível bem mais profundo do que a escrita. As ideias fundamentais do ensinamento maçom estão profundamente arraigadas no uso dos símbolos. Alguns dos usados pelos maçons datam das primeiras tentativas dos humanos de gravar símbolos na pedra. Há uns 200 mil anos, os humanos desenvolveram a fala e então, há aproximadamente 70 mil anos, descobriram a linguagem visual dos símbolos. Há aproximadamente 4 mil anos, esses símbolos antigos se desenvolveram no alfabeto como uma forma para codificar a fala. É por esses símbolos que os seres humanos exprimiram suas ideias mais abstratas. Como veremos, os estudos científicos modernos revelam que todos os humanos têm reações emocionais inatas aos símbolos em geral, mas são os símbolos maçônicos em particular que evocam as respostas emocionais mais positivas.

O pensamento simbólico está profundamente arraigado. Ele começou há mais de 70 mil anos com o primeiro uso conhecido dos símbolos pelos seres humanos. Eles ainda são usados hoje e transcendem quaisquer diferenças na linguagem humana. O registro arqueológico tem lacunas enormes, mas o primeiro uso ritual dos símbolos pode ser visto nos símbolos xamanistas das pinturas rupestres do norte da Europa, criados há aproximadamente 30 mil anos.

Por bem mais de 2 mil anos, desde a época de Platão, muitos acreditaram na existência de um reino de símbolos perfeitos. Com um treinamento cuidadoso um indivíduo pode descobrir como se comunicar com esse reino e descobrir a verdadeira natureza desses símbolos. Platão desenvolveu essa ideia em uma teoria profundamente fixada na simbologia maçônica. É essa tradição maçônica que preservou e desenvolveu os antigos símbolos emotivos e levou à descoberta dos símbolos matemáticos.

Durante o século XVII, o simbolismo se ramificou em duas formas. Uma foi o uso de símbolos definidos vagamente para criar imagens, emoções e sentimentos em um contexto ritualístico; e a outra era ajudar a mente humana a raciocinar. Esta última rota é a *Matemática* e levou a uma compreensão profunda do mundo.

Existem três tipos principais de símbolos:

1. Os *símbolos emotivos* codificam sentimentos e aspirações. Eles são os mais antigos de todos. Foram muito usados para comunicar emoção às pessoas iletradas.
2. Os *símbolos da fala* codificam os sons da linguagem e com eles os humanos podem se comunicar no tempo e no espaço. Em certo momento, esses símbolos foram restritos a um grupo de elite e muitas vezes ligados à religião.
3. Os *símbolos matemáticos* codificam um meio de compreender e prever a realidade. Os maçons ajudaram a desenvolver a Álgebra e o Cálculo, que por sua vez produziram esses símbolos da contagem.

Usando a simbologia, a Maçonaria conseguiu comunicar suas ideias por meio de uma linguagem única e universal. Uma vez formulada com símbolos, uma ideia pode ser transmitida sem deturpação. Isso garante uma continuidade da tradição. Um maçom moderno executa seu trabalho com os símbolos exatamente da mesma forma que faria há 500 anos. Hoje ele enfrenta os mesmos problemas fundamentais em sua busca por Verdade que um maçom do século XV teve de enfrentar, e os símbolos dão as mesmas respostas.

Os candidatos a Mestres Maçons aprendem aproximadamente 60 símbolos básicos em sua jornada pelos vários graus da Maçonaria. Esses símbolos são introduzidos à medida que o candidato domina cada um dos graus sucessivos da Arte, da Marca e do Arco Real. Em dado momento, os símbolos são combinados em narrativas pictóricas chamadas *tábuas de delinear*. Elas são seis, todas transmitindo mensagens filosóficas diferentes.

Nos Estados Unidos, muitas Grandes Lojas deixaram o estudo das Tábuas de Delinear maçônicas tradicionais cair em desuso, o que resultou em uma deficiência de instrução maçônica sobre o simbolismo antigo. Como o Ir∴ Thomas W. Jackson, maçom de Grau 33 e administrador da Jurisdição Maçônica Norte do Rito Escocês nos Estados Unidos, declarou no jornal maçônico *Northern Light*:

> Hoje em dia as tábuas de delinear raramente são usadas nas Grande Lojas norte-americanas, (...) e eu aviso que precisará de concentração da sua parte [para compreender o ritual simbólico da Maçonaria] como resultado da falta do ensinamento das qualidades esotéricas da Maçonaria e nosso fracasso em usar os significados das tábuas de delinear.[1]

---

1. Thomas W. Jackson. Review of The Secret Science of Masonic Initiation, by Robert Lomas *The Northern Light*. Agosto de 2009, p. 23.

As Tábuas de Delinear, exibidas em Lojas britânicas e em outras europeias, são usadas como auxílio visual para ajudar com a instrução e também para meditação e reflexão. Na fundação dos Estados Unidos, as tábuas e seus símbolos foram utilizados com regularidade pelos maçons.

Os símbolos maçônicos evocam emoções que não podem ser transmitidas apenas pela linguagem. Eles também têm um papel alegórico e vêm à tona em itens do cotidiano, de cédulas de dinheiro a joias, passando por fachadas de edifícios de órgãos públicos. Mas a Maçonaria tem uma influência ainda maior: os símbolos da Matemática são usados para manipular abstrações conceituais. Dois dos pensadores matemáticos mais influentes, John Wallis (inventor da Álgebra) e Isaac Newton (inventor do Cálculo e da Física), receberam instrução maçônica no uso dos símbolos.

O método secreto do ensinamento simbólico da Maçonaria, que seu ritual descreve como "iluminação por símbolos", exerceu uma forte influência sobre indivíduos importantes na história. Por que, por exemplo, os presidentes dos Estados Unidos fazem um sinal maçônico quando são empossados? Porque o primeiro presidente dos Estados Unidos era maçom e ele introduziu deliberadamente itens fundamentais do simbolismo maçônico em sua posse. Mas o ensinamento simbólico foi sentido por toda a História:

- Oliver Cromwell, o primeiro Lorde Protetor da República Commonwealth da Grã-Bretanha, decidiu ser retratado de pé entre as duas colunas no pórtico da Maçonaria.
- A Revolução Francesa inspirada pela Maçonaria adotou o grande lema tripartite "Liberdade, Igualdade, Fraternidade". Esse lema é um dos conjuntos de nomes simbólicos dados às três colunas de trabalho da Loja Maçônica, retratadas simbolicamente como Dórica, Jônica e Coríntia.
- A grande declaração de intenção, "Nenhum imposto sem representação", foi produzida por um Irmão da St. Andrew's Lodge em Boston e se tornou a centelha que acendeu o maior documento maçom de todos os tempos: a Constituição dos Estados Unidos. A ideia de uma constituição por escrito veio das ações do Ir∴ Benjamin Franklin.

Por mais de 500 anos, a simbologia da Maçonaria fomentou um rio secreto de ideias radicais correndo logo abaixo da superfície da cultura popular. Essas ideias, iluminadas pelos símbolos públicos ocultos à plena vista, influenciaram e moldaram a sociedade em que vivemos.

A primeira declaração das metas e dos objetivos maçônicos foi criada como um conjunto imaturo de símbolos do fim do século XV. Esses símbolos, desenhados e redesenhados desde que os humanos descobriram pela primeira vez como marcar as rochas, foram pintados na lona e colocados no chão das primeiras Lojas maçônicas para ensinar os Irmãos. Desde então, os maçons exibiram e ensinaram os sentidos ocultos desse símbolos. Eles sabiam há muito tempo que a exposição contínua aos símbolos muda o modo de pensar das pessoas.

Os símbolos foram usados por três grandes repúblicas cujos líderes foram inspirados pela importância simbólica da fraternidade, do alívio e da verdade. O poder emotivo desses símbolos lembra as pessoas das verdades básicas sobre a condição humana. As duas colunas que emolduram a imagem de Oliver Cromwell, na famosa gravura dele como protetor do Commonwealth, também emolduram George Washington como o primeiro presidente dos Estados Unidos. Os cidadãos dos Estados Unidos se lembram dessas colunas sempre que pegam uma cédula de um dólar.

Apesar desses fatos importantes, não foi publicado nenhum guia ilustrado às ideias básicas da simbologia maçônica, e a história dos símbolos permanecia misteriosa. Até agora.

Parte 1
A Influência Secreta dos Símbolos

Por 2 mil anos, desde a época do filósofo Platão, as pessoas entendiam que existe uma fonte de símbolos puros em um reino espiritual da perfeição. Platão ensinou que, com um treinamento cuidadoso, um indivíduo pode aprender a se comunicar com esse reino e descobrir a verdadeira natureza desses símbolos. Ele desenvolveu uma maneira de investigar a verdade carregada de uma forma profundamente enraizada na simbologia maçônica.

Os primeiros maçons foram pedreiros, empregados para gravar os símbolos do poder religioso nos locais públicos de culto. Reconheciam o poder dos símbolos e percebiam que podiam influenciar os pensamentos e as ações das pessoas. Eles estudaram os símbolos antigos e aprenderam como estes influenciaram no desenvolvimento do pensamento humano.

A tradição maçônica preservou e desenvolveu os antigos símbolos emotivos e, com sua prática de raciocínio simbólico, criou um ambiente que influenciou o avanço da sociedade. Este livro compartilha um conhecimento secreto que demorou 500 anos para aprender.

Capítulo 1

Por Que os Símbolos São Mais Poderosos Que as Palavras

Os símbolos nos tornaram humanos

O *símbolo* é um artifício pictórico que evoca um conceito em sua totalidade. Ele desvia do intelecto e fala direto ao coração. Nosso intelecto analisa, mas nosso coração sintetiza. Portanto, um símbolo evoca a compreensão sem precisar transmitir uma informação verbal.

Por volta de 12 mil anos atrás, uma nova espécie de primata apareceu na África. Seu nome científico é *Homo Sapiens*, mas nós conhecemos essa criatura como o ser humano moderno. Quando essa espécie apareceu na Terra, já existiam outras semelhantes, porém mais difundidas, de macacos humanoides, como os neandertais. Mas o *Homo Sapiens* era diferente. Eles eram diferentes porque conseguiam explorar o poder místico da compreensão inerente nos símbolos, que ajudaram os seres humanos a desenvolver uma forma única de consciência que nenhum outro animal tem.

Todas as raças de humanos são muito mais próximas do que muitos de nós percebemos. Você pode ficar ainda mais surpreso em saber como somos próximos de nossos primos primatas, os macacos africanos. Nossos genes são aproximadamente 98% idênticos aos de um macaco e compartilhamos grandes pedaços de nossa sequência de DNA com todas as outras formas de vida no planeta, até as bactérias.[2]

---

2. R. Dawkins. *The Ancestor's Tale*. London: Wiedenfield and Nicholson, 2005. p. 25.

Todos os humanos descendem de uma única fêmea que viveu na África há menos de 200 mil anos. Ela é chamada popularmente de "Eva Mitocondrial".[3] Como explica o geneticista Bryan Sykes: "A 'Eva Mitocondrial' [...] está na raiz de todos os ancestrais maternos de todos os 6 bilhões de pessoas no mundo. Nós somos todos seus descendentes maternos diretos".[4] Nosso antepassado materno em comum viveu há apenas alguns milhares de gerações. E seus primeiros descendentes desenharam os primeiros símbolos e exploraram seu poder.

Nos capítulos seguintes, você aprenderá sobre o poder desses símbolos, a história de sua interação com os humanos e como se deu a vantagem diferencial dos seres humanos, porque eles desenvolveram um tipo de cérebro que se beneficia de uma relação direta com os símbolos. Esse relacionamento simbiótico começou no início de nossa história evolutiva e continua a influenciar nosso desenvolvimento de modos, os quais muitos de nós muitas vezes nem percebemos.

Há, porém, um grupo secreto de especialistas que passou os últimos 500 anos trabalhando com esses símbolos. Eles aprenderam como os símbolos podem melhorar a condição humana ajudando-nos a compartilhar compreensão. É o grupo dos maçons, e seu propósito declarado é estudar e compreender os símbolos.

Pergunte a qualquer maçom: O que é Maçonaria? Você terá esta resposta: "Um sistema peculiar de moralidade, velado em alegoria e ilustrado por símbolos". Por 500 anos, os maçons usaram um sistema de ritual alegórico e a exposição ao poder místico dos símbolos para sensibilizar seus membros ao seu poder transformador. Eles continuam a vivenciar a compreensão profunda inspirada pelos símbolos e seu poder para mudar o desenvolvimento dos seres humanos.

Quando os humanos foram expostos pela primeira vez ao poder místico dos símbolos, eles se transformaram de animais brutos em seres humanos de uma forma que ainda nos esforçamos para compreender. James Shreeve, um famoso antropólogo, resume o enigma apresentado por essa mudança abrupta:

> Os seres humanos – humanos modernos, *Homo Sapiens* – estão muito distantes, em matéria de comportamento, de serem "somente mais um animal". O mistério está em onde, como e por que essa mudança aconteceu [...] Uma "transição importantíssima" ocorreu, mas ela aconteceu tão perto do momento atual que ainda a estamos

---

3. R. Cann, et al. "L Polymorphic sites and mechanisms of evolution in human mitochondrial DNA". *Genetics*, 106 (1984), 479-499.
4. B. Sykes. *The Seven Daughters of Eve*. London: Bantam, 2001. p. 336.

digerindo [...] Algo aconteceu para transformar um animal precoce em um ser humano.⁵

A antropologia registra como e quando essa mudança aconteceu, mas não a explica. No meu ponto de vista, a humanidade entrou em contato com uma força poderosa fora de si, que interagiu com nossa mente coletiva desde então. Essa força é conduzida e comunicada pelos

Este templo maçônico exibe o antigo padrão de losango entalhado no arco acima da cadeira de Mestre. Direitos reservados e reproduzido com a permissão da Biblioteca e Museu da Maçonaria, Londres e Painton Cowen.

---

5. J. Shreeve. *The Neanderthal Enigma*. New York: William Morrow, 1995.

símbolos. Nos últimos capítulos, descobriremos que os símbolos fazem parte de uma grande linguagem cósmica que transmite uma compreensão profunda dos segredos do Universo.

Em 2001, quando Shreeve escreveu a declaração citada anteriormente, pensava-se que a relação da humanidade com os símbolos começara há apenas 30 mil anos, no fundo de cavernas do norte da Europa. Então, evidências muito mais antigas do poder dos símbolos vieram à tona em uma caverna no sul da África. O *Times* de Londres informou:

> Um par de ornamentos decorados, desenterrados em uma caverna sul-africana, foram datados de mais de 70 mil anos, provando que os seres humanos poderiam pensar de modo abstrato e apreciar a beleza muito antes do que se costuma aceitar.
>
> As peças entalhadas de ocre, um tipo de minério de ferro, são de longe os exemplos mais antigos de arte simbólica, uma referência padrão para o pensamento e o comportamento reconhecidamente modernos. Os objetos semelhantes encontrados primeiro, da Europa, foram produzidos há menos de 35 mil anos, e costuma-se considerar essa época como o início da inteligência sutil.
>
> Portanto, a descoberta na Caverna Blombos, a 289 quilômetros da Cidade do Cabo no Cabo Ocidental, revisará completamente um dos primeiros capítulos da história humana.
>
> Indica que não somente os primeiros seres humanos se desenvolveram na África e se espalharam pelo mundo, como também se tornaram sofisticados mentalmente quando o fizeram.
>
> Isso ajuda a explicar a facilidade com que o *Homo Sapiens* suplantou outros parentes humanos, como os neandertais na Europa e, portanto, o desenvolvimento da raça humana moderna.
>
> Sabe-se que todos os traços anatômicos do *Homo Sapiens* se desenvolveram na África entre 150 mil e 130 mil anos atrás, mas a questão de quando as espécies começaram a se comportar de uma forma moderna continuou mais evasiva.
>
> A caverna Blombos, descoberta pelo professor Chris Henshilwood, do Museu sul-africano Iziko na Cidade do Cabo, encerra o debate definitivamente.[6]

Eu sou maçom e fui treinado no sistema maçônico da sensibilização ao símbolo. Quando vi a imagem que esses humanos mortos há tanto tempo entalharam, eu a reconheci na hora.

---

6. M. Henderson. "Scratches that trace the ascent of man." *Times*, 11 de janeiro, 2002, p. 5.

Conheço-a como losango maçônico. Vejo essa imagem sempre que olho para o piso da minha Loja maçônica ou para a Tábua de Delinear.

Os símbolos começaram no fundo das cavernas

O antigo símbolo do losango primitivo está bem vivo hoje. Se você olhar ao redor, vê-lo-á esculpido nas fachadas dos edifícios e nos logos bordados nas roupas esportivas, e montado nos capôs dos carros. Por que ele foi desenhado e redesenhado por 70 mil anos? Porque somente de olhar para ele sentimos emoções e ideias, bem no fundo de nossas mentes inconscientes, de que gostamos. Nós respondemos a seu poder e nos sentimos bem quanto a isso.

Depois desse primeiro símbolo há uma grande lacuna nas evidências arqueológicas da interação dos símbolos com os humanos. A evidência seguinte ocorreu uns 40 mil anos depois, quando nossos antepassados começaram a desenhar imagens nas paredes das cavernas da Europa. Esses primeiros seres humanos mantiveram seu relacionamento com os símbolos em segredo. Eles não os exibiam em seus edifícios, vestimenta e bens, mas se arrastavam por quilômetros nos subterrâneos até o fundo de cavernas distantes para sentir o prazer profundo de ver os símbolos pelas chamas tremeluzentes das tochas simples. Somente em 1879 encontraram evidência dos símbolos pintados por nossos antepassados nas paredes rochosas. Os primeiros a serem reconhecidos foram as imagens de bisão nas paredes de uma caverna em Altamira, na Espanha. Depois outros símbolos foram encontrados em cavernas, em La Mouthe e Tuc d'Audobert, na França.

Esses símbolos ficavam bem escondidos no subterrâneo, depois de túneis estreitos de milhares de metros de comprimento. O sentido dos símbolos jamais poderia ser exposto ao público. Eles eram difíceis de alcançar e para vê-los precisava-se de luzes rápidas falíveis e tochas (cujos restos foram encontrados nas cavernas). Os humanos que os desenhavam precisavam de muita coragem para se aventurar nessas profundezas com apenas uma tênue luz tremeluzente para guiá-los. Mesmo assim, eles andaram com muito custo por esses túneis para desenhar uma grande variedade de símbolos. O historiador de arte préhistórica David Lewis-Williams os descreve:

> [Há] animais, como bisões, cavalos, auroques, mamutes peludos, veados e felinos [...] Há também figuras antropomórficas ocasionais que podem ou não representar seres humanos. Algumas delas são teriantrópicas (figuras parte homem, parte animal) [...] Depois há um tipo de imagem excepcional nas formas em que foi feita: marcas de mãos. Por fim, há uma variedade de signos e formas geométricas, como grades, pontos e chaveirões.[7]

Uma imagem de 30 mil anos de um íbex com enormes chifres encontrada em arenito laranja numa caverna em Buckskin Gulch, em Utah (Estados Unidos).

Não são os desenhos de animais que mais influenciam os humanos. Aqueles que realmente nos afetam são as formas geométricas. Compelem nossas respostas emocionais e evocam uma compreensão de conceitos que nos esforçamos para pôr em palavras.

---

7. D. Lewis-Williams. *The Mind in the Cave*. London: Thames and Hudson, 1998, p. 29.

São símbolos desse tipo que apareceram pela primeira vez em Blombos e mostram a interação contínua entre a mente humana em evolução e as formas evocativas dos símbolos.

O psicanalista Carl Gustav Jung confirma que os símbolos nos falam de "coisas que vão além do alcance da compreensão humana". Eles se deparam com uma fonte de conhecimento que não costuma ser acessível às nossas mentes conscientes. Jung define tais símbolos como:

> um termo, um nome ou uma imagem que podem ser familiares na vida cotidiana, mas possuem conotações específicas além de seus sentidos convencionais. Sugere algo vago, desconhecido ou escondido de nós. [...] Portanto, uma palavra ou imagem são simbólicos quando sugerem algo mais do que seu sentido óbvio e imediato. Têm um aspecto "inconsciente" mais amplo que nunca é definido com precisão ou completamente explicado. Nem se pode esperar defini-lo ou explicá-lo. Enquanto a mente explora o símbolo, ela é levada a ideias além do alcance da racionalidade [...] Como há inúmeras coisas além do alcance da compreensão humana, usamos sempre termos simbólicos para representar conceitos que não podemos definir ou compreender totalmente.[8]

Jung continua a desenvolver essa ideia:

> Há aspectos inconscientes de nossa percepção de realidade. [...] Mesmo quando nossos sentidos reagem a fenômenos reais, visões e sons, eles são traduzidos de alguma forma do domínio da realidade para o da mente. Na mente eles se transformam em eventos psíquicos cuja natureza fundamental é incompreensível (pois a psique não pode conhecer sua própria substância psíquica). Portanto, toda experiência contém um número indefinido de fatores desconhecidos, sem falar do fato de que todo objeto concreto é sempre desconhecido em certos aspectos, porque não podemos conhecer a natureza elementar da matéria em si.[9]

Mas o que é esse conhecimento e de onde ele vem? Essas questões assombraram a raça humana por pelo menos 2.500 anos. O filósofo grego Platão (427-347 a.C.) pensava que os símbolos vinham de um mundo transcendental de formas perfeitas e belas que somente poderia ser alcançado pela alma humana. Ele acreditava que o conhecimento humano mais importante é recordado pela alma desde o momento antes

---

8. C. G. Jung. *Man and His Symbols*. London: Aldus, 1964.
9. Ibid.

de nascer. Ele disse que, se considerarmos nosso conhecimento de igualdade, não teremos dificuldade em decidir se duas pessoas têm a mesma altura. Mas elas nunca têm exatamente a mesma altura. Sempre é possível descobrir alguma diferença, por menor que seja, com uma medição mais cuidadosa e precisa.

Nós reconhecemos todos os exemplos de igualdade na abordagem à vida comum, mas nunca atingimos a igualdade perfeita. Porém, como percebemos a verdade por nossa experiência, devemos de alguma forma saber ao certo o que é a verdadeira igualdade, mesmo que nunca possamos vê-la.[10] Esse tipo de raciocínio levou à descoberta dos símbolos da Geometria e da Matemática, o que abriu a compreensão da realidade aos humanos.

O paraíso dos símbolos perfeitos

Todos os símbolos que vemos ao nosso redor são exemplos imperfeitos, mas temos um conhecimento interno de coisas abstratas, tais como verdade, bondade, beleza e igualdade. Essas são as *formas platônicas*: entidades abstratas que existem independentemente do mundo físico. Platão dizia que objetos comuns são imperfeitos e mutáveis, mas ecoam levemente as formas perfeitas e imutáveis de seus símbolos. Depois você verá como muitos desses símbolos importantes que influenciaram o desenvolvimento humano estão entre essas formas platônicas. Embora nunca possamos desenhar um quadrado, um triângulo equilátero ou um losango perfeitos, sabemos como eles são porque nossa alma conhece suas formas simbólicas e perfeitas.

Platão argumentava que nós não poderíamos ter conhecimento dessas formas perfeitas por qualquer experiência corpórea, então nosso conhecimento deve ser uma reminiscência que nossas almas carregam do lugar transcendental onde os símbolos existem em forma perfeita. Platão, cujas ideias inspiraram parte dos ensinamentos maçônicos, acreditava que o mundo é essencialmente inteligível, mas nosso intelecto, não nossos sentidos, tem a visão derradeira do verdadeiro ser. Nós compreendemos o mundo pelo conhecimento profundo transmitido em nossos corações pelos símbolos.

Tanto Platão como Jung falam de uma realidade além da consciência humana normal e que somente pode ser alcançada pelos símbolos. Esse conhecimento simbólico tem uma dimensão espiritual ou transcendental, que foi assunto de estudos e ensinamentos maçônicos por

---

10. Phaedo 75b.

séculos. Aniela Jaffe, uma aluna de Jung, confirma que os símbolos das cavernas antigos têm um poder espiritual:

> As pinturas de animais remontam ao fim da Era do Gelo (entre 60 mil e 10 mil a.C.). Elas foram descobertas nas paredes das cavernas da França e da Espanha no fim do último século, mas somente no início do século atual os arqueólogos começaram a perceber sua extrema importância e a investigar seu sentido. Essas invetigações revelaram uma cultura pré-histórica remotíssima, cuja existência nunca se suspeitou. Mesmo hoje, uma música estranha parece assombrar as cavernas com os entalhes e as pinturas rupestres. Segundo o historiador alemão de arte Herbert Kuhn, os habitantes de áreas na África, na Espanha, na França e na Escandinávia, onde tais pinturas são encontradas, não poderiam ser persuadidos a chegar perto das cavernas. Um tipo de temor religioso ou, talvez, medo de espíritos flutuando entre as rochas e as pinturas os mantinham longe. Os nômades de passagem ainda depositam suas oferendas votivas diante das antigas pinturas rupestres no norte da África. No século XV, o papa Calisto II proibiu cerimônias religiosas na "caverna com pinturas de cavalos". [...] Isso prova que as cavernas e rochas com as pinturas de animais sempre foram consideradas por instinto o que eram originalmente: locais religiosos. O poder espiritual do lugar sobreviveu aos séculos.[11]

Símbolos como estes deveriam ser vistos em segredo, para criar uma sensação de admiração no observador. Connection Blue/Alamy

---

11. C. G. Jung. *Man and His Symbols*. London: Aldus, 1964.

Jaffe confirma que esses símbolos deveriam ser vistos em segredo, para criar uma sensação de admiração e inspirar ação da parte dos observadores. Como ela explica:

> Em várias cavernas o visitante moderno deve atravessar passagens baixas, escuras e úmidas até chegar ao ponto onde as grandes "câmaras" pintadas, de repente, se abrem. Essa aproximação árdua pode manifestar o desejo dos homens primitivos de salvaguardar da vista comum tudo que está contido e acontece nas cavernas, e proteger seu mistério. A visão repentina e inesperada das pinturas nas câmaras, depois de uma aproximação difícil e arriscada, deveria dar uma impressão avassaladora ao homem primitivo.[12]

Os símbolos apareceram primeiro como dispositivos secretos desenhados nos confins ocultos das cavernas, para serem vistos apenas por aqueles corajosos o bastante para se aventurarem em suas profundezas. Mas nos próximos 25 mil anos os símbolos sairiam das trevas para a luz.

Como os humanos aprenderam a viver com símbolos

No início da era neolítica, ou há 12 mil anos, os símbolos eram entalhados em todos os tipos de artefatos portáteis. A falecida professora Marija Gimbutas, da UCLA, fez desses símbolos portáteis antigos seu estudo de uma vida inteira. Para onde os seres humanos fossem, eles entalhavam certos tipos de símbolos ao seu redor, em rochas ou em artefatos, como vasos e bastões. Esses símbolos estavam arraigados na consciência das pessoas que os desenharam e, como demonstrarei, continuam lá até hoje. Segundo Gimbutas: "As antigas imagens sagradas e símbolos europeus [...] também estão profundamente arraigados na psique para serem extirpados".[13]

Esses símbolos rastreiam a evolução da humanidade, de simples caçadores a agricultores sofisticados, e Gimbutas acreditava ser possível decifrar sua importância e sentidos. Como ela disse:

> Os símbolos raramente são abstratos em qualquer sentido genuíno. Seus laços com a natureza persistem, até serem descobertos pelo estudo do contexto e da associação. Dessa forma, podemos ter esperança de decifrar o pensamento mítico que é a *raison d'etre* dessa arte e a base de sua forma. Minha pressuposição

---
12. Ibid.
13. M. Gimbutas. *The Language of the Goddess*. London: Thames and Hudson, 2001.

primária é que eles podem ser mais bem compreendidos em seus planos de referência, agrupados segundo sua coerência interna. Eles constituem um sistema complexo no qual toda unidade é entrelaçada com todas as outras no que parecem ser categorias específicas. Nenhum símbolo pode ser tratado isolado. Compreender as partes leva à compreensão do todo, o que, por sua vez, leva a identificar mais das partes.[14]

Gimbutas tinha razão. É possível decifrar os significados e a importância desses símbolos duradouros. Eles exercem um poder oculto sobre a humanidade. Eu descobri isso testando se o poder profundo dos símbolos antigos ainda afeta mentes humanas modernas.

Os símbolos antigos ainda funcionam

Para testar como esses símbolos antigos estão tão arraigados na psique dos humanos modernos, conduzi uma série de testes com alunos voluntários para ver como eles respondem. Usei uma técnica chamada *resposta galvânica da pele* (*RGP*), que mede o grau de excitação emocional provocada por um símbolo. Essa técnica baseia-se na ideia de que você não tem controle sobre o que o faz suar. A RGP me possibilitou monitorar o que acontecia em partes do cérebro dos alunos que eles não percebiam conscientemente. Quando sentiam emoções fortes, seus cérebros os forçavam a suar. Como o suor é um bom condutor de eletricidade, quanto mais os alunos suavam, mais fácil ficava para passar uma corrente elétrica pela superfície de sua pele. Eles não tinham consciência do que acontecia, mas eu consegui medir.

A RGP foi um dos principais testes usados como detectores de mentira por muitos anos. Mas, recentemente, um grupo de cientistas do Departamento de Neurologia Cognitiva Wellcome, da University College London, usou a ressonância magnética funcional para escanear os cérebros dos sujeitos para ver exatamente quais partes causavam esses suores mensuráveis pela RGP. As áreas envolvidas são o córtex pré-frontal medial esquerdo, os córtices visuais extraestriados bilaterais e o cerebelo. Essas são as partes do cérebro que criam emoções. Portanto, os símbolos não evocam compreensão em nosso coração, mas em nosso córtex pré-frontal medial esquerdo. Contudo, o coração é uma metáfora mais romântica.

A resposta pelo suor acontece quando nossa atenção ativa essas partes emocionais de nosso cérebro. Com essa resposta evolutiva, temos

---
14. Ibid.

certeza de que, mesmo se estivermos concentrados em outra coisa, eventos importantes fora de nossos corpos podem chamar nossa atenção. Isso funciona provocando em nós uma resposta emocional inexplicável (isto é, não é algo que possamos controlar conscientemente) a algum estímulo que não podemos perceber. As áreas principais que contribuem com essa resposta estão no sistema límbico do cérebro, uma área abaixo de nosso nível de consciência normal. Mas nossa consciência com certeza sente a emoção que produz. É assim que os símbolos evocam a compreensão em nossos corações.

O fato de nosso cérebro ter um indicador do impacto emocional dos símbolos embutido me ajudou a estudar como as pessoas de histórias diferentes respondem a eles. Eu trabalho em uma escola de administração internacional e, para minha pesquisa, tive acesso a voluntários de todo o mundo. Consegui testar pessoas educadas nas culturas britânica, africana, asiática, americana, europeia e chinesa, que aprenderam a ler em sistemas de escrita diferentes, usando diversos métodos de registro de palavras e com idiomas nativos diferentes. Testei números iguais de homens e mulheres em cada grupo cultural/linguístico. Repeti esse teste por vários anos e meus resultados foram consistentes.

Peguei um conjunto de 12 formas: seis da joalheria contemporânea moderna e seis símbolos antigos. Um deles era de Blombos e o restante era do tipo associado com a propagação de sociedades agrícolas. Escolhi a joalheria moderna porque seus temas decorativos são criados para atrair as pessoas.

Preparei um medidor de GRS entre o polegar e o indicador da mão direita de cada voluntário. Depois de estabilizar a leitura do patamar do voluntário, mostrei para ele ou ela um cartão com uma imagem. Deixei o voluntário olhar para ela por pelo menos um minuto, até a resposta firmar de novo. Depois, anotei a leitura antes de mostrar outra imagem ao voluntário.

Quando analisei os resultados, vi que todos os símbolos antigos provocaram uma mudança consistente na resposta galvânica da pele. A conclusão desse teste é que os símbolos antigos provocaram uma resposta emocional em meus voluntários. As respostas às formas da joalheria moderna foram menos consistentes. Mas não consegui saber com esses dados se a resposta aos símbolos antigos foi positiva ou negativa. Os voluntários gostaram deles ou os acharam perturbadores? Como as respostas eram subconscientes, logo descobri que não valia muito a pena perguntar como se sentiam em relação às imagens. Eles se esforçariam para articular seus sentimentos.

O único jeito seguro de descobrir as sensações dos voluntários era conduzir uma avaliação de acompanhamento usando os mesmos sujeitos, mas fazendo perguntas diferentes sobre os símbolos que provocaram suas respostas emocionais. Nessa avaliação, pedi para eles classificarem o mesmo grupo de imagens em termos de atração.

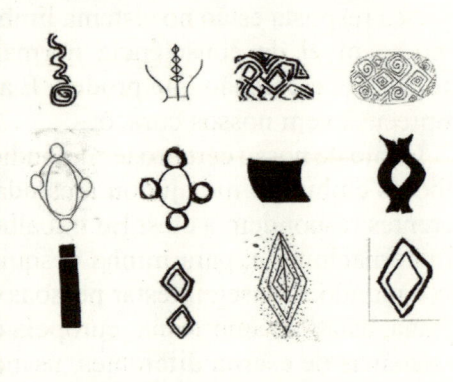

Coloquei as 12 imagens que usei no teste de RGP em uma mesa na frente de cada voluntário e pedi para ele ou ela examiná-las. (As imagens usadas estão demonstradas à direita.) Depois pedi para a pessoa me entregar a imagem que achava mais atraente. Registrei a escolha e deixei o coração fora de vista. Pedi então para o voluntário escolher a mais atraente das imagens restantes. O processo continuou até sobrar apenas uma imagem.

Assim eu criei um sistema de avaliação para as imagens. Cada uma tinha um valor possível de classificação de 12 para 1. Quando completei toda a amostragem, calculei uma média da atração de cada imagem. As mais bem classificadas foram aquelas que provocaram uma resposta mais significativa no teste. A sudorese medida foi pelo calor do prazer, não um suor frio de medo.

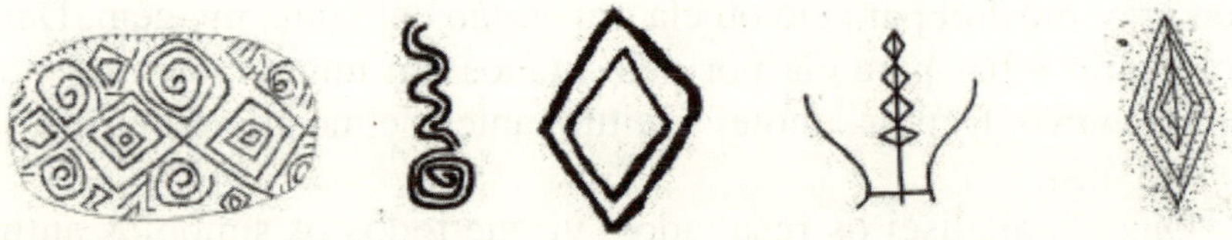

Os cinco símbolos mais bem classificados, segundo sua atração, aparecem abaixo.

Note que um símbolo Blombos foi considerado bem atraente, mesmo depois de 70 mil anos.

O símbolo mais popular é aquele que Gimbutas registrou em muitas formas semelhantes entre Anatólia e Orkney. É uma elaboração dos losangos de 70 mil anos de Blombos, desenhado com espirais. Gimbutas notou que a espiral se tornou bem popular como um símbolo na cerâmica no sudeste da Europa, por volta de 6300 a.C., e se espalhou para o Ocidente.

Não houve diferenças estatisticamente significativas entre voluntários de grupos étnicos diferentes. Porém, não importando de que nacionalidade eram, ou que língua nativa aprenderam a falar, ler e escrever, houve diferenças significativas entre as respostas de homens e mulheres. Especificamente, as mulheres acharam as espirais mais atraentes, enquanto os homens se sentiram atraídos por variações do losango e do formato de V. Tanto homens quanto mulheres acharam os símbolos antigos do losango e da espiral bem mais atraentes do que as formas tiradas da joalheria contemporânea moderna.

Esses símbolos não teriam permanecido por tanto tempo apenas por serem bonitos. As concepções humanas de beleza mudam. Em vez disso, parece que alguma força evolutiva transcendental marcou os símbolos nos nossos cérebros. Baseado na minha pesquisa, pude concluir que os cérebros humanos estão projetados para gostar de símbolos específicos, então deve haver alguma compensação evolutiva. Mas eu ainda não descobri qual.

As imagens podem transferir pensamentos

Betty Edwards, uma professora de arte na California State University, percebeu como certos símbolos persistentes interagem com os humanos. Ela descobriu que seus alunos podiam ver um sentido consistente em alguns desenhos:

> Os alunos [...] veem de repente que desenhos (e outras obras de arte) têm significado. É claro que não me refiro apenas a desenhos de coisas, retratos, paisagens, natureza morta. Esse tipo de significado [...] pode ser resumido em poucas palavras. Mas ele também é expresso na linguagem visual paralela de um desenho, mesmo que represente objetos reconhecíveis ou completamente não objetivos. Esse tipo diferente de significado requer um tipo diferente de compreensão. Para se compreender o significado de um desenho, ele deve ser lido por meio da linguagem usada pelo artista e, uma vez compreendido, ele pode estar além do poder das palavras para exprimir. Mas pode ser lido em suas partes e como um todo.[15]

Quando olhamos para formas abstratas, partes de nosso cérebro se relacionam com as emoções e os pensamentos que estavam na mente

---

15. B. Edwards. *Drawing on the Right Side of the Brain*. London: Fontana/Collins, 1987.

daquele que desenhou as formas.¹⁶ Essa resposta emocional é a mesma encontrada em meus voluntários.

A sensibilidade à mensagem emotiva dos símbolos é inata, mas pode ser treinada e aprimorada. Edwards descreve esse processo em termos de desenho:

> Em sua simplicidade, o desenho é o gêmeo silencioso da leitura. Os dois podem ser feitos em qualquer idade, desde a mais tenra até o último dia de uma vida, se a visão durar tanto assim. Podem ser feitos em quase todos os ambientes, em qualquer hora do dia ou da noite e por qualquer pessoa de todas as idades, com o mínimo de saúde física e mental. [...] Os desenhos do homem pré-histórico precedem a linguagem escrita em cerca de mil anos. Parece possível que uma linguagem de desenho pudesse derivar de estruturas cerebrais inatas, assim como a linguagem verbal parece derivar de uma estrutura inata. O fato de você já conhecer (parte de) uma linguagem visual paralela, embora talvez não saiba que conheça, indica pelo menos uma estrutura cerebral inata possível para a linguagem visual. Como, então, acessar sua habilidade natural para usar e compreender o poder expressivo dessa linguagem visual? Claramente, pelo desenho e aprendendo a desenhar, assim como nós acessamos o poder da linguagem verbal aprendendo a ler e escrever.¹⁷

Desenhando imagens, as pessoas expressam ideias ou sentimentos que são muito complicados ou imprecisos para caber na camisa de força da linguagem escrita. Segundo Edwards, "os desenhos podem mostrar relacionamentos que são compreendidos de imediato como uma única imagem, onde as palavras ficam necessariamente presas a uma ordem sequencial".¹⁸ As palavras precisam ser processadas marchando para dentro de sua mente em um único arquivo, enquanto as ideias codificadas em símbolos pictóricos inundam seu coração em ondas paralelas.

Quando os seres humanos descobriram como fazer marcas duradouras, a primeira coisa desenvolvida por eles foi uma linguagem visual de símbolos que não codificava as palavras, mas, em vez disso, transmitia emoção. Essa linguagem secreta de símbolos ainda está aberta a nós. A Maçonaria ensina que símbolos diferentes trabalham em nossas mentes de diversas formas, e alguns deles são mais poderosos do que outros.

---

16. Ibid.
17. B. Edwards. *Drawing on the Artist Within*. London: Collins, 1987.
18. Ibid.

Edwards desenvolveu uma técnica que chamou de *desenho análogo*. Ela envolve exercícios cujo objetivo é "atingir essa vida interior da mente usando uma linguagem visual alternativa [desenhos análogos] para dar a ela uma forma tangível. Em suma, tornar o pensamento interno visível".[19] As imagens desenhadas pelos alunos de Edwards para representar o conceito de "feminilidade", atraíram minha atenção de imediato por serem semelhantes às formas geométricas emotivas antigas de que meus voluntários gostavam.[20]

Em particular, um dos desenhos análogos de feminilidade de Edwards mostrava o que parecia ser uma imagem do antigo losango de Blombos.[21] Mas Edwards não poderia conhecer o símbolo Blombos,

---
19. Ibid.
20. Ibid.
21. Ibid.

pois este somente foi encontrado 20 anos depois de ela registrar essa imagem. Parece ser um símbolo universal da feminilidade, um assunto que sempre interessou homens jovens. Será por isso que meus alunos a classificaram tão bem?

Edwards disse que ensinar seus alunos a serem mais sensíveis aos símbolos os tornou melhores pensadores. Essa é uma lição ensinada pela Maçonaria há centenas de anos.

Eu pedi a vários amigos artistas que usassem o método análogo de Edwards para desenhar seus próprios símbolos de feminilidade, sem explicar por que estava interessado nem dando qualquer indicação do que eu esperava. As imagens, mostradas na página anterior, têm aspectos semelhantes às descobertas de Edwards.

Os símbolos nos ensinaram a pensar

Os símbolos e a linguagem evoluíram juntos e são uma parte essencial do que nos define como humanos. As pinturas rupestres em Lascaux, Chauvet e Altamira mostram que os símbolos foram usados para influenciar a realidade há 30 mil anos, principalmente para aumentar o sucesso na caça e aumentar a fertilidade entre as pessoas. O professor de pré-história Steven Mithen descreve o surto repentino provocado pela exposição aos símbolos: "Aconteceu uma explosão cultural [...] há 60 mil 30 mil anos. [...] O *H. sapiens sapiens* [...] adotou certas formas de comportamento nunca antes vistas, [...] particularmente as origens da Arte".[22] A "Arte" de que Mithen fala são os símbolos de animais, pessoas e sólidos platônicos desenhados dentro de sistemas subterrâneos de cavernas.

Os símbolos mais antigos desenhados por humanos modernos datam de 70000 a.C. e eram geométricos. Em 35000 a.C., uma mistura de símbolos pictóricos e geométricos foi desenhada por toda a Eurásia e a África do Norte.

Nos próximos capítulos, veremos como três grandes tipos de símbolos impulsionaram o desenvolvimento da civilização humana:

1. *Símbolos emotivos* codificam sentimentos e aspirações. São os mais antigos de todos e remontam a mais de 70 mil anos. Eles foram muito usados para comunicar emoção às pessoas iletradas.
2. *Símbolos da fala* codificam os sons da linguagem e com eles os humanos se comunicam pelo tempo e pelo espaço. Em um

---

22. S. Mithen. *The Prehistory of the Mind*. London: Phoenix, 1996.

momento esses símbolos ficaram bem restritos a um grupo de elite e, muitas vezes, ligados à religião e uma classe governante.

3. *Símbolos de contagem* codificam técnicas de medição, registro e rastreamento de quantos bens você tem e, mais tarde, deram origem à linguagem cósmica dos símbolos matemáticos.

À medida que cada grupo novo de símbolos aparecia, ele interagia de forma diferente com a humanidade, mas sempre provocava mudanças na organização da sociedade. Os símbolos diferenciam os humanos de outros animais. Foi o estudo desses símbolos antigos e transcendentais realizado pela Maçonaria que levou às maiores revelações no empreendimento humano.

Capítulo 2

Como os Símbolos Transformaram Caçadores em Agricultores

~~~~~

Os símbolos possibilitam nossa comunicação com os mortos

Os primeiros símbolos, descobertos há mais de 70 mil anos, ainda têm o poder de nos influenciar hoje. Eles nos tornaram humanos e, enquanto os desenvolvíamos, eles nos ensinaram novas

Uma pintura rupestre de Newspaper Rock em Utah (Estados Unidos), que mostra um caçador e um xamã com chifres cooperando com sucesso para matar por alimento.

habilidades. O surgimento de um tipo de símbolo específico mudou a sociedade humana, ensinando as pessoas a cooperar na caça.

Carl Jung dizia que os símbolos se originam em "nossa psique inconsciente". Essa é a parte inarticulada de nossa mente que mantém uma guarda vigilante de nosso ambiente. Se nós não tivéssemos um caráter de sobrevivência embutido, teríamos morrido há muito tempo. Nossos antepassados teriam sido surpreendidos e comidos por leões enquanto admiravam a suavidade de um seixo, sem perceber o que acontecia ao seu redor. Porém, se não conseguíssemos ignorar nosso ambiente e nos concentrarmos em detalhes, nunca teríamos aprendido como caçar em tribos, cultivar nosso alimento ou construir cidades.

Jung acreditava que nossa psique inconsciente, que interage com os símbolos, tem uma função importante no desenvolvimento da mente humana. Ele não apresentou nenhuma teoria de como os símbolos funcionam, mas mostrou que os símbolos arquetípicos têm um impacto enorme em um indivíduo, moldando suas emoções, a perspectiva ética e mental e os relacionamentos com os outros, afetando todo seu destino. Von Franz, um dos alunos de Jung, resume essa ideia:

> Os arquétipos, ou símbolos arquetípicos, agem como forças criativas ou destrutivas em nossa mente: criativas quando inspiram ideias novas, destrutivas quando essas mesmas ideias se endurecem em preconceitos conscientes que inibem outras descobertas. Para Jung, seus conceitos eram [...] hipóteses heurísticas que poderiam nos ajudar a explorar a vasta área nova da realidade aberta pela descoberta. [...] Se todos os homens têm padrões hereditários em comum de comportamento emocional e mental [que Jung chamava de arquétipos ou símbolos arquetípicos], espera-se apenas que nós encontremos seus produtos [os resultados da ação sob a influência desses símbolos arquetípicos compartilhados] em praticamente todo campo da atividade humana.[23]

O professor Gerald Edelman, diretor do Instituto de Pesquisas sobre Neurociência e ganhador do Prêmio Nobel em Fisiologia em 1972, estudou como os símbolos emotivos antigos interagem com a mente humana. Eu tive a sorte de conhecer o dr. Edelman e discutir suas opiniões sobre a evolução da consciência humana quando ele visitou minha universidade para dar um discurso fundamental em nossa Conferência do Centenário de Darwin, em setembro de 2009. Edelman identificou duas importantes forças motrizes evolutivas que desenvolveram a

---

23. C. G. Jung. *Man and His Symbols*. London: Alduns, 1964.

mente humana. Essas forças são os modos de pensamento distintos, chamados *lógico* e *selecionista*. Edelman declara: "Existem dois modos principais de pensamento: o lógico e o selecionista (ou reconhecimento de padrões). Os dois são poderosos, mas é o reconhecimento de padrões que pode levar à criação, por exemplo, na escolha dos axiomas na Matemática. Se o selecionismo é a dona de nossos pensamentos, a lógica é a governanta".[24]

Os símbolos vivem muito mais do que qualquer ser humano. Nós podemos ver os símbolos desenhados por nossos antigos antepassados há 70 mil anos e sentimos a mesma resposta emocional que eles. Meus testes de RGP provam isso. Os símbolos permitem que os pensamentos humanos e as aspirações transcendam os limites de nossa vida curta.

A teoria evolutiva diz que a mudança é impulsionada pela interação de forças rivais. O surgimento de símbolos emotivos foi apenas o começo, não o fim, da história de sua interação com os humanos. Sua habilidade de transmitir ideias emocionais e criativas pelo tempo e espaço confere uma vantagem enorme sobre qualquer humano que se torna sensível ao poder do símbolo.

Há dois tipos de símbolos emotivos: os geométricos e os realistas. Os *geométricos* foram os primeiros a aparecerem, mas, a princípio, não tiveram um grande impacto no progresso humano. Os símbolos que deram à humanidade esse primeiro empurrão foram os *realistas*, associados com a caça e a aglomeração. Mas os símbolos realistas acabaram ultrapassados pelos símbolos emocionais geométricos mais poderosos. Mesmo assim, os símbolos realistas ainda têm uma função no repertório simbólico maçom.

Os símbolos ajudaram os caçadores

A explosão criativa do pensamento humano na Europa ocidental, há 30 mil anos, foi impulsionada pelos símbolos emotivos realistas. O professor David Lewis-Williams, um acadêmico especialista em arte pré-histórica, descreve o que aconteceu:

> Para buscar um mecanismo motriz para a Explosão Criativa da Europa Ocidental [...] precisamos considerar as funções divisoras da elaboração de imagens. Ao fazer isso, distanciamo-nos das explicações funcionalistas prévias, como arte pela arte, magia solidária, mitogramas binários e troca de informação, tudo que

---

24. G. M. Edelman. *Wider Than the Sky: A Revolutionary View of Consciousness*. London: Penguin, 2004.

vê a arte como uma contribuição à estabilidade social. O aspecto mais surpreendente do período Paleolítico Superior Europeu é um aumento pronunciado na proporção da mudança, [...] maior diversidade nos tipos de matérias-primas usadas para a manufatura de artefatos, o surgimento de novos tipos de ferramentas, o desenvolvimento de estilos de ferramentas regionais, estratégias de caça social e cognitivamente mais sofisticadas, padrões de assentamento organizados e um comércio vasto de itens "especiais". Ainda mais surpreendente é a explosão da decoração corporal, de sepultamentos elaborados com bens funerários e, é claro, imagens portáteis e parietais [imagens desenhadas no fundo de cavernas]. Está claro que todas essas áreas de mudança eram interdependentes, elas se entrelaçaram. Elas não foram "invenções" dispersas criadas por indivíduos inteligentíssimos, mas, em vez disso, faziam parte da estrutura de uma sociedade dinâmica.[25]

Os símbolos de caça como os mostrados aqui (um rebanho de auroque, uma espécie extinta de gado selvagem, sendo infiltrado por caçadores) ajudaram a impulsionar o esforço cooperativo dos humanos de caçar e de alimentar.

Os símbolos foram entrelaçados nos processos de pensamento da humanidade. Eles criavam e espalhavam ideias, forçando todos que os

---

25. D. Lewis-Williams. *The Mind in the Cave*. London: Thames and Hudson, 2004.

viam a se identificar com o estado emocional da pessoa que desenhou o símbolo. Dessa forma, os símbolos impulsionaram o esforço tribal cooperativo para caçar com eficácia e alimentar o grupo em desenvolvimento.

O impacto dos símbolos de caça sobre o desenvolvimento humano dá um suporte dramático para a teoria de Edelman. Ele diz que a imagem mental, provocada por ver e lembrar símbolos, ajuda os humanos a prosperar no mundo real. Ele chama isso de evolução da *consciência de nível superior*.

Com os símbolos de caça os grupos de humanos puderam compartilhar suas representações mentais. Isso provocou o progresso dramático da humanidade. Lewis-Williams recorre à pesquisa de Edelman para ajudar a explicar esse mecanismo evolutivo:

> Uma consciência de ordem superior envolve a habilidade de construir uma individualidade baseada no social, moldar o mundo em termos de passado e futuro e ser diretamente atento. Sem uma memória simbólica, essas habilidades não podem se desenvolver. [...] O armazenamento a longo prazo das relações simbólicas, adquiridas pelas interações com outros indivíduos da mesma espécie, é crítico à autoimagem. [...] Edelman explica a evolução da consciência de ordem superior em termos neurobiológicos, mas nós não precisamos considerar todos os detalhes aqui. [...] A diferença entre a consciência primária e a de ordem superior é que os membros da espécie *Homo Sapiens*, a única espécie que a tem, podem se lembrar melhor e usar a memória para formar suas identidades individuais e as "cenas" mentais dos eventos do passado, presente e futuro. Este é o ponto principal. [...] O padrão do comportamento humano moderno que a consciência de ordem superior possibilitou foi reunido aos poucos e com intermitência na África. [...] Parece provável que a linguagem completamente moderna e a consciência de ordem superior, como defende Edelman, estivessem ligadas: é impossível ter uma sem a outra.[26]

Essa é a chave para compreender os símbolos realistas das cenas de caça, animais e caçadores desenhadas em segredo no fundo das cavernas escuras.

Nossos cérebros atingiram um estágio evolutivo no qual estávamos prontos para maior acesso ao céu platônico eterno e transcendental dos símbolos. Essa relação em desenvolvimento com os símbolos nos

---

26. Ibid.

diferenciou de nossos primos neandertais. Os símbolos moldavam a estrutura interna de nossos cérebros em evolução. Lewis-Williams explica como esses símbolos rupestres foram usados:

> Nós vimos que um limiar crucial na evolução humana estava entre dois tipos de consciência, não apenas entre as inteligências moderada e avançada. Os neandertais conseguiram pegar emprestadas apenas certas atividades de seus novos vizinhos *Homo Sapiens* não porque eles estavam incorrigivelmente enlameados em animalidade e estupidez, mas porque não tinham um tipo específico de consciência. Eles poderiam manter uma imagem mental do presente e, por processos de aprendizado, sentir a presença de perigo ou recompensa. Mas eles estavam presos no que Gerald Edelman chama de "presente recordado": sem uma memória desenvolvida e o tipo de linguagem completamente moderna que deve fazer parte dela, eles não conseguiam entrar em um planejamento a longo prazo [nem] iniciar uma afinidade complexa e sistemas políticos.[27]

Por isso os símbolos de caça estavam escondidos nas cavernas. Eles conferiam poder àqueles que podiam acessar suas representações de caças e perseguições, feras nobres e bravos caçadores. Os convidados a examinar os símbolos viam aves e bisões, veados e cavalos, todos flutuando nas paredes com caçadores bravos e bem-sucedidos perseguindo-os. Esses indivíduos sentiram o poder emotivo dos símbolos e carregaram essa inspiração consigo, intensificando suas habilidades de caça e sendo inspirados a liderar a caçada.

Lewis-Williams diz que as imagens serviam para ajudar os líderes tribais dos bandos de caçadores a entrarem em contato com os espíritos dos animais que caçavam. Fazer isso garantia que o grupo conseguisse encontrar e matar presas para sobreviver. As imagens desses líderes aparecem na caverna muitas vezes como *teriantropos* (isto é, parte humano e parte animal), sugerindo que eles podem pensar tanto como um caçador quanto como uma presa e, assim, liderar o bando de humanos para caçar o alimento necessário.

Há um consenso entre neurologistas, historiadores de arte, psicólogos, filósofos e naturalistas que o encontro com símbolos emocionais realistas criou uma nova dimensão de possibilidade humana. Sem a interação da representação simbólica, não haveria deuses nem aspirações divinas.

---

27. Ibid.

Com o tempo, os símbolos emergiram das profundezas das cavernas para a luz e se transformaram em símbolos poderosos de deuses e deusas. Estes, bem como as crenças que transmitiam, possibilitaram o próximo passo: a mudança da caça para a agricultura.

Os símbolos ensinaram a agricultura

Os bandos de caçadores tinham um estilo de vida mais fácil, viviam mais e trabalhavam menos do que os primeiros agricultores. Contudo, a humanidade decidiu optar pelo trabalho árduo da agricultura de subsistência. Depois de uns 3,5 milhões de anos de um estilo de vida nômade bem-sucedido, os humanos desistiram do idílio da caça e escolheram o trabalho duro, a colheita incerta e a preocupação com o inverno da agricultura. Foi o poder espiritual desses símbolos que fez com que os humanos trocassem a emoção da perseguição pela esqualidez da fazenda.

Quando o *Homo Sapiens* evoluiu pela primeira vez como uma espécie, eles viviam em grupos familiares pequenos e economicamente autossuficientes. Encontravam seu alimento e faziam suas armas, ferramentas e outros itens necessários. Só depois de alguns desses grupos primitivos se estabelecerem, aprenderem a semear, criar gado e construir casas, as vilas surgiram. Com elas vieram novos conceitos e instituições sociais que prepararam os alicerces da civilização. O verdadeiro segredo do início da agricultura estava escondido nos símbolos carregados por esses primeiros agricultores.

O geneticista Jim Wilson conduziu uma pesquisa da população orcadiana nativa, que vivia no norte da Grã-Bretanha. Ele identificou a herança materna com o maior efeito sobre essa população como proveniente da área chamada hoje de Turquia. Os antepassados dos orcadianos vieram da Anatólia, onde floresceu uma cidade conhecida como Çatalhöyük. Mas essa cidade não prosperou pela agricultura. Seus cidadãos viviam da manufatura de facas de pedra e da troca delas por comida com os caçadores transeuntes. Mas foi de lá que se originaram os primeiros assentamentos agrícolas, que depois se espalharam por todo o mundo. Foi lá também que os novos símbolos da agricultura apareceram. A análise de Wilson mostrou que as mulheres espalharam a agricultura, e, como demonstro, o símbolo da agricultura começou como um símbolo feminino.

Esse símbolo foi observado pela falecida professora Marija Gimbutas. Ela documentou toda uma variedade de símbolos antigos dos últimos 30 mil anos:

Os símbolos [...] constituem um sistema complexo no qual toda unidade é entrelaçada com outra no que parecem ser categorias específicas. [...] A religião do período agrícola antigo da Europa e da Anatólia é muito bem documentada. Em tumbas, templos, afrescos, relevos, esculturas, estatuetas, pinturas pictóricas e outras fontes.[28]

Datado de cerca de 7500 a.C.: Anatólia, Turquia

Datado de cerca de 7500 a.C.: Anatólia, Turquia

Datado de cerca de 6000 a.C.: sul da Itália

Datado de cerca de 5000 a.C.: Bósnia

Datado de cerca de 4000 a.C.: nordeste da Romênia

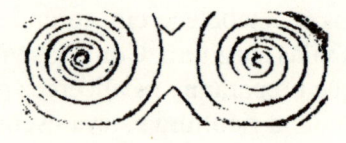

Datado de cerca de 4000 a.C.: Malta

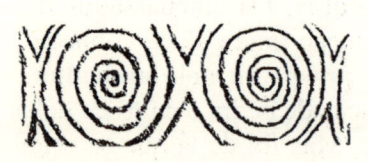

Datado de cerca de 4000 a.C.: Malta

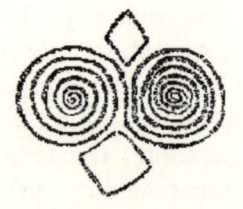

Datado de cerca de 3500 a.C.: Irlanda

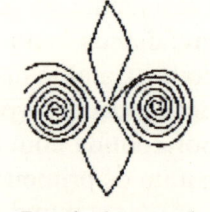

Datado de cerca de 3000 a.C.: norte da Escócia

O símbolo combina losangos e espirais. Tem cerca de 70 mil anos e foi descoberto por Gimbutas na Iugoslávia oriental. Ela o descreveu

---

28. M. Gimbutas. *The Language of the Goddess*. London: Thames and Hudson, 2001.

como um "objeto de argila em formato de filão de pão que provavelmente foi um modelo do pão sagrado feito como uma oferenda à Deusa Grávida".[29] Os primeiros agricultores faziam pães com símbolos neles, bem parecidos com os biscoitos marcados com cruzes que os cristãos modernos fazem para celebrar a Páscoa, além de também fazerem símbolos de argila em miniatura de seus pães.

A versão mais antiga do símbolo combinado que Gimbutas registrou está demonstrado na página anterior, à direita.

Gimbutas sabia como a estampa do símbolo era usada, pois a encontrou junto do modelo de argila em relevo de um pão sagrado.[30] O modelo em argila de um filão de pão (mostrado na página anterior), estampado com esses símbolos sagrados, tem por volta de 9.500 anos.

Em 6500 a.C., esses símbolos se espalharam para o oeste da Europa.[31] A tabela na página anterior mostra as datas do crescimento das fazendas da Anatólia até a costa oeste da Europa.[32] Versões reconhecíveis dos símbolos de losango e espiral se espalharam com a expansão das vilas agrícolas, como mostra o diagrama. Os mais antigos são do Oriente e os mais recentes do Ocidente.

Símbolos antigos encontrados em um quarto de nascimento

As datas do surgimento do símbolo de losango e espiral seguem a sequência da mudança de atividade da caça para a agricultura. Os símbolos viajaram com os agricultores, ajudando e inspirando-os nas horas difíceis de estabelecer uma fazenda na mata virgem. A princípio, fiquei intrigado com o significado dos símbolos, mas a coleção de Gimbutas deu uma pista importante. Ela registrou uma estátua realista do torso de uma mulher coberta de símbolos geométricos emotivos de losangos e espirais. Foi uma Pedra de Roseta ligando os símbolos femininos realistas com os agrícolas geométricos emotivos.

Gimbutas descobriu também que o símbolo de losango e espiral foi usado em rituais de nascimento e agricultura em Çatalhöyük. Como ela explica:

> No início do neolítico, os povos construíram [...] relicários para o nascimento. Em Çatalhöyük [...] escavações revelaram um quarto onde os habitantes aparentemente realizavam rituais ligados ao

---

29. Ibid.
30. Ibid
31. C. Renfrew and P. Bahn. *Archaeology, Theories, Methods and Practice*. London: Thames & Hudson, 1998.
32. C. Renfrew. *Bronze Age Migrations in the Aegean*. London: Birchall, 1973.

nascimento. Eles o pintaram de vermelho para nos lembrar de que o vermelho, a cor do sangue, era também a da vida. As figuras estilizadas nas paredes ilustram mulheres dando à luz, enquanto formas circulares e linhas onduladas pintadas perto podem simbolizar o colo do útero, o cordão umbilical e o líquido amniótico. Uma plataforma baixa de gesso poderia ter sido usada para um nascimento real. A cor e o simbolismo no quarto sugerem que as pessoas o consideravam um evento religioso e o acompanhavam com um ritual.[33]

As formas circulares e as linhas onduladas eram o formato do losango e espiral, encontradas também no modelo do filão estampado de símbolos. Gimbutas destaca que os símbolos de uma Mãe-Terra grávida foram

> descobertos com frequência perto de fornos para pão. Ela [a Mãe-Terra grávida] personificou a analogia entre a gravidez humana e animal, e o ciclo anual da germinação, do crescimento e da colheita das plantas.[34]

O arqueólogo James Mellaart escavou altares nos santuários para nascimento em Çatalhöyük e encontrou oferendas de grãos preservadas entre camadas de argila vermelha em altares simbólicos.[35] Mais recentemente, "depósitos votivos" semelhantes, incluindo sementes de cevada carbonizadas, foram encontrados cobertos em cavidades.[36] Gimbutas descobriu que o ritual de adicionar sementes de grãos em figuras de barro simbólicas foi espalhado com a prática agrícola. Como ela explica:

> A antiga cultura Cucuteni (Tripolye), datada de cerca de 4800-3500 a.C, nos dá a compreensão mais clara dos rituais neolíticos em homenagem à deusa grávida da vegetação. [...] As estatuetas mostravam traços de grãos e umas 60 delas tinham evidência de impressões de grão na superfície. [...] Quando técnicos tiraram raios X dessas estatuetas de barro bem porosas, encontraram três tipos de grãos (trigo, cevada, painço) dentro delas. [...] Aqui temos uma prova poderosa de um ritual associando grão, farinha e cozedura, realizado para a deusa, para garantir a fartura de pão.[37]

---

33. M. Gimbutas. *The Living Goddess*. Los Angeles: University of California Press, 1999.
34. Ibid.
35. J. Mellaart. *Çatalhöyük*. London: Thames & Hudson, 1967.
36. *Çatalhöyük 1997 Archive Report*. <http://www.catalhoyuk.com/archive_reports/1997/ar97_03.html>.
37. M. Gimbutas. *The Living Goddess*. Los Angeles: University of California Press, 1999.

A importância ritualística de colocar sementes dentro da argila em camadas foi a dica para compreender as figuras simbólicas da deusa e os símbolos entalhados no torso feminino. Revela um contexto para a figura realista e geométrica combinada, datando de aproximadamente 5000 a.C.[38]

Desenhar os símbolos achatados em vez de enrolados no torso revela um símbolo familiar. Gimbutas descobriu que as nádegas em formato de ovo foram decoradas com símbolos de energia, espirais e círculos concêntricos, padrões que ocorrem naturalmente criados pela sombra do sol do meio-dia.[39] À direita tem um desenho do símbolo desdobrado.

A coleção de Gimbuta é prova do uso a longo prazo dos símbolos do losango e da espiral, que, como demonstro, ainda têm o poder de fascinar meus alunos. Gimbutas colocou o símbolo em um contexto religioso ritualístico:

> Inúmeras estatuetas neolíticas preservaram em seus cenários originais a riqueza íntima da espiritualidade europeia antiga. [...] Seus marcadores gravaram símbolos nelas, como duas ou três linhas, espirais ou linhas sinuosas, um chaveirão ou um losango. [...] Os artífices poderiam criar estatuetas esquemáticas com facilidade e, como a cruz cristã, na prática religiosa essas figuras comunicavam os mesmos conceitos simbólicos que a arte mais representativa. Essas imagens simplificadas [...] exprimiam uma mensagem sagrada.[40]

---
38. Ibid.
39. Ibid.
40. R. Lomas and C. Knight. *Uriel's Machine*. Beverly, MA: Fair Winds Press, 1999.

Os símbolos emotivos geométricos foram ornamentados em imagens semirrealistas da forma feminina fértil antes de se tornarem símbolos independentes. A importância simbólica das várias partes do torso feminino diz respeito aos símbolos. O triângulo apontado para

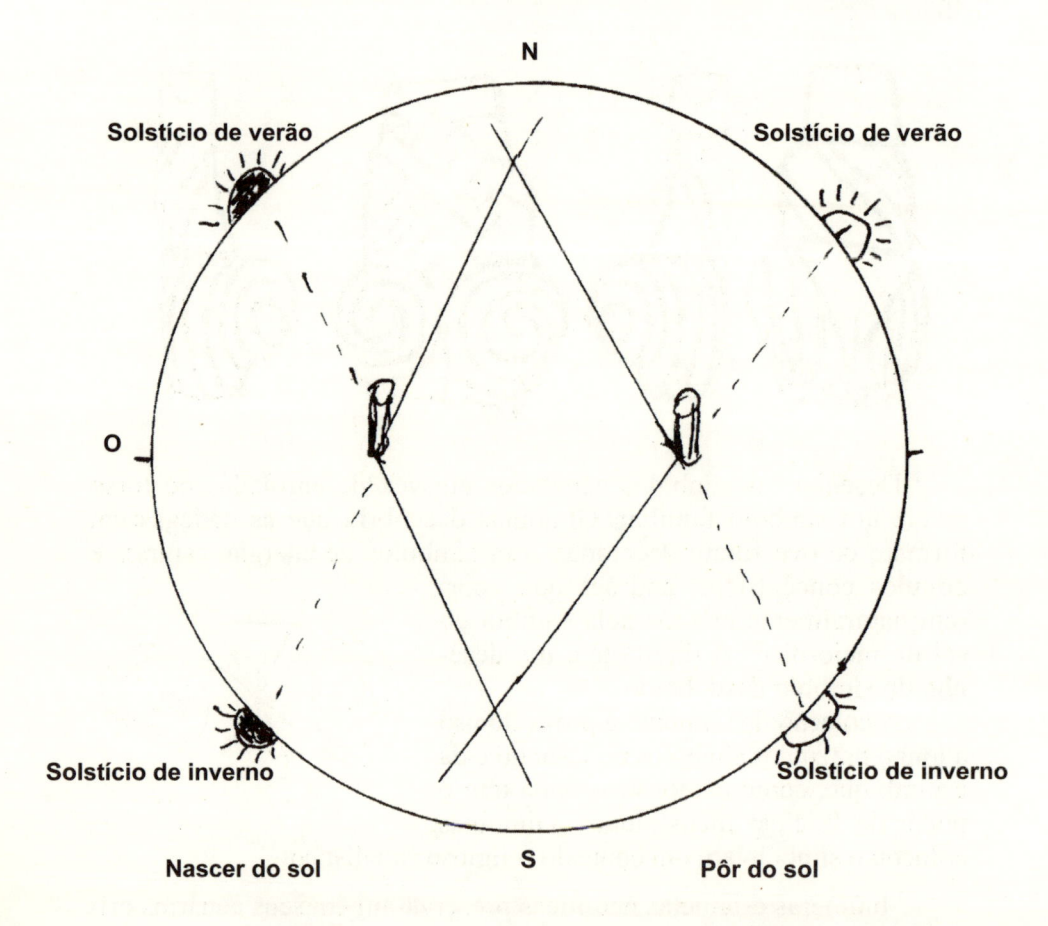

```
                                N
        Solstício de verão            Solstício de verão




    O




        Solstício de inverno          Solstício de inverno

           Nascer do sol       S         Pôr do sol
```

baixo é um símbolo da vulva e do útero "brotando vida e dando à luz".[41] O triângulo apontado para cima formado pela abertura das pernas de uma mulher simbolizava a morte e o útero como um túmulo. Esse uso pode ser visto nas estruturas das "tumbas de abertura afunilada", construídas nessa época como úteros simbólicos para abrigar os mortos.[42] Segundo Gimbutas:

---

41. M. Gimbutas. The Living Goddess. Los Angeles: University of California Press, 1999.
42. Ibid.

As grutas, fendas e cavernas da Terra são manifestações naturais do útero primordial da Mãe. Como o enterro no útero da Terra é semelhante a plantar uma semente, é um passo tão simples para esperar o surgimento de uma vida nova a partir da antiga.[43]

Agora fica fácil de explicar o poder emotivo do símbolo combinado. O triângulo virado para cima representa a morte e o ato de plantar uma semente no útero. O triângulo virado para baixo representa a vida nova que virá na primavera. Os pontos desses triângulos se encontram na vulva da deusa e na intersecção do símbolo duplo da fertilidade, suas nádegas exageradas e férteis. Como demonstrado na página anterior, a forma em V, ou chaveirão, quando unida com outra para produzir um losango ou formato de diamante, é um padrão criado pelas sombras lançadas sobre a Terra pelo sol nascente e poente enquanto este se move pelas estações.

Quanto mais ao norte, o losango fica mais alto e fino. Em latitudes próximas à linha do Equador, o losango fica curto e grosso.[44] Eu usei essa observação para checar os formatos dos vários losangos, incluindo os mais antigos já encontrados (70 mil a.C. na Caverna Blombos) e descobri que são consistentes em localizar a latitude do local onde foram gravados.[45] Do mesmo modo, o formato das duas espirais, sobrepostas nas nádegas da deusa, pode ser criado marcando-se o caminho da sombra do sol durante as estações, com cada espiral demorando três meses para aparecer. Esse simbolismo baseado na observação é executado demarcando-se a queda da ponta da sombra do polo independente ao meio-dia.[46] O símbolo traçado pelo movimento natural do sol prolonga o padrão que aparece nas nádegas da mulher.

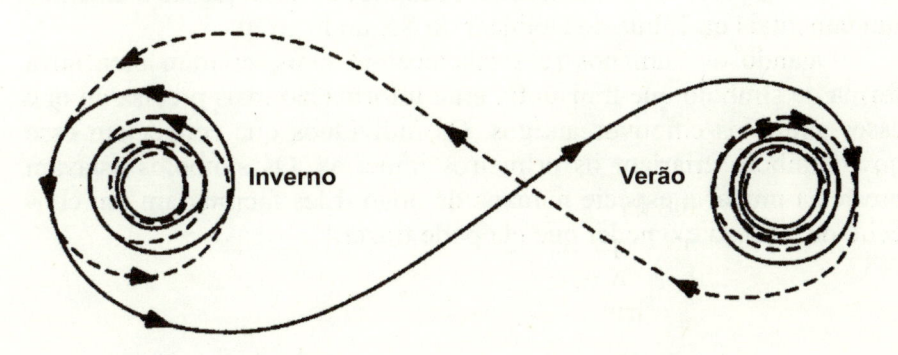

---

43. Ibid.
44. Ibid.
45. R. Lomas and C. Knight. *Uriel's Machine*. Beverly, MA: Fair Winds Press, 1999.
46. R. Lomas and C. Knight. *Turning the Hiram Key*. Beverly, MA: Fair Winds Press, 2005.

Quando os agricultores começaram a ter mais sucesso e a se estabelecer, eles iniciaram a construção não somente de vilas, mas também grandes estruturas públicas. Eles as usavam para rituais religiosos e entalhavam seus símbolos religiosos nas paredes para inspirá-los a continuar a trabalhar em sua terra. Abaixo está a imagem do símbolo da agricultura exibido na parede de um túnel gigantesco em Newgrange, na Irlanda. Ele data de aproximadamente 5 mil anos.

Os dois formatos em losango são tirados das latitudes extremas das Ilhas Britânicas. Eles se cruzam onde o triângulo virado para baixo encontra o triângulo virado para cima. Esse é o lugar onde a espiral da primavera do caminho do sol encontra a espiral do início do verão. A estação é conhecida como *primavera* ou *equinócio vernal*. É a hora de plantar sementes para a colheita no outono. O significado mundano do símbolo é "Plante sua semente morta no útero da Mãe-Terra no equinócio vernal e até o fim do verão ela renascerá como grãos fartos para lhe dar pão durante o inverno". Esse não é somente um símbolo geométrico emotivo poderoso, mas também pode ser lido como um manual sobre como e quando cultivar grãos.

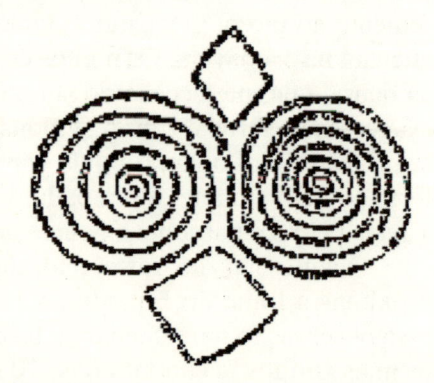

Os dois elementos desse símbolo podem ser encontrados no ensinamento maçom sobre os símbolos. A espiral e o losango são elementos fundamentais na Tábua de Delinear do Segundo Grau.

Quando os humanos se estabeleceram mais, criaram uma nova forma de símbolo que transmitia uma informação mais precisa do que esses símbolos emotivos antigos. Os indivíduos que conheciam esse novo símbolo criariam os primeiros impérios. Os símbolos estavam prestes a mudar a espécie humana de novo. Eles facilitariam um conceito de riqueza e o poder que ela pode trazer.[47]

---

47. R. Lomas and C. Knight. *Uriel's Machine*. Beverly, MA: Fair Winds Press, 1999.

Capítulo 3

Como os Símbolos Criaram Reinos

A importância da contagem

Há cerca de 9 mil anos na Mesopotâmia, em uma terra então chamada de Suméria, apareceu um grupo de símbolos que possibilitou aos humanos contarem objetos e registrarem suas propriedades. Esses símbolos surgiram nas pequenas vilas agrícolas que começavam a pipocar e com eles os agrícolas poderiam ficar de olho em sua produção. Usar esses símbolos marcou o início da riqueza e também sugeriu o potencial para o poder e a dominação.

Antes da agricultura, os humanos não tinham animais de carga domesticados para carregar as coisas. Os caçadores tinham de levar seus bens nas mãos ou nas costas, enquanto seguiam as manadas de presas. Isso limitava suas posses, em termos de tamanho e peso. Essas pessoas não possuíam riqueza e tinham pouco incentivo para contar suas escassas coisas. Mas quando deixaram de caçar e começaram a plantar, elas acumularam bens.

Ao mesmo tempo em que os assentamentos agrícolas se tornaram mais difundidos, assim aconteceu com o número, o valor e o peso dos bens pessoais de um indivíduo. Pela primeira vez, as pessoas conseguiram possuir casas onde poderiam viver pelo restante de suas vidas. E, com a domesticação dos animais, a propriedade se estendeu a rebanhos e manadas de animais semidomesticados. Porém, para os primeiros agricultores sobreviverem no inverno sem caçar, eles tinham de manter um registro de suas reservas de alimento e animais domesticados. Foi aí que uma nova forma de símbolo revelou como poderia ser útil.

Os símbolos da contagem começaram nas plantações. Os modelos em argila dos filões que vimos no capítulo anterior não eram brinquedos, mas sim um modo de manter um registro do número de filões assados. A arqueóloga Denise Schmandt-Besserat, professora de Estudos do Oriente Médio na Universidade do Texas, estudou e classificou mais de 8 mil dessas miniaturas simbólicas para contagem, escavadas em toda a Suméria. Ela explica o propósito desses modelos:

> Um sistema de modelos, [...] pequenos objetos de argila de muitos formatos, como cones, esferas, discos, cilindros e assim por diante, servia como calculadoras no Oriente Próximo pré-histórico e pode remontar ao período Neolítico, com início em cerca de 8000 a.C. Eles evoluíram para [...] [manter] um registro dos produtos da agricultura [e] então [...] [quando surgiram mais cidades] manter registro dos bens manufaturados nas oficinas. O desenvolvimento dos modelos estava ligado à ascensão das estruturas sociais, desenvolvendo-se com a liderança de categoria e chegando a um clímax com a formação do Estado.[48]

Os modelos começaram como miniaturas em argila dos bens verdadeiros que simbolizavam. Como os grãos ficavam armazenados em vasos de argila cônicos, uma medida de grão era representada por um cone pequeno. O óleo era armazenado em jarras ovoides e, então, uma medida de óleo era simbolizada por um ovoide pequeno de argila. Para duas medidas de óleo, eles mantinham dois ovoides. Os modelos foram usados para vários animais e tipos de alimento. Um modelo era feito para cada objeto que precisasse de um registro de quantidade para simbolizar aquele único item.

Sabendo disso, o propósito de fazer símbolos de argila de filões de pão, em relevo, faz sentido. Aqueles que fizeram vários filões para usar no comércio, em um festival próximo, precisariam manter um modelo de cada um para saber quantos tinham no estoque.

Duas novas funções dos símbolos começavam a surgir. Schmandt-Besserat explica o que acontecia na interação contínua entre a humanidade e o poder dos símbolos:

> A primeira evidência dos signos, na forma de varas entalhadas, data do Paleolítico Médio. [...] O simbolismo foi usado tanto em rituais quanto, ao mesmo tempo, para a compilação de informação concreta. Desde seu início, em cerca de 30 mil a.C., a evolução do processamento da informação simbólica no Oriente

---

48. D. Schmandt-Besserat. *How Writing Came About*. Houston: University of Texas Press, 1996.

Próximo pré-histórico prosseguiu em grandes fases, lidando com os dados de especificidade crescente. Primeiro, durante o Paleolítico Médio e o fim do Superior, cerca de 30 mil-12 mil a.C., as varas se referiam a uma unidade de um item não especificado. Segundo, no início do Neolítico, cerca de 8000 a.C., os modelos indicavam uma unidade precisa de um bem específico. [...] O nome do responsável/receptor da mercadoria [era] indicado por selos.⁴⁹

Um grupo de indivíduos logo viu uma chance de prosperar confiscando uma parte dos bens de todos os outros. Hoje, chamamos esse processo de tributação. Mas, antes de tributar alguém, você precisa ser capaz de medir o que ele tem. Os símbolos de contagem criaram o contador e o coletor de impostos.

Aqui estão exemplos desses símbolos antigos. Abaixo estão os modelos em cone, usados para indicar medidas de grãos (segundo Schmandt-Besserat):

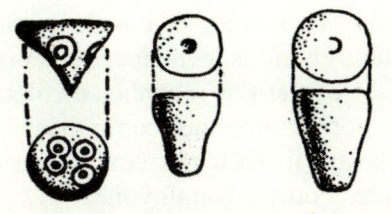

Estes são os símbolos ovoides, usados para indicar medidas de óleo (segundo Schmandt-Besserat):

Aqui estão alguns símbolos de cabeça de animais. Eram usados para indicar quanto tinha de cada animal (segundo Schmandt-Besserat):

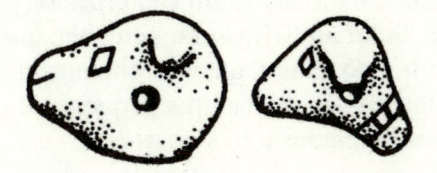

---

49. Ibid.

Por fim, aqui estão alguns símbolos de pele de animal (segundo Schmandt-Besserat):

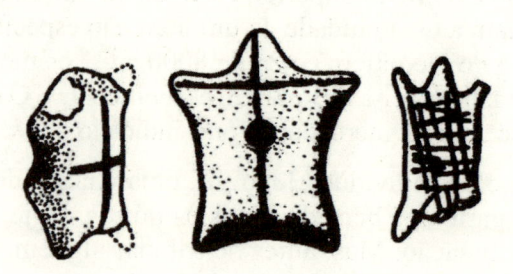

Alguns dos modelos tinham buracos para serem pendurados em uma corda e guardados juntos. Os símbolos sem buracos para os fios ficavam selados em recipientes de argila, que serviam como envelopes quando as pessoas precisavam carregar seus símbolos.

Os caçadores não precisavam de comunicação de longo alcance. Eles viviam em pequenos bandos fechados, e sua principal preocupação era o sucesso na caça. Seguiam os rebanhos e coletavam alimentos não cultivados. Trocavam por ferramentas, como machados de pedra e facas de obsidiana, negociavam a troca por comida ou animais capturados vivos com comunidades como a Çatalhÿoük.[50]

Mas os agricultores eram diferentes. Eles também precisavam de ferramentas de pedra, a menos que vivessem em um afloramento de obsidiana ou pederneira e, nesse caso, faziam utensílios, como o povo de Çatalhöyük. Como somente poderiam existir agricultores bem-sucedidos em terra fértil, eles ficavam em um lugar. Negociavam ferramentas com bandos de caçadores de passagem, mas deviam registrar o que tinham e o que estava disponível para negociar. Os agricultores precisavam de símbolos de contagem.

Os primeiros símbolos

Os modelos simbólicos antigos foram encontrados em Israel, no Irã, no Iraque, na Turquia e na Síria. Eram cauterizados para endurecê-los e fazê-los durar mais. Schmandt-Besserat percebeu que eles faziam parte de um sistema simbólico maior quando encontrou cones pequenos e grandes, discos finos e grossos, esferas pequenas e grandes, e até frações de esferas, como metades e três quartos.

---

50. J. Jacobs. *The Economy of Cities*. London: Pelican, 1968.

O propósito desses símbolos ficou claro quando Leo Oppenheim, um arqueólogo da Universidade de Chicago, encontrou um recipiente em Nazi, no norte do Iraque, datado de aproximadamente 2000 a.C. Estava selado e intacto. Do lado de fora ele tinha escrita e dentro, uma seleção dos modelos simbólicos que Schmandt-Besserat viu se proliferando pelas terras dos agricultores. A descoberta foi a chave para decodificar seu propósito. A inscrição no recipiente era uma lista de 49 animais diferentes, de propriedade de um pastor chamado Ziqarru. Dentro do recipiente tinha grupos de sete diferentes modelos simbólicos. Ligar as 21 "ovelhas-que--pariram", descritas no lado de fora, com os 21 modelos idênticos dentro, foi o primeiro passo para ligar os formatos dos símbolos com os objetos.[51]

Os agricultores ficaram ricos e mediam essa riqueza atribuindo um símbolo a cada objeto. Então eles começaram a produzir mais alimento do que podiam comer. Logo, surgiu uma hierarquia, o que demonstrava ser possível viver às custas de um excedente de alimento sem trabalhar para produzi-lo. Os novos senhores em potencial juntaram forças e usaram símbolos emocionais sagrados para imprimir nos agricultores a necessidade de apaziguar seus deuses.

Logo seria criado um dos grupos de símbolos mais poderosos, que seriam os precursores da escrita. Schmandt-Besserat resume:

> As consequências dessa descoberta são significativas. A escrita resultou não somente das novas exigências burocráticas, mas da invenção da contagem abstrata. [...] A contagem não foi subserviente à escrita; pelo contrário, a escrita surgiu da contagem.[52]

Os símbolos modelos estabeleceram um modo de contagem concreta, uma ideia que apareceu muito antes da descoberta dos números abstratos da Matemática.

Com esses símbolos, a humanidade pôde pensar e planejar o futuro em vez de apenas reagir às necessidades cotidianas. Quando os modelos realistas dos ovoides de argila dos jarros de óleo se tornaram símbolos geométricos de uma medida de óleo, a humanidade passou a confiar neles para ajudar a se organizar.

Os modelos foram usados pela primeira vez como contadores mundanos ou imagens realistas e ajudaram a humanidade a registrar seus gêneros alimentícios e outros itens básicos da vida cotidiana. Os usuários dos símbolos conseguiram administrar os bens e desenvolver uma economia porque tiveram acesso a instrumentos do poder. Eles tinham símbolos

---

51. D. Schmandt-Besserat. *How Writing Came About*. Houston: University of Texas Press, 1996.
52. Ibid

emotivos, geométricos ou realistas usados para manipular os sentimentos das pessoas, e modelos para contagem com os quais poderiam administrar a produção de alimentos. Esses dois tipos de símbolos criaram novos padrões sociais e com eles os dados foram manipulados pela primeira vez.

O símbolo de Newgrange

Por volta de 3500 a.C., uma elite pré-letrada em Orkney, um grupo de ilhas na costa norte da Escócia, conseguiu persuadir, ou forçar, a população local a construir três estruturas em anel de pedra gigantescas, uma vila com uma grande sala de reuniões e um enorme morro com túnel: o Anel de Brodgar, as Pedras de Stenness, o Anel de Bookan, a vila neolítica de Barnhouse e o morro de Maes Howe, respectivamente. Demorou 30 anos para completar o Anel de Brodgar, em uma época na qual a expectativa média da vida era de aproximadamente 24 anos. Demorou pelo menos mais uns dez anos para construir a grande sala e vila de Barnhouse, e o morro gigantesco de Mawes Howe demorou mais 50 anos. O motivo para construir esses locais era religioso, como o símbolo sagrado do losango duplo com espirais entrelaçadas, usado nos locais. À direita está o símbolo como exibido pelos agricultores/construtores de Orkney.

Três templos ainda mais espetaculares, para símbolos emotivos geométricos pré-letrados, foram construídos no Vale Boyne da Irlanda por volta de 3200 a.C. Três morros com túneis gigantescos foram construídos e tiveram seus interiores cobertos de símbolos emotivos geométricos. O mais surpreendente é uma grande gravura do símbolo sagrado da agricultura na lápide traseira do morro de Newgrange.

Os símbolos de contagem e registro logo evoluíram e mudaram fundamentalmente a humanidade. E um grupo novo de símbolos alfabéticos estava prestes a unir as forças com os sons básicos da fala e ampliar muito o alcance da linguagem.

A importância de escrever símbolos

A escrita é uma forma especial de magia simbólica. Com ela posso conversar com um amigo em um país distante e entender sua resposta na hora. Com ela minha mãe falecida pôde me contar sobre o trauma de sua infância sobre o qual ela nunca falaria quando estava viva. Os habitantes antigos das primeiras cidades da Suméria, na Mesopotâmia, também podem com ela me recitar as histórias de seu primeiro rei, Gilgamesh.

Os símbolos da escrita fazem muito mais do que codificar a palavra falada. Eles fazem isso de modo permanente e, portanto, dão a ela maior autoridade. Com isso ela pode ser levada para regiões distantes sem deturpação.

Não é coincidência os símbolos da escrita aparecerem na época do crescimento rápido das cidades da Suméria. As populações densas de moradores da cidade necessitavam de organizações sociais mais complexas do que precisavam as famílias de agricultores isoladas ou grupos de caça. Como as pessoas das cidades tinham mais riqueza para roubar, construíram muros defensivos para aumentar a segurança. Viviam juntos por motivos sociais e edificaram locais para reuniões, templos monumentais e palácios. Protegiam sua riqueza de ladrões nômades usando símbolos de contagem para preparar registros econômicos eficazes.

O arqueólogo W. John Hackwell estudou o surgimento dos símbolos alfabéticos da escrita e chamou atenção para o papel dos curadores dos símbolos religiosos, os sacerdotes:

> Como a vida na Mesopotâmia concentrava-se ao redor dos templos, esses registros econômicos provavelmente foram uma função dos sacerdotes. De fato, alguns arqueólogos sugeriram que a invenção da escrita foi o resultado da exigência para um registro mais eficiente do que o oferecido pelos modelos de argila. Talvez a ideia tenha sido invenção dos sacerdotes.[53]

Mas os sacerdotes não somente decidiram inventar a escrita para deixar o trabalho na cidade-estado suméria mais eficiente. Os intérpretes dos símbolos geométricos sagrados tiveram 5 mil anos de oportunidade para ampliar sua influência até inventar a escrita, mas nunca conseguiram isso. Tudo que aconteceu foi que os povos em comunidades pequenas e isoladas (como, por exemplo, Malta, Orkney e Irlanda) foram persuadidos a trabalhar por horas longas e árduas construindo estruturas para exibir os símbolos sagrados, supostamente com a compensação de se sentir bem dentro de si. Os senhores perceberam que eles poderiam realizar cerimônias e rituais para explorar essa resposta humana. Eles viviam no luxo, mas não sentiam a necessidade de participar da labuta diária da agricultura que alimentava sua comunidade.

---

53. W. J. Hackwell. *Signs, Letters and Words*. New York: Charles Scribner's Sons, 1989.

Os símbolos da escrita não surgiram por causa da mudança social. Eles a provocaram. Foram uma fonte armazenada de influência sobre a humanidade e seu surgimento tornou inevitável o crescimento das cidades-estados e dos impérios. As cidades da Suméria e os posteriores impérios da Assíria, do Egito e da Babilônia cresceram todos com o poder místico dos símbolos da escrita.

A princípio, todo item a ser registrado tinha de ter um modelo realista especial para representá-lo. Diversos modelos eram necessários para contar quantidades de grãos (cones) e de óleo (ovoides). Mas ter símbolos concretos para contar coisas específicas foi um ponto decisivo no processamento das informações. Eles herdaram de seus antepassados do Paleolítico um modo de extrair os dados da realidade e preservá-los em símbolos. Os novos símbolos de escrita tornaram possível a comunicação à longa distância.

Os símbolos também levaram a uma consciência de ordem mais elevada, como explica Schmandt-Besserat:

> Correspondendo ao aumento na burocracia, os métodos de armazenamento de modelos em arquivos foram projetados. Um deles utilizava envelopes de argila, que eram simples bolas ocas de argila onde os modelos eram colocados e selados. A desvantagem dos envelopes era que eles escondiam os modelos fechados. Os contadores acabaram resolvendo o problema estampando os formatos dos modelos na superfície dos envelopes antes de fechá-los. O número de unidades de mercadorias ainda era expresso por um número correspondente de marcações. Um envelope com sete ovoides, por exemplo, tinha sete marcas ovais. A substituição dos sinais pelos modelos foi o primeiro passo na direção da escrita. Os contadores do quarto milênio logo perceberam que os modelos nos envelopes eram desnecessários pela presença das marcações na superfície externa. Por consequência, tabuletas, bolas de argila sólidas com marcações substituíram os envelopes ocos cheios de modelos. Essas marcações se tornaram um sistema próprio que se desenvolveu para incluir não somente marcações gravadas, mas sinais mais legíveis traçados com um buril mais pontudo. Esses dois tipos de símbolos derivados dos modelos eram sinais pictóricos ou "pictógrafos". Porém, não eram [...] imagens dos itens que representavam, mas sim imagens dos modelos usados como contadores no sistema de contagem prévio.[54]

---

54. D. Schmandt-Besserat. *How Writing Came About*. Houston: University of Texas Press, 1996.

Um exemplo disso pode ser visto no formato de um dos primeiros símbolos usados pelos sumérios em um tipo de escrita chamado *cuneiforme*. É o símbolo da cevada, que não passa de um desenho de um talo de planta com brotos saindo dela. Os brotos são mostrados como o tradicional V apontando para baixo, ou chaveirão, que, segundo Gimbutas, foi um símbolo determinado há muito tempo da deusa-mãe da agricultura.

À direita, abaixo, está o símbolo cuneiforme da cevada. Note as séries de V's, ou chaveirões, colocadas no talo:

Os chaveirões têm uma importância religiosa separada. Segundo Gimbutas explica:

> Chaveirões, Vs, zigue-zagues, Ms, meandros, ondas, redes e linhas triplas são frequentes e repetidos nos símbolos da Europa antiga. [...] Nós devemos começar nossa jornada com os hieróglifos da Deusa, o V e o chaveirão. [...] Graficamente, um triângulo púbico é interpretado mais diretamente como um V. Essa expressão e esse reconhecimento são universais e imediatos. Todavia, é incrível como esse pedaço de "taquigrafia" se cristalizou até se tornar por inúmeras eras a marca designativa da Deusa.[55]

O uso de uma série de Vs apontados para baixo no primeiro símbolo da escrita para a cevada simboliza a origem divina da agricultura. Como explicado antes, a agricultura começou como uma série de atos religiosos simbólicos irracionais de plantação na primavera feita pelas mulheres devotas de uma deusa da agricultura. Esse simbolismo aparentemente irracional logo conferiu uma vantagem evolutiva a seus seguidores e contribuiu com o sucesso do cultivo.[56]

O chaveirão fez o pulo das inscrições nas estatuetas realistas da deusa para um símbolo religioso independente por volta de 18 mil a.C. Gimbutas explica:

> [Nós vemos] estatuetas pequenas [da Deusa], [...] com sua função produtiva divina enfatizada por um grande triângulo púbico. Algumas delas são decoradas por uma série de painéis, cada qual com um desenho de chaveirão um tanto diferente, em colunas, opostos ou invertidos. Essas estatuetas, datadas em uma tentativa

---
55. M. Gimbutas. *The Language of the Goddess*. London: Thames and Hudson, 2001.
56. R. Lomas. *Turning the Templar Key*. Beverly, MA: Fair Winds Press, 2009.

de cerca de 18 mil-15 mil a.C., são de um valor inestimável para a compreensão que proporcionam sobre a antiguidade do V em relação à deusa antropomórfica.[57]

Como demonstro em um capítulo posterior, a Maçonaria preserva o símbolo do chaveirão no formato do esquadro do Mestre.

Os primeiros símbolos da escrita cuneiforme estavam mais ligados aos seus antepassados, os modelos de contagem, do que aos sons da linguagem falada. Como eles eram representações de palavras para objetos, cada palavra tinha seu símbolo. Este é chamado *logograma*, e cada palavra precisa ter um símbolo distinto. Todos devem aprender esses logogramas se quiserem ler e escrever. O aprendizado exigia um esforço tremendo e por isso seu uso se restringiu a um número limitado de pessoas habilidosas.

O sistema de privilégio que impulsionou a expansão da Suméria estava ligado ao poder dos símbolos da escrita recém-descobertos. Segundo Schmandt-Besserat:

> Durante o período de 3500 a 2500 a.C., a Suméria tinha uma economia de redistribuição envolvendo três componentes principais: (1) um templo que conferia sentido e pompa ao ato da doação; (2) uma elite que administrava a propriedade pública; e (3) plebeus que produziam mercadorias excedentes e as doavam ao templo. Essa economia redistributiva contava com um sistema de registro de informações e, de fato, não poderia ter êxito sem isso. Essa função foi preenchida no terceiro milênio a.C. pela escrita cuneiforme e, voltando mais no tempo, pelos modelos.[58]

Como a escrita cuneiforme explorava os símbolos, eles se desenvolveram para representar os sons das sílabas da fala em vez das palavras. Isso significava que um conjunto menor de símbolos padronizados seria memorizado, o que simplificou as tarefas de escrita e leitura. À direita está um símbolo cuneiforme posterior para a palavra *cevada*, de aproximadamente 600 a.C.

---

57. M. Gimbutas. *The Language of the Goddess*. London: Thames and Hudson, 2001.
58. D. Schmandt-Besserat. *How Writing Came About*. Houston: University of Texas Press, 1996.

As formas triangulares menores eram feitas pressionando-se o buril na argila mole. Porém, com o propósito de codificar a fala, esse sistema ainda era complexo e usava 2 mil símbolos, e cada um deles tinha de ser decorado.

Os símbolos da escrita transformaram-se em um conjunto diferente de logogramas no Egito, onde foram chamados de *hieróglifos*. Há quatro tipos deles. Pode ser um sinal alfabético, que representa um único som (embora os egípcios presumissem as vogais e não as escrevessem). Pode ser um sinal silábico, que representa uma combinação de consoantes. Pode ser uma imagem estilizada do objeto que descreve (como o símbolo da cevada mostrado antes) e, nesse caso, é seguido por um traço na vertical para indicar que a palavra está completa com um sinal. Ou pode ser um determinativo, ou seja, uma imagem de um objeto para ajudar o leitor a compreender uma ideia abstrata. Os egípcios usavam apenas hieróglifos alfabéticos para pronunciar palavras estrangeiras e desse modo não conseguiram descobrir o verdadeiro poder inerente aos símbolos alfabéticos da escrita.

Mostro abaixo meu primeiro nome, Robert, escrito em hieróglifos alfabéticos.

Como se pode ver, essa não é uma escrita fácil. Precisa de muita prática para ser um bom escriba. Entretanto, esse grupo de símbolos da escrita ajudou os antigos egípcios a se tornarem ricos e bem-sucedidos. Mas esses símbolos tinham outra peça para pregar na humanidade.

A sorte favorece o escriba

Os cananeus, ou fenícios, eram uma mistura de moradores do deserto e comerciantes marítimos. Eles viviam em uma série de pequenas cidades-estados ao longo da costa ocidental da terra de Canaã. O alfabeto adotado por eles espalhou-se depois ao povo lutador de Israel, e os judeus usaram esses símbolos para registrar as histórias da Bíblia. Os fenícios fabricavam e comercializavam vidro e um corante roxo de alta qualidade. Mas o mais importante de tudo é que eram navegantes habilidosos que alcançavam grandes distâncias. Eles tinham pouco tempo para os símbolos complexos e desajeitados da escrita cuneiforme ou dos hieróglifos, mas descobriram que uma pequena série de símbolos poderia representar todos os sons possíveis de uma língua falada completa.

Os símbolos alfabéticos capacitam um pequeno grupo de imagens geométricas (normalmente 30 ou menos) a representar todos os sons pronunciados por um falante. Esses símbolos logo se tornaram o tipo dominante entre os comerciantes fenícios. Como Hackwell salienta:

> O sistema de escrita sumério tornou-se abstrato e linear. Os arqueólogos e especialistas em línguas semíticas antigas esperavam encontrar provas de que os usuários da escrita cuneiforme deram o próximo passo lógico: usar sinais para representar encontros de sons, chamados sílabas. Mas esse não é o caso. Os cananeus parecem ter ignorado esse conceito quando descobriram o alfabeto, pois eles reconheciam que a fala consistia em sons básicos que poderiam ser representados com pouquíssimos sinais.[59]

Entre 1200 e 900 a.C., apareceu um alfabeto simbólico cananeu, para preservar e transmitir qualquer pensamento que pudesse ser colocado em palavras em hebraico, fenício ou aramaico. Os símbolos do alfabeto aparecem abaixo:

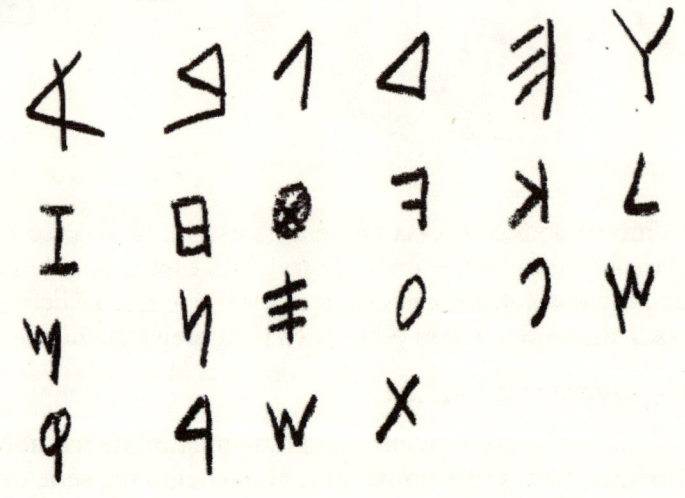

---

59. W. J. Hackwell. *Signs, Letters and Words*. New York: Charles Scribner's Sons, 1989.

E aqui está meu nome escrito em símbolos fenícios. (Veja que eu o escrevi da esquerda para a direita e não o contrário, como os fenícios teriam feito).

Quando Davi se tornou rei dos judeus, os fenícios usavam um alfabeto com apenas 22 símbolos geométricos, que poderiam armazenar e transmitir qualquer palavra que um fenício dissesse. Esses foram os símbolos da escrita que levaram uma mensagem do rei Salomão ao rei Hirão de Tiro, buscando ajuda para construir o icônico Templo de Jerusalém. O símbolo desse templo famoso e seu papel em criar um sistema para compreender a simbologia maçônica serão discutidos depois neste livro.

Os símbolos da escrita logo se espalharam para a Grécia. Lá eles possibilitaram a explosão do conhecimento clássico e preservaram as palavras de Sócrates e Platão e as obras de Euclides para lermos hoje. Os símbolos alfabéticos gregos espalharam-se para Roma e deram origem ao alfabeto latino.

Surgimento de um novo alfabeto

Até agora, vimos quatro ondas de símbolos que impulsionaram o progresso da humanidade. Os primeiros foram os símbolos emotivos geométricos. Depois do estabelecimento da agricultura, esses símbolos reapareceram e ficaram mais poderosos. A princípio, eles eram desenhados no topo de imagens realistas, como filões de pão e imagens de mulheres férteis; mas, em dado momento tornaram-se imagens separadas, puramente geométricas. Primeiro foram gravados em objetos portáteis, como estatuetas e modelos de pão sagrado; porém, com o aumento do sucesso do cultivo, eles foram usados para adornar edifícios permanentes (como o complexo Newgrange).

Quando as comunidades organizadas cresceram e prosperaram, os humanos começaram a possuir mais objetos. Desse modo, surgiu uma série de símbolos para ajudá-los a contar as coisas. O jeito incômodo de contar com um modelo para cada animal ou jarro de óleo deu lugar a uma nova série de símbolos abstratos de números que poderiam contar qualquer coisa, real ou imaginária. Esses símbolos novos não tinham limites. Podiam contar qualquer coisa, por maior que fosse. Eles poderiam contar as estrelas no Universo ou os grãos de areia de uma praia. Esse conceito era novo e muito além da capacidade da contagem com símbolos concretos.

Usada inicialmente como um meio de administrar e controlar as ações das pessoas, essa nova classe de símbolos provou ter o poder de armazenar e aumentar o conhecimento. (Particularmente, os maçons passaram a desconfiar da linguagem escrita, pois ela poderia facilmente se tornar uma ferramenta de repressão. Eles insistiam em ensinar usando símbolos emotivos e metáforas verbais poéticas.)

O poder dos símbolos na escrita é limitado por sua falta de clareza. Isso não era um problema para os símbolos emotivos, pois eles criavam sentimentos claros de empatia. O poder dos símbolos criou uma sociedade complexa muito diferente dos grupos de caçadores que riscaram pela primeira vez o simples símbolo do losango em fragmentos de ocre vermelho. Na verdade, os primeiros símbolos nunca desapareceram, mas hoje prestamos mais atenção aos símbolos da linguagem mais novos, porque eles falam às nossas mentes em palavras. Como os mais antigos trabalham de formas diferentes, mais sutis e menos óbvias, nós os sentimos em nossos corações, mas não conseguimos explicar por que nos fazem sentir assim.

Há mais de 500 anos, a Maçonaria reconheceu que algumas partes de nosso cérebro têm uma relação estranha, mas forte, com os símbolos específicos. Como maçom, estou ciente dos símbolos e de sua importância.

Para entender como e quais deles fazem nossa cabeça, precisamos olhar dentro de nossas mentes. Há algo no cérebro humano que dá aos símbolos seu poder sagrado.

Capítulo 4

O Poder dos Símbolos no Cérebro Humano

Os seres humanos têm duas mentes

O cérebro humano evoluiu para reconhecer e responder aos símbolos, mas essa parte do cérebro é aquela que sente em vez de falar. Essa evolução torna quase impossível colocarmos em palavras o efeito dos símbolos sobre nós. Mas as emoções provocadas por eles entre os humanos mudaram o modo como a sociedade se desenvolveu. Para entender por que os seres humanos são a única espécie com essa relação constante com os símbolos, precisamos olhar dentro de nossas mentes.

Em nosso cérebro há duas metades em atividade completa. Os hemisférios esquerdo e direito do cérebro humano são capazes individualmente de mantê-lo vivo e funcionando mesmo se metade de sua cabeça for destruída. Porém, há um propósito mais sutil para essa independência hemisférica. Você tem uma vantagem evolutiva por ter dois hemisférios cerebrais. Se não fosse assim, os humanos teriam desenvolvido um cérebro menos complexo, menos exigente biologicamente e mais unificado. A atual pesquisa sobre o cérebro mostra que é esse desenvolvimento evolutivo em duas partes iguais que facilitou nossa interação com os símbolos.[60]

Seus dois hemisférios se comunicam por meio de uma estrutura chamada *corpo caloso*, um cabo conector gigantesco feito de aproximadamente 800 milhões de neurônios que ligam os hemisférios. Durante a última metade do século XX, um tratamento radical para a epilepsia

---

60. I. McGilchrist. *The Master and His Emissary*. New Haven, CT: Yale University Press, 2009.

implicava cortar esse elo, deixando o indivíduo com dois cérebros desconectados. Roger Sperry estudou esses pacientes e descobriu que os dois hemisférios são diferentes e evoluíram por propósitos diferentes.[61] Ele descobriu que o hemisfério direito ama símbolos e metáforas, enquanto o esquerdo gosta de palavras. Muitos vertebrados e todas as aves também desenvolveram cérebros divididos.

A consciência cumpre duas funções conflitantes, mais bem compreendidas em termos de como funciona nossa atenção. Para realizar tarefas delicadas, seu cérebro precisa focar a atenção de forma estreita, ou seja, pegar um grão de milho em vez do pedaço de pedra. Mas, ao mesmo tempo, seu cérebro precisa manter um campo bem aberto de atenção para continuar tomando cuidado com os predadores. Se você não consegue se concentrar, passará fome e, se não ficar alerta, pode ser morto e comido.

A resposta evolutiva foi desenvolver dois cérebros: um do lado direito, que adota uma visão geral ampla, usando os símbolos para resumir a informação sobre a natureza da realidade ao redor; e um esquerdo, que é capaz de se concentrar em tarefas mais detalhadas. Esses dois modos diferentes de prestar atenção nos tornaram sensíveis à influência dos símbolos.[62]

O resultado dessa peculiaridade evolutiva para a sobrevivência deu aos humanos dois sistemas de raciocínio: um articulado e outro que responde aos símbolos. Seu intelecto analisa, mas seu coração sintetiza. Um símbolo evoca a compreensão sem precisar transmitir informação.

O lado esquerdo do cérebro humano não consegue entender metáforas nem símbolos narrativos ou emotivos. Nós ouvimos histórias, visualizamos símbolos e reagimos com emoção às imagens com nosso hemisfério direito inarticulado. Seu hemisfério esquerdo concentra sua atenção estreitamente, enquanto o direito fica alerta ao que acontece ao seu redor. Por causa dessas diferenças, cada hemisfério entende o mundo de um modo diferente. O hemisfério direito reconhece o sentido simbólico e vê conexões. O esquerdo vê pedaços do mundo que muitas vezes ele não consegue ligar. A resposta emocional aos símbolos antigos acontece no direito. O modo como nossos cérebros trabalham ajuda a nos concentrarmos em um tópico de interesse e ignorar tudo

---

61. R. W. Sperry.
62. I. McGilchrist. *The Master and His Emissary*. New Haven, CT: Yale University Press, 2009.

fora dele.[63] Ele nos dá o sentido oculto dos significados dos símbolos, que lutamos para pôr em palavras.

Nosso hemisfério direito se desenvolveu para detectar ameaças. É bom em perceber mudanças emocionais e nos alertar para problemas potenciais. Até certo ponto, processamos a linguagem nos dois hemisférios, mas cada um interpreta o que lê ou ouve de um jeito diferente. O hemisfério esquerdo é bom com palavras, incluindo sintaxe e gramática, mas o direito entende o contexto e as metáforas. O hemisfério direito percebe os símbolos visuais, embora não consiga explicá-los em palavras.

Nesse ponto, vale a pena notar que a função do corpo caloso, a conexão que liga os dois hemisférios, não serve para comunicar informação entre eles, mas para impedir um ou o outro de agir. A vantagem evolutiva do nosso cérebro vem deste fato: se o hemisfério direito percebe uma ameaça, pode desligar a atenção focada do esquerdo e forçá-lo a ficar alerta ao ambiente. Fazer isso é essencial para evitar ser comido por predadores. Da mesma forma, o hemisfério esquerdo pode fazer o direito parar de tagarelar e aproveitar sua curiosidade sobre tudo ao seu redor, forçando-o a focar nas tarefas necessárias para ficar vivo. Mas isso significa que, quando tentamos usar palavras para explicar símbolos, encorajamos nosso hemisfério esquerdo a inibir o direito. Por isso meus alunos não conseguiam explicar como os símbolos os afetavam, embora eles fossem consistentes em apontar aqueles com fortes mensagens emocionais.

Os símbolos têm apelo sexual

Um efeito colateral surpreendente da interação entre os símbolos e o hemisfério direito do cérebro humano é que alguns deles têm uma habilidade inesperada de provocar interesse sexual. Os símbolos antigos da agricultura eram associados com templos sagrados dedicados a várias figuras de deusas. Esses símbolos, como mostrou minha pesquisa, apelam a um instinto básico em homens e mulheres jovens.

Outros testes demonstraram que tanto homens como mulheres produziam uma forte resposta galvânica da pele quando olhavam para essas formas tradicionais. Em outras palavras, os símbolos os faziam suar. Quando os acompanhei com testes adicionais, descobri que sua resposta emocional era de atração. Tive mais um indício quando muitos alunos diziam que os símbolos geométricos antigos são sensuais. Eles parecem atingir um nível emocional profundo no espírito humano.

---

63. R. Arnheim. *Visual Thinking*. Berkeley: University of California Press, 1969.

Então descobri algo ainda mais interessante. Minha filha, que é joalheira, transformou algumas dessas imagens de deusas em pingentes e braceletes. O retorno que ela teve das mulheres que usaram as peças era de que os símbolos eram extremamente sensuais.

O interessante é que os símbolos antigos das deusas seduzem porque atingem o sentido humano do olfato. A professora Martha McClintock, da Universidade de Chicago, publicou um estudo inovador há 30 anos mostrando que os ciclos menstruais de mulheres que moravam juntas tendiam a uma sincronia. Uma pesquisa adicional de mapeamento cerebral demonstrou que compostos conhecidos como *feromônios*, encontrados no suor masculino e feminino, provocam atividade nos cérebros das pessoas do sexo oposto. Essas substâncias químicas subjetivamente inodoras são sentidas por dois pequenos buracos, o órgão vomeronasal (OVN), bem no fundo de cada narina. Os feromônios são conhecidos por provocar acasalamento e outros comportamentos em roedores. Desempenham um papel semelhante, se for menos frenético, nos seres humanos, que são atraídos sexualmente pelo odor de suor fresco do sexo oposto. E esses símbolos antigos causam suor fresco.

Símbolos antigos transformados em joias sensuais. Cortesia de Delyth Lomas.

Todos nós vimos o efeito dos feromônios nos animais. Um cachorro que urina em um poste deixa para trás feromônios para demarcar território. Uma cadela no cio os lança para atrair os cachorros a quilômetros de distância. As formigas os deixam para trás para marcar uma trilha rápida para participantes insuspeitos de um piquenique. Os humanos olham para os símbolos antigos e os exalam.

Os feromônios são responsáveis pela química física que cria aquela sensação de "amor à primeira vista" sentida pelos humanos às vezes. Eles entregam mensagens sobre a condição sexual de uma pessoa e têm a função de nos ajudar a escolher um parceiro cuja resistência genética à doença complemente a nossa. Isso serve ao propósito evolutivo de ajudar os casais mais prováveis a terem filhos saudáveis se reconhecerem.

Por isso os símbolos que provocam a emissão dos feromônios humanos continuam populares. Eles são inerentemente sensuais.

Mas devo fazer uma advertência aqui: você não pode simplesmente contar com o uso dos símbolos certos para deixá-lo sedutor. Nem todos os feromônios masculinos são atraentes. A androsterona, por exemplo, não é o mesmo que o androstenol. Este é o odor produzido pelo suor masculino fresco e é atraente para as mulheres. Já a androsterona é produzida pelo suor do homem depois da exposição ao oxigênio (isto é, menos fresco) e é percebida como bem desagradável pelas mulheres. Portanto, os homens que acreditam que o odor viril do suor corporal seja atraente para as mulheres, iludem-se. Eles precisam produzir constantemente suor fresco ou trocar de roupa a cada 20 minutos para tirar qualquer traço de suor oxidado. Em geral, o repelente de mulheres, androsterona, é o odor corporal masculino mais proeminente, pois o odor de suor fresco do androstenol logo desaparece, a menos que seja sempre reabastecido. Os símbolos sensuais podem ajudar com esse reabastecimento.

Por isso meus voluntários acharam esses símbolos antigos sedutores. Quando uma pessoa vê um deles, exala suor fresco, que é sexualmente atraente para a pessoa certa. Claus Wedekind, cientista da Universidade de Bern, fez uma série de testes para descobrir como os humanos usam o odor corporal para selecionar parceiros. Ele pediu para um grupo de mulheres cheirar camisetas usadas por um grupo de homens desconhecidos e sem banho. As mulheres precisavam dizer quais camisetas cheiravam melhor. O experimento propunha descobrir se os seres humanos, como os camundongos, usam o odor corporal para identificar parceiros adequados geneticamente. As voluntárias, assim como as fêmeas de roedores, sentiram-se atraídas pelos homens geneticamente adequados.

Os antigos símbolos da agricultura, que tanto homens como mulheres acham atraentes, estimulam-nos a exalar suor fresco, atraente sexualmente. Então não é surpresa que esses símbolos carregados de erotismo sejam venerados como sagrados. A atração sexual deles tem uma base biológica firme, tanto no modo como nossos cérebros estão ligados quanto na forma como eles nos estimulam a emitir odores sexuais.

A influência dos símbolos rupestres

A resposta fisiológica do suor a símbolos específicos é mais do que um simples reconhecimento. Uma forma pode gerar emoções para nos fazer agir rápido. Mesmo organismos simples podem identificar uma forma sem precisar compreender totalmente seu caráter verdadeiro. Eles apenas sentem o medo. Um bom exemplo disso pode ser visto em aves novas, que, como os humanos, têm cérebros repartidos. Um pintinho recém-nascido pode distinguir entre o formato de um gavião e o de um ganso pelas sombras lançadas no chão embaixo de onde eles voam. O pintinho tentará se esconder da silhueta do gavião e ignorar a do ganso (veja abaixo, à direita).

As emoções são provocadas sem nem pensarmos nisso. O medo ao vermos uma cobra é provocado muito antes de o hemisfério esquerdo pensar nessa palavra. As formas simbólicas e os cheiros provocam emoções sem qualquer necessidade de julgamento. As emoções são como alarmes de fumaça e disparam porque detectam partículas no ar. Portanto, quando estamos em perigo, temos um mecanismo psicológico no lugar que reage aos riscos e provoca respostas corporais, assim como há um mecanismo em um alarme que dispara quando detecta partículas de fumaça. Esse mecanismo responde aos símbolos.

A Maçonaria reconheceu esse efeito há 500 anos e começou a tornar seus membros sensíveis à importância de certos símbolos. Fez isso distraindo o hemisfério esquerdo verbal enquanto ele desempenhava ações ritualísticas, deixando o direito livre para aproveitar o calor emocional do símbolo. Não é coincidência que o emblema da Maçonaria ecoe o símbolo mais antigo do losango já desenhado: o sensual chaveirão.

Com certeza não é coincidência que o emblema da Maçonaria se refira ao símbolo do losango.

Os símbolos rupestres têm um poder sagrado

Quando os seres humanos se instalaram com a agricultura e construíram vilas e cidades, os símbolos apareceram nos edifícios. As pedras foram usadas para criar marcações e para construir grandes estruturas, e os símbolos eram gravados nelas. Durante o fim do período Neolítico, antes do surgimento dos símbolos da escrita, os símbolos emotivos da agricultura podiam ser encontrados entalhados nas paredes de pedra de câmaras por toda a atual Europa.

Talvez alguns dos melhores exemplos desses símbolos rupestres possam ser vistos no Vale Boyne, na Irlanda, nos três montes de Newgrange, Knowth e Dowth. Esses são morros gigantescos construídos pelo homem com câmaras revestidas de rocha construídas dentro deles. As rochas, tanto dentro dos morros como no granito ao redor delas, são completamente cobertas com exemplos dos símbolos sensuais da agricultura que ainda excitam homens e mulheres modernos.

Um símbolo tradicional de agricultura com losango e espiral está entalhado no granito em Newgrage. O arqueólogo George Logan diz:

Nós não conhecemos a natureza das cerimônias, mas os vários aspectos, como as colocações das pedras, devem ter servido a um propósito relacionado. [...] Pode-se supor que parte do ritual envolvesse itens exóticos, entre os quais os célebres eram os objetos de pedra cônicos [modelos de contagem?] de Knowth e Newgrange. [...] Os ritos, em parte, tratariam de fertilidade, enfatizando a continuidade da sociedade.[64]

Com o surgimento das cidades, cada vez mais símbolos eram gravados em locais de culto, e uma classe especial de pedreiros, homens conhecidos como *maçons*, especializaram-se em moldar as pedras e gravar esses símbolos. Não é coincidência um grupo de maçons medievais perceber que os símbolos das pedras poderiam influenciar as mentes humanas. Eles começaram a estudar os símbolos e como as pessoas respondiam a eles.

Este granito do complexo Newgrange mostra uma rede de símbolos de losango e espiral usada pelos agricultores antigos.

---

64. G. Logan. *Knowth and the Passage Tombs of Ireland*. London: Thames & Hudson, 1986.

Capítulo 5

Como os Símbolos Criaram a Maçonaria

Símbolos e mitos trabalham juntos

No meio do século XV, na terra da Escócia, um grupo de elite de reis, sacerdotes e pretensos reis recrutou a ajuda dos poderosos símbolos emotivos para favorecer o apoio político. Esse meio de manipulação tinha dois aspectos importantes: os símbolos geométricos emotivos eram entalhados na construção em pedra de edifícios prestigiosos, onde as pessoas costumavam se reunir regularmente, e mitos populares sobre a importância desses símbolos eram recitados.

No século XV, *sir* William Sinclair, um rico nobre escocês, acumulou mais terra do que o rei e queria tomar a coroa da Escócia. Os reis Stuart tinham a Abadia da Santa Cruz, que abrigava o símbolo poderoso da Cruz Verdadeira, mas Sinclair não tinha nenhum edifício simbólico ou símbolo venerado para provar seu direito de governar. Então ele contratou um arquiteto, *sir* Gilbert Haye, muitíssimo experiente no poder do mito e do simbolismo, e o incumbiu de criar um edifício adornado por símbolos gravados para rivalizar com a Santa Cruz e a abadia que a abrigava.

Um grupo de pedreiros se envolveu nessa batalha e viu em primeira mão o poder dos símbolos. Quando Sinclair não conseguiu o poder, esses trabalhadores foram dispensados, mas um grupo deles se reuniu em Aberdeen para estudar o poder dos símbolos e desenvolver formas de sensibilizar os indivíduos à sua importância. Esse grupo de homens, os primeiros maçons, tinha muita habilidade na tradição antiga de gravar símbolos em pedra e criar lugares para reuniões públicas. Esses símbolos estudados por eles criaram a Maçonaria Moderna.

Edifícios são símbolos

Vimos em um capítulo anterior que, por volta de 5 mil ou 6 mil anos atrás, antes da chegada dos símbolos da escrita, os seres humanos construíam estruturas de pedra para realizar assembleias religiosas. Podemos ver, pelas ruínas desses templos rústicos, que seus arquitetos descobriram que poderiam intensificar o enlevo de seus seguidores se entalhassem símbolos geométricos emotivos nas paredes de pedra das estruturas.

Essa habilidade recém-descoberta, de moldar pedras em estruturas simbólicas emotivas, desenvolveu-se no Antigo Egito. Lá, o símbolo do triângulo, que vimos repetidamente nas paredes de Newgrange, estava escrito em muitos lugares e na estrutura da pirâmide. Quem não fica impressionado ao ficar na base de uma estrutura dessas?

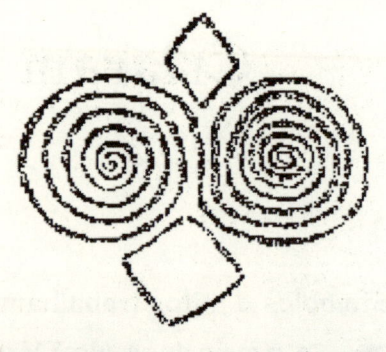

A pirâmide de Quéfren em Gizé, perto de Cairo, Egito, mostra como os pedreiros egípcios usaram o símbolo do triângulo em suas estruturas públicas.

As novas habilidades em trabalhar, movimentar e moldar pedras desenvolveram-se para criar esses símbolos de chaveirão gigantescos. Os egípcios extraíam pedras, moldavam-nas, levantavam-nas para colocar no lugar e as juntavam. Eles inventaram o ofício chamado agora de *alvenaria*, mas foram os gregos que descobriram um novo grupo de símbolos que seria usado pelos futuros arquitetos. Para os templos simbólicos ficarem firmes, eles tinham de ser construídos de acordo com certas regras de estrutura. Essas regras foram reveladas aos humanos pelos símbolos da Geometria. Os símbolos geométricos receberam o reconhecimento durante o período grego clássico.

Todo construtor que trabalhasse com pedra precisava conhecer a natureza dos símbolos da Geometria e, com o tempo, com esse conhecimento construíram templos maiores e mais esplêndidos.

O Parthenon na Acrópole, Atenas, construído entre 447 a.C. e 432 a.C., mostra como a arquitetura grega antiga usou o símbolo da coluna para criar uma presença poderosa para um edifício.

Na Idade Média, na Grã-Bretanha, essa prática de construir edifícios religiosos inspiradores tornou-se tradição na construção de catedrais. Em Canterbury, podemos ver o símbolo do triângulo esculpido nas fachadas.

Os pedreiros que construíram esses edifícios magníficos eram artesãos muito habilidosos que usavam os símbolos da Geometria. Os edifícios que os pedreiros passaram a vida toda construindo eram mais do que estruturas simbólicas, pois os símbolos emotivos também foram incorporados em suas fachadas. A tradição neolítica de usar símbolos geométricos emotivos para inspirar os idólatras manifestou-se nas criações dos pedreiros.

Esta foto aérea da Catedral de Canterbury mostra como os pedreiros incorporaram o símbolo do triângulo nas fachadas.

Principalmente os homens que fundaram a Maçonaria, e introduziram seu estudo da simbologia, testemunharam o poder de um símbolo geométrico específico: a cruz. A evolução dela teve grande influência nas origens da Maçonaria.

Como a cruz verdadeira inspirou os primeiros maçons

Sem os símbolos da escrita, o Império Romano não teria se espalhado para tão longe, nem durado tanto. Mas, mesmo depois de seu grande sucesso, a leitura e a escrita estavam longe de ser universais. Apenas alguns administradores, líderes e sacerdotes no Império Romano conseguiam usar esses símbolos.

Os últimos imperadores romanos, quando se proclamavam deuses, criavam estátuas e bustos de pedras para distribuir por suas terras. O símbolo realista do imperador-deus servia para carregar uma ideia religiosa e criar um estado de espírito no grande número de indivíduos analfabetos. Esse conhecimento não se perdeu quando o Cristianismo se tornou a religião oficial do Império Romano. O reconhecimento comum da cruz latina é um forte exemplo de como um símbolo é capaz de transmitir toda uma filosofia religiosa.

A cruz da crucificação, na qual Jesus foi colocado para morrer, não era um símbolo emotivo inspirador. Foi uma máquina prática projetada para causar dor. Ela não tinha uma parte superior, mas um formato simples em T, criado com cuidado pelos romanos para infligir uma dor tremenda com pouco esforço. Eles amarravam ou pregavam os braços do indivíduo a ser punido na viga horizontal (chamada *patíbulo*), e ele era forçado a carregá-la até uma coluna vertical já erigida. Erguia-se a viga até a coluna (chamada *haste*), deixando a pessoa com seu peso suspenso pelos braços. Então seus calcanhares eram pregados na coluna com suas pernas dobradas.

Cruz Tau

Seus braços eram amarrados no lado de fora da viga, mas deixados levemente curvados. O corpo da vítima ficava suspenso apenas por esses três pontos, provocando uma dor excruciante. A perda de sangue era mínima e a vítima permanecia totalmente consciente.

O peso corporal da vítima trabalhava contra ela, curvando-a e produzindo uma tensão traumática nos músculos de seus braços, ombros e caixa torácica. A dor era indescritível, enquanto a caixa torácica era puxada para cima e o peito, mantido em uma posição que impedia a respiração. Para evitar a asfixia, a única alternativa da vítima era colocar o peso sobre os pés feridos e pregados para erguer seu corpo, de modo que seus pulmões pudessem esvaziar e inspirar outra lufada de ar. O pânico de não respirar foi trocado temporariamente pela dor excruciante de ficar de pé sobre a carne empalada. O efeito geral de repetir esse dilema perverso era uma crescente anóxia (falta de oxigênio), levando a cãibras agonizantes e a uma taxa metabólica drasticamente elevada. Em dado momento, as pernas doíam e falhavam, e a vítima não conseguia mais respirar. Isso poderia levar dias, o que significava um trauma tremendo para a vítima, como era a intenção.

A cruz da crucificação era uma ferramenta de tortura romana e, portanto, não tinha dimensão simbólica. Seu formato nunca foi inspirador, distinto do símbolo poderoso da Cruz Verdadeira. O símbolo da cruz latina é claramente diferente. Ela ecoa um homem com seus braços estendidos a Deus e sua cabeça levantada para o alto.

Esse símbolo poderoso da cruz latina evoluiu para uma insígnia de poder majestoso na Idade Média. A exposição a esse símbolo forte,

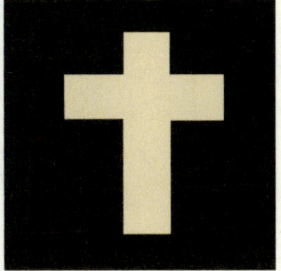

Cruz latina

e o mito que o acompanha, inspirou os primeiros maçons a iniciarem um estudo sistemático do poder dos símbolos.

Uma antiga rainha da Escócia, St. Margaret, casada com o rei Malcolm em 1069, levou consigo um fragmento da Cruz Verdadeira como seu dote. Os descendentes de Malcolm construíram um magnífico edifício simbólico, a Abadia de Santa Cruz, para abrigar a Cruz Verdadeira. Hoje, a abadia fica atrás do palácio de Santa Cruz e está em ruínas.

Incorporou-se um mito ao símbolo da Santa Cruz, como o fragmento era conhecido. Segundo contam, o rei David foi atacado por um veado enquanto caçava, e a cruz materializou-se entre ele e o animal feroz, salvando sua vida. Um símbolo de um veado com uma cruz latina foi gravado em pedra na entrada da abadia. O mesmo símbolo agora faz parte da entrada para o Palácio Santa Cruz, lar dos reis dos escoceses, construído ao lado das ruínas da abadia que, em seu auge, recebia romeiros para venerar o fragmento, ouvir a narração do mito e dar graças a Deus por salvar a vida do rei.

Por muitas gerações de reis escoceses, até James II, o símbolo da Cruz Sagrada justificou seu direito divino ao reino. Porém, como observado antes, no meio do século XV, *sir* William Sinclair contratou o arquiteto *sir* Gilbert Haye para construir um edifício para rivalizar com

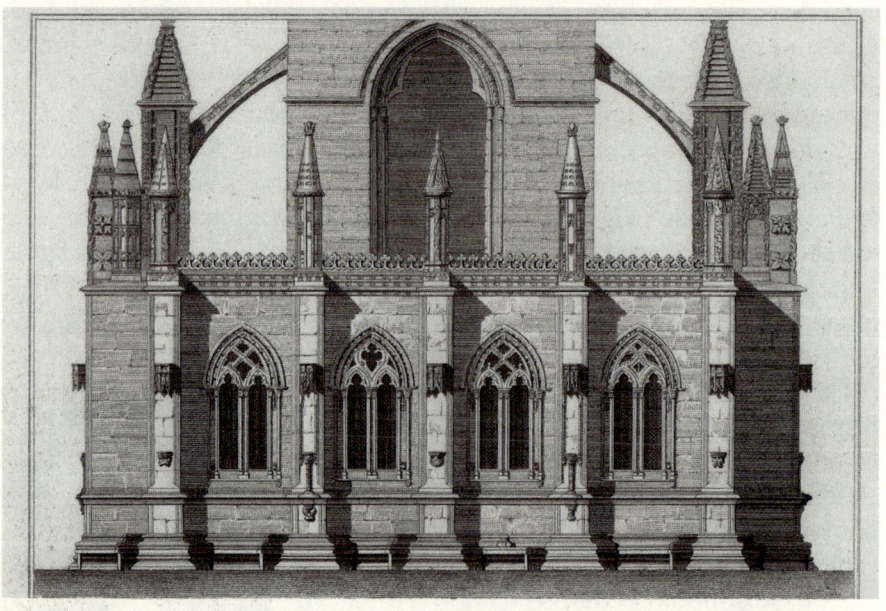

Os primeiros maçons trabalharam na ornamentada Capela Rosslyn, na Escócia, coberta de entalhes e rica em simbolismo. Ilustração de J. Roffe, 1811, Elmes, James (1782-1862) (depois)/Coleção Particular/The Bridgeman Art Library International.

a abadia. O resultado foi um edifício ornado chamado Capela Rosslyn,* cheio de simbolismo e imerso em mito.⁶⁵ Os homens prestes a se tornar os primeiros maçons trabalharam em sua construção.

Depois de Sinclair não conseguir a coroa da Escócia, suas propriedades se fragmentaram, sua capela inspiradora foi dilapidada e os pedreiros que esculpiram o edifício cheio de símbolos foram dispensados. Um grupo de tamanho considerável deles se mudou para Aberdeen para trabalhar juntos em uma grande igreja dedicada a São Nicolau.⁶⁶ Esses homens perceberam que toparam com uma grande verdade e começaram a tentar entender o que aprenderam sobre símbolos e mitos. Eles viram símbolos, que depois esculpiram. Também ouviram mitos poéticos, que deram sentido às emoções despertadas pelos símbolos em seus corações. Os pedreiros desenvolveram formas de passar esse conhecimento adiante aos aprendizes. Eles criaram o "sistema de moralidade peculiar, velado em alegoria e ilustrado por símbolos", que se tornou a Maçonaria. A prova disso pode ser vista em uma peça de representação simbólica criada por eles: a primeira tábua de delinear maçônica.

Como os primeiros maçons aprenderam com os símbolos

A atividade dos primeiros membros da Loja de Aberdeen tornou-se conhecida apenas quando um antigo artefato do simbolismo maçom, conhecido como Pergaminho Kirkwall, foi datado com carbono em 21 de julho de 2000. O pergaminho é um tecido pendurado feito de três pedaços de lona costurados e pintados à mão.

A datação por carbono foi registrada em um artigo pela jornalista de Orkney, Kath Gourlay, que apareceu no *Times* e no *Daily Telegraph* de Londres. O artigo dizia:

> Os resultados da datação por carbono radioativo realizada em um raro pergaminho para ser pendurado na parede chocaram membros de uma Loja Maçônica nas Ilhas Orkney ao saberem que seu documento é um tesouro medieval no valor de vários milhões de libras. [...] A datação do pergaminho coloca a enorme lona de 18 pés [5,4 metros] no século XV.⁶⁷

Mas a questão da idade do tecido coberto por símbolos não era verdadeira. Houve dois resultados na datação por carbono no

---

*N.E.: Sugerimos a leitura de *A Espada e o Graal* e *O Pergaminho Secreto*, ambos de Andrew Sinclair, Madras Editora.
65. R. Lomas. *Turning the Templar Key*. Beverly, MA: Fair Winds Press, 2007.
66. Ibid.
67. R. Gourlay. *Daily Telegraph*, julho de 2000.

pergaminho: uma data mais antiga na parte central e uma mais recente nas duas partes externas.

O tecido foi considerado um painel maçônico de tecido primitivo de uma Loja maçônica londrina do século XVIII. (O painel de tecido é algo como um tapete pintado, colocado no chão, para um ritual maçônico acontecer sobre ele.) O painel foi entregue à Loja por um maçom chamado William Graham. Ele entrou para a Loja Kirkwall Kilwinning em 27 de dezembro de 1785 e apresentou o pergaminho à Loja um mês depois, em 27 de janeiro de 1786. Por muitos anos, costumava-se acreditar que Graham pintara o painel como um presente à Loja em que entrava. Mas a datação por carbono descartou essa possibilidade para a parte central.

A datação revelou uma diferença de 280 anos entre a idade da faixa central e das duas laterais. As faixas externas foram cortadas de um único material antes de serem costuradas às pontas externas da faixa central. Se Graham tivesse criado o painel, ele teria de ter obtido duas faixas de tecido, uma nova e a outra de 280 anos, cortar o novo tecido em dois e costurar as duas metades das faixas no lado de fora do tecido mais velho antes de começar a pintar. Por que se importar? Se ele quisesse uma faixa mais larga de tela, poderia ter costurado a faixa nova na velha. A prova do carbono indica que ele acrescentou as faixas externas para preservar o tecido interno. Em um livro anterior, demonstrei que Graham disfarçou a parte central mais velha por conter símbolos que Kirk da Escócia considerava pagãos. Muitos deles são os símbolos emotivos antigos da agricultura.[68]

Todos os símbolos maçônicos que formam o tópico dos graus modernos da Maçonaria podem ser encontrados no Pergaminho Kirkwall. Antes de o pergaminho ser datado, havia a opinião aceita de que os maçons desenvolveram seus rituais baseados em antigas peças de mistério da corporação de ofício e, depois, acrescentou símbolos para ilustrar seus rituais. A descoberta de uma série completa de símbolos emotivos antigos, em um painel datado da Loja Maçônica mais antiga conhecida, revela uma explicação diferente.

Os rituais e mitos poéticos ligaram-se aos símbolos para ajudar os maçons a entender seus significados e auxiliá-los a se tornarem mais sensíveis ao poder emotivo projetado por eles. Logo cedo, os maçons se conscientizaram da importância e do poder desses símbolos.

---

68. R. Lomas. *Turning the Hiram Key*. Beverly, MA: Fair Winds Press, 2005.

O poder emocional dos símbolos

Como declarado antes, quando as propriedades de William Sinclair quebraram em 1480, a força de trabalho de Gilbert Haye se dispersou e alguns deles foram trabalhar em Aberdeen. As minutas do Conselho do Burgo de 1483 têm a primeira referência do mundo, por escrito, a uma Loja maçônica. A Loja de Aberdeen se ligava à igreja de São Nicolau, que estava sendo reconstruída na ocasião. Nessa Loja havia um grupo de maçons que trabalhou no simbolismo poderoso da Capela Rosslyn. Eles levaram consigo para Aberdeen uma compreensão parcial do poder inato dos símbolos e criaram um sistema de administração da Loja para ajudar a ensinar isso.[69]

Era prática em todas as Lojas maçônicas antigas desenhar símbolos no chão da sala, e o Pergaminho Kirkwall mostra que esse conceito remontava ao nascimento da Maçonaria. O Ir∴ W. L. Wilmshurst, Mestre Fundador da minha Loja, escreveu sobre o uso dos painéis no chão. Os símbolos do grau a serem conferidos eram desenhados no chão da Loja e depois apagados pelo candidato. Segundo Wilmshurst:

> Antigamente, quando o Ofício não era uma instituição social popular, mas uma disciplina séria em uma ciência filosófica e sagrada, a instrução não era tratada com casualidade. A Tábua de Delinear não era, como agora, um produto da fábrica do fornecedor maçom, mas sim o símbolo mais reverenciado na Loja; era um diagrama onde todo Irmão aprendia a desenhar para si, de modo que tanto sua mão quanto sua compreensão pudessem ser treinadas no trabalho maçônico. A literatura mostra que, em cada reunião da Loja, a Tábua de Delinear do Grau a ser trabalhada era na verdade desenhada de memória com giz e carvão no chão da Loja pelo Mestre, que por ter uma prática anterior conseguia fazer isso com rapidez e precisão. Ao avançar de Ocidente para Oriente durante a Cerimônia, o Candidato dava os passos do Grau sobre o diagrama. Este era explicado a ele como parte integrante da Cerimônia e, antes de restaurar seu conforto pessoal, ele deveria apagá-la com um esfregão e um balde d'água para que olhos não iniciados não vissem e que ele pudesse ter uma primeira lição de humildade e discrição.

A faixa central do Pergaminho Kirkwall mostra sete painéis, cada um descrevendo um passo indo de Ocidente a Oriente da Loja, como foi

---

69. Ibid.

desenrolado de baixo para cima. As lições começam com os símbolos básicos do Ofício. O passo central, essencial, mostra um túmulo, simbolizando a morte do ego, e a sequência progride para uma visão idílica da felicidade enlevada do centro, exibida com símbolos realistas, como os de caça. Mantém-se uma continuidade da visão: partindo do sol, da lua, das estrelas e a visão de um olho onividente, no formato de um losango, no primeiro passo para um arranjo ordenado do céu, com os símbolos repetidos mostrando as estrelas rearrumadas como colunas ao redor da lua, no centro. Esse céu bem estruturado fica sobre uma cena final de união com a natureza. Cada cena no painel se encaixa aos sete passos espirituais para a consciência, que ainda são ensinados na Maçonaria Esotérica.

Os maçons escoceses antigos usavam apenas duas cerimônias simples: um ritual de iniciação e um procedimento para se tornar Companheiro do Ofício, que dava o direito a se tornar Mestre da Loja. Os registros falam que eles "têm a Palavra Maçom". Eles viam os símbolos, tentavam entendê-los e recitavam poesia ritualística, enquanto perambulavam ao redor do painel, olhando os símbolos.

O pergaminho, com seus símbolos, teria sido desenrolado durante essas cerimônias. Além disso, os maçons recém-admitidos foram expostos às mensagens emotivas dos símbolos, sem palavras, enquanto os membros da Loja recitavam suas histórias míticas.

A faixa central do Pergaminho Kirkwall. Cortesia de <www.tracingboards.com>

Com o tempo, muitos rituais foram acrescentados ao cânone da Maçonaria, cada um para ajudar os candidatos maçons a aprenderem mais sobre símbolos específicos e seu poder. Os primeiros maçons escolheram bem, pois os painéis criados por eles mostram os principais símbolos que, desde então, tiveram um impacto enorme no desenvolvimento de muitas sociedades.

O único grupo que estudou esses símbolos por muitas gerações é o dos maçons. Durante os últimos 500 anos, eles desenvolveram formas de sensibilizar os indivíduos à importância desses símbolos. Seu jeito de ensinar é curioso. Ele envolve a recitação de rituais. Envolve "a arte de memorizar" porque os rituais deveriam ser completamente decorados, não lidos em livros. (Como observado antes, os maçons desconfiavam da palavra escrita, vendo-a como uma ferramenta potencial de tirania.) O ensinamento envolve a encenação de mitos, bem como contar e ouvir histórias heroicas. Todas essas ações acontecem em frente aos símbolos estudados e comentados.

Mas eles nunca são explicados de forma direta. Porque captar sua importância completa em palavras é impossível e o Ofício aprendeu a nem tentar. Em vez disso, usa metáfora e poesia para acalmar o hemisfério esquerdo, para que o direito pudesse comunicar sua compreensão dos símbolos.

Os primeiros maçons devem ter percebido que certos grupos de símbolos funcionam bem juntos e, como diz Wilmshurst: "Os símbolos sempre abrangem muito mais do que pode ser explicado verbalmente". Com os primeiros maçons vieram as primeiras tentativas de compreender o poder dos símbolos, sensibilizar os indivíduos às suas mensagens e tentar aproveitar seu poder para o bem da sociedade.

Como o ensinamento simbólico se espalhou

A primeira Loja de Maçons de Aberdeen recebeu uma demonstração prática da força acentuada criada pela combinação de mito e símbolo de *sir* Gilbert Haye, arquiteto da Capela Rosslyn.[70] Ele usou a história da construção do Templo de Salomão como uma forma de aproveitar o poder dos símbolos antigos, como os funcionários de São Mateus. Os primeiros maçons criaram um sistema de ensinamento que continuou a se expandir até os dias atuais. Quando um candidato fica diante da Tábua de Delinear do Primeiro Grau, e escuta a poesia reverberante da explicação tradicional de seus *Landmarks*, proferida de memória por um *Past Master*, ele fica imerso na importância do símbolo e sente

---

70. R. Lomas. *Turning the Templar Key*. Beverly, MA: Fair Winds Press, 2007.

seu significado de uma forma que nenhuma explicação racional pode esperar imitar. Durante o ritual, o maçom vive o símbolo. O radiocarbono dos símbolos é um dos segredos da Maçonaria que não podem ser roubados nem revelados.

A continuação do ensinamento ficou aparente enquanto a Maçonaria se espalhava para o sul da Escócia, primeiro para York e muito depois para Londres. As Tábuas de Delinear mais antigas em Yorkshire remontam ao início do século XVIII e estão pintadas em painéis de madeira. Como elas não foram datadas por carbono, sua idade exata é desconhecida. Mas, segundo sua história documentada, elas têm pelo menos 300 anos. Suas imagens são semelhantes àquelas do Pergaminho Kirkwall e foram usadas com a mesma finalidade.

Capítulo 6

Os Símbolos Podem Penetrar a Mente de Deus

Um símbolo que analisa a igualdade

Logo depois da Restauração em 1660, quando a monarquia inglesa voltou ao trono, um grupo de maçons sensibilizados à importância dos símbolos, por seu treinamento ritualístico, deparou-se com uma nova série de símbolos. Eles geraram um poder que mudou completamente o mundo. Possibilitaram a previsão da hora exata e dos efeitos de muitos eventos naturais. Tornaram possível a destruição do mundo. Esses símbolos nada mais são do que as palavras de uma grande linguagem cósmica que revelam os segredos do Universo.

A Inglaterra sofreu com uma guerra civil devastadora no século XVII. Ela começou como uma discussão sobre a importância dos reis Stuart, comparada a seus parlamentos, e terminou com o rei Carlos I sendo decapitado em público. Durante esse período turbulento, começou a ciência simbólica. De alguma forma, no meio da amarga batalha entre rei e parlamento, os símbolos da ciência matemática moderna apareceram na humanidade. A Inglaterra, um país supersticioso, que enterrava vivas pelo menos cem mulheres idosas por ano, com a suspeita de que elas provocavam doenças lançando o "olhar maligno", desenvolveu de repente um grupo grande e crítico de cientistas matemáticos perspicazes, que logo se tornaram adeptos da aplicação dos símbolos da ciência. Isso não aconteceu por acaso. Um símbolo usado pelos maçons com o significado de igualdade e equilíbrio foi girado por "um ângulo de 90 graus ou a quarta parte de um círculo" para revelar um significado novo. Hoje ele pode ser visto em todos os teclados dos computadores: o sinal de igual (=).

A cadeia de eventos que levaram ao reconhecimento desse novo símbolo e à exploração de seu poder começou em 28 de novembro de 1660, na Gresham College, em Londres. Essa foi a primeira reunião da Real Sociedade, realizada depois de uma palestra pública de Christopher Wren. O maçom *sir* Robert Moray levou consigo para essa reunião um grupo de homens já treinados para ficarem alertas à importância dos símbolos e inspirados pelo ensinamento filosófico da Maçonaria para estudar "os mistérios ocultos da natureza e da ciência".[71]

Os sobreviventes de uma guerra civil não eram as pessoas mais prováveis para descobrir a ciência moderna. Depois da morte de Oliver Cromwell, a Inglaterra cambaleava à beira de um novo conflito até tomar a decisão controversa de convidar o rei a voltar. Enquanto isso, *sir* Robert Moray reuniu os membros fundadores da nova Real Sociedade, que recentemente tinham lutado em lados opostos na brutal guerra civil. Seu objetivo era fazê-los resolverem os problemas de Geometria e construção militar, e fortalecer a fraca Marinha do rei Carlos II. Moray ofereceu a seus Irmãos maçons a chance de estudar problemas interessantes e uma oportunidade para conquistar o favor do recém-restaurado rei. Mas os símbolos da Matemática abriram uma perspectiva muito mais ampla.

Inspirados pela discussão maçônica sobre como os "mistérios ocultos da natureza e da ciência" poderiam ajudá-lo a "conhecer melhor seu Criador", os fundadores da Real Sociedade fizeram mais do que apenas resolver alguns problemas militares. Eles questionaram as premissas básicas da Religião e da Teologia. Depois entraram em contato com um grupo de símbolos que os capacitaram a ler e entender os planos do Grande Arquiteto do Universo.

John Wallis, que se tornou o profeta dessa nova família de símbolos, escreveu sobre seus elos com o Ofício e seu papel na primeira reunião da Real Sociedade. Esse ambiente maçom estava aberto a todos os símbolos e o ajudou a reconhecer e compreender o poder latente nos símbolos da Matemática.

As réguas de cálculo maçônicas e a Aritmética antiga

John Wallis, que se tornou Professor Saviliano de Geometria em Oxford, em 1649, reconheceu que certos símbolos poderiam ser usados para representar coisas reais e então serem manipulados para explicar (ou, como os cientistas dizem, "moldar") o que acontecia no mundo

---

71. R. Lomas. *The Invisible College*. London: Transworld, 2009.

real. Quando Wallis passou esse conhecimento a seus Irmãos na Real Sociedade, abriu toda uma nova cadeia de possibilidades.

Em 1678, ele escreveu um panfleto sobre as reuniões que levaram à formação da Real Sociedade:[72]

> Por volta do ano 1645, quando morei em Londres (em uma época na qual, por causa de nossas guerras civis, interrompiam-se muito os estudos nas nossas duas universidades), além da conversa dos diversos clérigos eminentes sobre questões teológicas, tive a oportunidade de conhecer várias pessoas respeitáveis, curiosas com a filosofia natural e outras partes do ensinamento humano, principalmente com o que foi chamado Nova Filosofia ou Filosofia Experimental. Vários de nós concordamos em nos encontrar em Londres em certo dia e hora, sob certa penalidade e uma contribuição semanal para o custo dos experimentos, com certas regras combinadas entre nós para tratar e discutir tais assuntos. [...] Nós realizamos essas reuniões às vezes nos aposentos do dr. Goddard, na Wood Street (ou algum lugar conveniente perto), na ocasião em que ele mantinha um operador em sua casa para moer vidro para telescópios e microscópios, às vezes em um local conveniente (The Bulls Head) em Cheapside e (no ano letivo) na Gresham College, nas palestras do sr. Foster (então professor de Astronomia lá) e, depois do término da palestra, dirigíamo-nos às vezes aos aposentos do sr. Fosters, ou para algum outro lugar não muito distante.
>
> Nosso negócio era (evitando questões de teologia e assuntos do Estado) discursar e considerar as Indagações Filosóficas.[...] Por volta do ano 1648-9, alguns de nossa companhia foram transferidos para Oxford (primeiro o dr. Wilkins em sua nomeação pelo Cardeal como Reitor da Wadham College, depois eu e, logo depois, o dr. Goddard) nossa companhia se dividiu. Aqueles em Londres continuaram a se reunir lá como antes (e nós com eles, quando tivemos oportunidade de estar lá) e aqueles de nós em Oxford, [...] continuamos essas reuniões em Oxford e colocamos esses estudos em voga lá.[73]

As "Indagações Filosóficas" mencionadas por Wallis são os interesses maçônicos formais na ciência secreta dos símbolos e como eles lançam luz sobre os mistérios ocultos da natureza. Wallis estava

---
72. Ibid.
73. J. Wallis. *A Defense of the Royal Society.* London, 1678.

prestes a liberar o que tinha sido na formalidade um poder totalmente oculto. Ele criara o hábito de discutir suas ideias em reuniões maçônicas cujo propósito era sensibilizar os Irmãos à importância dos símbolos. Não tinha melhor local ou espectadores para suas ideias naquela época. Essa sensibilização preparou Wallis para um grande passo adiante, abrindo sua mente a uma nova família de símbolos. Eles eram mais poderosos do que os símbolos da contagem ou da escrita, embora reunissem propriedades inerentes em ambos. Eram os símbolos da igualdade matemática ou, como os conhecemos hoje, os símbolos das equações algébricas.

Quando garoto, Wallis ficou fascinado pelos símbolos da contagem. Eles lhe apresentaram a ideia de que os símbolos teriam o potencial de manipular a realidade. Mais tarde na vida, comentou sobre a experiência: "A Matemática, naquela época conosco, era rara, considerando os estudos acadêmicos, mas bem mecânica, como assunto de profissionais como comerciantes, mercadores, marinheiros, carpinteiros, agrimensores".[74]

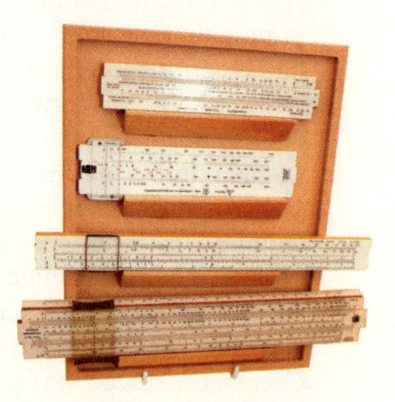

O inventor da régua de cálculo, William Oughtred, foi membro de uma antiga Loja de maçons especulativos. Jack Cox – Travel Pics Pro/Alamy

O primeiro encontro de Wallis com os símbolos representativos foi nas mãos de um maçom. Como pupilo particular, ele aprendeu com o maçom e astrólogo William Oughtred, o inventor da régua de cálculo. (A régua de cálculo reduziu a multiplicação e a divisão a uma simples manipulação mecânica de posições numéricas simbólicas, facilitando muito o cálculo das posições das estrelas na elaboração de um horóscopo). Wallis morou na casa de Oughtred em Albury e recebeu instrução em Aritmética. Ainda jovem, mudou-se para Cambridge onde se tornou membro da Queen's College. Quando se casou com Susanna Glyde, em 1645, desistiu de seu cargo na faculdade e mudou-se para Londres para se tornar secretário do clero da Abadia de Westminster. Lá, ele renovou sua amizade com seu antigo tutor e foi apresentado aos companheiros maçons de Oughtred. Wallis deve ter ficado feliz em descobrir homens que compartilhavam de seus

---

74."John Wallis." School of Mathematics and Statistics, University of St. Andrews, Scotland. <http://www-history.mcs.st-andrews.ac.uk/Biographies/Wallis.html>.

interesses e poderiam guiá-lo na direção de uma compreensão mais profunda dos vários símbolos.

William Oughtred foi membro de uma Loja antiga de maçons especulativos e o inventor da régua de cálculo. Além disso, escreveu um livro sobre Aritmética, *Clavis Mathematicae*. Oughtred apresentou a Wallis o jeito maçom de estudar os símbolos. Wallis escreve em sua autobiografia que ficou tão inspirado pela lógica inerente do livro de Oughtred que dominou suas ideias em poucas semanas. Antes dele, ninguém tinha percebido o grande poder inerente no símbolo da igualdade e na filosofia maçônica do equilíbrio e da harmonia que ele simbolizava.

Por que as equações são um mistério

Um mistério incrível está oculto em equações simples que todos aprendemos na escola. Albert Einstein ficou tão impressionado com o conhecimento aberto pela teoria simbólica das equações que escreveu:

> Estamos na posição de uma criancinha entrando em uma biblioteca enorme repleta de livros em muitas línguas. A criança sabe que alguém deve ter escrito esses livros. Ela não sabe como. Não entende as línguas em que foram escritos. A criança suspeita vagamente de uma ordem misteriosa nos arranjos dos livros, mas não sabe o que é. [...] Nós vemos um Universo arranjando maravilhosamente e obedecendo a certas leis, mas apenas as compreendemos vagamente. Nossas mentes limitadas não conseguem compreender a força misteriosa que move as constelações.[75]

O poder simbólico das equações vem de dois fatores indispensáveis. O primeiro é que um símbolo pode ser usado para representar algo real, como a velocidade com que uma pedra cai ao chão, ou o número de tragos de ar preso que um homem pode absorver em um sino de mergulhador sem acabar com o oxigênio. (Esses são problemas reais considerados pelos membros da antiga

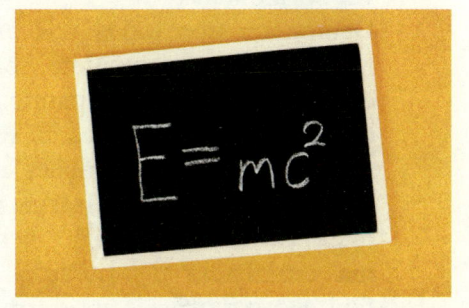

Quando o matemático John Wallis começou a descobrir o poder do símbolo de igual, seu passado maçom o revelou como duas colunas viradas na horizontal. Tony Lilley/Alamy

---

75. M. Jammer. *Einstein and Religion: Physics and Theology*. Princeton, NJ: Princeton Univesity Press, 2004.

Real Sociedade.) O segundo fator é que a igualdade descrita por uma equação é total, absoluta e inflexível.

O sinal de igual apareceu pela primeira vez em um livro escrito por Robert Recorde, que se tornou membro da All Souls College, Oxford, em 1510.[76] Galês de Tenby, Recorde foi um pedagogo dedicado que escreveu livros didáticos sobre Aritmética e Geometria em inglês, algo incomum na época. Ele usou um símbolo, pela primeira vez, para substituir as palavras "é igual a" em seu livro de 1557, *Whetstone of Witte*. Ele descrevia o símbolo de igual da seguinte maneira:

> Para evitar a tediosa repetição destas palavras: é igual a, determinarei como costumo fazer no trabalho, um par de paralelas ou linhas gêmeas de um comprimento: =, porque duas coisas não poderiam ser mais iguais.[77]

Quando John Wallis começou a descobrir todo o poder do símbolo de igual, ele teve o benefício do treinamento maçom para sensibilizá-lo às duas partes da revelação de Recorde. A sensibilização maçônica sugeria que esse símbolo parecia as duas colunas viradas na horizontal e significava "é igual a".

O ritual maçônico, como Wallis aprendeu, diz o seguinte sobre o instrumento conhecido como *Nível*:

> O Nível serve para nivelar e provar horizontais.
> Demonstra que todos nos originamos do mesmo rebanho, somos cúmplices da mesma natureza e compartilhamos da mesma esperança. Embora as distinções entre os homens sejam necessárias para preservar a subordinação, nenhuma eminência de situação nos fará esquecer que somos Irmãos. Aquele colocado no degrau mais baixo da roda da fortuna tem o

Dentre os símbolos maçons mais onipresentes, o Nível ensina a igualdade. Propriedade artística de Angel Millar. Reimpressa com permissão.

---

76. "Oxford Mathematics and Mathematicians." Mathematical Institute, University of Oxford, <http://www.maths.ox.ac.uk/about/history>.
77. R. Recorde. The Whetstone of Witte. <http://www.archive.org/details/TheWhetstone OfWitte>.

mesmo direito à nossa consideração. Virá um tempo em que nem o mais sábio de nós sabe precisar quando todas as distinções, salvo aquelas de bondade e virtude, acabarão, e a morte, a grande niveladora de toda a grandeza humana, nos reduzirá ao mesmo estado.

Por ser um emblema da igualdade, ele aponta as medidas iguais que o Primeiro Vigilante seguirá com certeza junto ao Mestre na boa administração e direção da Loja.

O Nível ensina a igualdade.

Quando um Aprendiz Maçom passava de seu grau para o de Companheiro, ele primeiro tinha de reconhecer o poder de outro símbolo. O ritual o descreve assim:

> Primeiro, o Mestre pergunta ao Segundo Vigilante: "Ir∴ Segundo Vigilante, sois um Companheiro Maçom?"
> Ele replica: "Sou, Venerável Mestre. Testa-me e comprova".
> O Mestre responde: "Por qual instrumento na arquitetura sereis provado?
> O Segundo Vigilante replica: "O esquadro".
> O Mestre contra-ataca: "O que é um esquadro?"
> E o Segundo Vigilante responde: "Um ângulo de 90 graus ou a quarta parte de um círculo".

Quando Wallis começou a estudar os símbolos da Álgebra, o sinal de igual mal era conhecido e, portanto, muito pouco usado. Porém, ele provavelmente reconhecia o nível e as rotações da quarta parte de um círculo, e a justaposição desses símbolos lhe deu uma grande ideia. Em 1656, ele escreveu um livro chamado *Arithmetica Infinitorum* no qual se inspirou nesse relacionamento entre o nível e o esquadro para descobrir o valor do pi (π, um número que relaciona o diâmetro de um círculo com sua circunferência). Ele ficou intrigado com o desafio de calcular essa propriedade transcendental de um círculo a partir de uma série de símbolos de contagem dispostos em uma ordem lógica.

Em seu *Treatise on Algebra*, Wallis explica como os símbolos podem revelar assuntos que de outra forma seriam inacessíveis à compreensão humana. Ele disse que uma equação simbólica tinha o poder de revelar os mecanismos da natureza. O termo escolhido por ele para acessar esse poder oculto foi *Álgebra*, uma palavra árabe que significa "reunir".

Wallis leu sobre como essa palavra fora usada por Mohammad ibn-Musa al-Khwarizmi, por volta do ano 830 a.C. em um livro intitulado *The Science of Bringing Together and Opposing*. O livro de al-Khwarizmi tratava do primeiro amor de Wallis: os símbolos da contagem. Por ser nativo do atual Iraque e antiga Suméria, ele era um filho da terra cujos governantes ficaram ricos com a influência dos símbolos da contagem. Ele explicou como esses símbolos poderiam ser usados para deduzir fatos. Por exemplo, se alguém começa com dez toneladas de grão e come meia tonelada por mês durante seis meses, então ele ainda terá sete toneladas no estoque. Wallis pegou essa ideia simples de contar eventos práticos imaginários e descobriu que poderia ser usada para manipular qualquer tipo de símbolo numérico.

Em seu *Treatise on Algebra*, Wallis descobriu formas de avaliar equações que depois seriam usadas por *sir* Isaac Newton em seu trabalho fundamental sobre Física.

O Grande Arquiteto

A recém-formada Real Sociedade tinha uma embalagem potente. Reunia um grupo animado de pensadores que foi sensibilizado previamente aos símbolos e deu-lhes dinheiro, encorajamento e uma revista para compartilhar conhecimento. Sem essa liberdade para estudar as obras do Grande Arquiteto do Universo (o termo simbólico usado pelos maçons para denominar o poder que governa o cosmos), as ideias de Newton jamais teriam sido publicadas. Menos de uma geração antes, Galileu tinha sido perseguido por ousar sugerir que a Terra girava ao redor do Sol. Mas somente 50 anos depois Newton conseguiu escrever sobre conhecer a mente de Deus pelas equações simbólicas que o Grande Arquiteto usou para controlar os movimentos do céu.

Hoje, todos os maçons recitam uma declaração formal da heresia de Galileu como parte do ritual de admissão ao Grau de Companheiro. Quem deseja ser um Companheiro Maçom deve admitir na frente de toda a Loja que a Terra gira ao redor do Sol. Essa é uma lembrança permanente da obra do Ir∴ *sir* Robert Moray, que colocou em prática seu juramento maçônico de "estudar os segredos ocultos da Natureza e da Ciência na Ordem para conhecer melhor seu Criador". Ao fazer isso, ele encorajava o estudo dos símbolos como uma extensão do raciocínio humano.

As ferramentas descobertas por Newton cresceram de uma aliança entre os símbolos maçônicos da Geometria e os recém-descobertos símbolos analíticos da Álgebra. Newton disse o seguinte dessa compreensão da mente de Deus:

Nós temos alguma ideia da substância de Deus? Nós o conhecemos apenas por suas mais sábias e excelentes invenções das coisas e das razões finais. Nós o admiramos por suas perfeições, mas o reverenciamos e o adoramos por causa de seu domínio, pois o veneramos como seus servos, e um deus sem domínio, providência e razões finais não passa de Destino e Natureza. A necessidade metafísica cega, que com certeza é a mesma sempre e em todo lugar, não poderia produzir uma variedade de coisas. Toda essa diversidade de coisas naturais que encontramos apropriadas a épocas e lugares diferentes não poderia vir de nada além das ideias e da vontade de um Ser necessariamente existente. Portanto, o estudioso diligente da ciência, o investigador honesto da verdade, é conduzido, como se fosse pelos paços de um Templo sagrado no qual, a cada passo, o olhar encontra novas maravilhas, até que, como uma coroação, eles ficam diante do Santo dos Santos e aprendem que toda ciência e verdade são aquelas que tiveram seu início e seu fim no conhecimento Daquele cuja glória os céus declaram e cujo trabalho manual o firmamento anuncia.[78]

Esse comentário de Newton mostra que ele sentia que os símbolos da Matemática, que o ajudaram a compreender os movimentos do céu, são pensamentos vindos diretamente do Grande Arquiteto do Universo, não algo inventado. O estudo da Real Sociedade sobre "os mistérios ocultos" levaram ao sucesso da Física e à aplicação de suas leis.

Mas nunca devemos nos esquecer de que foi o treinamento maçônico que sensibilizou Wallis a um sentido mais profundo no símbolo das duas colunas e possibilitou que ele visse, no símbolo da igualdade virado de Recorde, uma novidade que lhe daria uma rota para a mente de Deus. O que não se divulga tanto, porém, é que certos ensinamentos simbólicos que Newton recebeu de outros maçons também o orientaram.

Os símbolos são a chave para a mente de Deus

Sir Isaac Newton era alquimista, um estudioso interessado na arquitetura mística do Templo do rei Salomão e o homem que descobriu o sistema científico de manipulação de símbolos que dominou o pensamento tecnológico nos últimos 400 anos. Nem todos conhecem seus interesses alquímicos, herméticos e esotéricos, ou como eles

---

78. "The General Scholium to Isaac Newton's *Principia mathematica*." Newton Project Canada. <http://www.isaacnewton.ca/gen_scholium/scholium.htm>.

o ajudaram a revelar todo o poder do novo simbolismo que ele via surgindo das obras de John Wallis.

Quando Newton foi pela primeira vez à Universidade de Cambridge como estudante, parecia estranho para seus colegas. Ele não tinha interesse em socialização e passava todo o seu tempo raciocinando e tomando notas sobre símbolos algébricos. Quando a Peste Negra assolou Cambridge, seus estudos foram interrompidos e ele passou um ano em sua casa em Lincolnshire para evitar pegar a praga, sentado e pensando no isolamento solitário.

As anotações de Newton mostram que, durante seu primeiro semestre em Cambridge, ele comprou uma cópia do livro do maçom William Lily, *Christian Astrology*. Esforçou-se para compreendê-lo, pois envolvia dois ramos do raciocínio simbólico conhecidos como *Geometria* e *Trigonometria*. Isso o estimulou a estudar os livros do companheiro maçom de Lily, John Wallis. As notas do estudante Newton mostram que Wallis se tornou uma primeira inspiração. "Por volta do início dos meus estudos matemáticos, caíram nas minhas mãos as obras de nosso famoso compatriota, dr. Wallis."[79]

Wallis inspirou o interesse de Newton por Aritmética, Alquimia, Astrologia e metódos de cálculo aritmético. Depois de ler Wallis, Newton sentiu-se inspirado a ler as obras de Euclides. (As proposições de Euclides formam parte da explicação ritualística de certos símbolos que a Maçonaria ensina, e os mitos sobre eles formam uma parte fundamental do cânone maçônico.) Ler Wallis também inspirou Newton a ler e absorver as ideias simbólicas do *Clavis Mathematicae*, de Oughtred.

Sir Isaac Newton tinha um interesse especial no Templo de Salomão, fazendo mais notas sobre ele do que sobre Matemática ou Ciências. Biblioteca de Imagens Mary Evans/Alamy.

Muitas pessoas acham que Newton se tornou maçom quando entrou para a Real Sociedade em 1671. Isso parece provável, pois a organização era dominada por maçons especulativos. Porém, não consegui encontrar nenhum registro de uma iniciação, embora as anotações de Newton mostrem que seu interesse no raciocínio simbólico cresceu muito depois de se unir com os homens da Real Sociedade.

---

79. "John Wallis." School of Mathematics and Statistics, University of St. Andrews, Scotland. <http://202.38.126.65/navigate/math/history/Mathematicians/Wallis.html>.

Newton encontrou-se pela primeira vez com a Real Sociedade em 1664, enquanto ainda era estudante. Desse momento em diante, ele passou a ter interesse especial no Templo de Salomão, escrevendo mais notas sobre isso do que sobre Matemática ou Ciência.[80] O Templo de Salomão é um assunto de especial interesse aos maçons, pois é o mito subjacente usado no método maçônico de sensibilizar os membros aos sentidos ocultos dos símbolos e ao poder dos edifícios simbólicos. Segundo o mito maçônico, o Templo de Salomão foi inspirado por Deus, chamado pelos maçons de *Grande Arquiteto do Universo*, nesse exemplo de ritual.

Newton tornou-se membro da Trinity College, Cambridge, em 1667, e Professor Lucasiano de Matemática dois anos depois. Entre 1673 e 1683, deu uma série de palestras sobre Álgebra e a teoria das equações, mas ocupou muito de seu tempo livre estudando o Templo de Salomão, enquanto ele tentava entender o método de raciocínio usado pelo Grande Arquiteto.[81] Seu trabalho com as equações estendeu o uso de Wallis do símbolo de igual, mas somente foi publicado em 1707 em um livro chamado *The Universal Arithmetic*.

Durante 1692, Newton se correspondeu com Wallis e discutiu ideias sobre uma forma de representação simbólica que ele transformou em sua maior obra sobre a realidade da natureza.[82] O método de manipulação simbólica descoberto por ele é conhecido agora como *cálculo*, mas na época foi chamado método de *fluxões*.

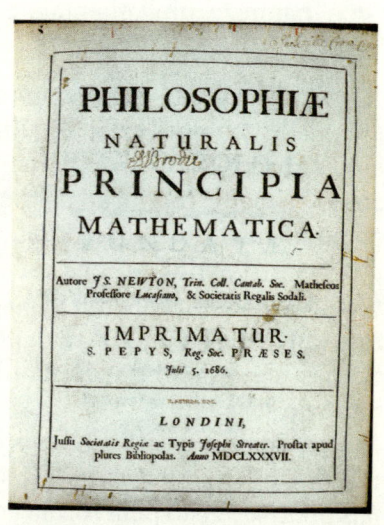

Principia de Newton demonstrou sua compreensão inigualável dos símbolos secretos. The Print Collector/Alamy.

Ele combinava o sistema de visualização simbólica de Euclides com a representação das somas físicas de Wallis como símbolos algébricos. Newton inspirou-se na ideia maçônica de Deus como o Grande Arquiteto do Universo para reunir o sistema de símbolos gráficos de Euclides

---

80. "Isaac Newton's Life." Isaac Newton Institute for Mathematical Sciences. <http://www.newton.ac.uk/newtlife.html>.
81. D.R. Wilkins. "Sir Isaac Newton." School of Mathematics, Trinity College. <http://www.maths.tcd.ie/pub/HistMath/People/Newton/RouseBall/RB_Newton.html>.
82. Ibid>.

com a análise matemática possibilitada pelos símbolos algébricos. Ele publicou esse trabalho em 1687 como *Principia Mathematica*.

A obra de Newton foi um passo de referência na compreensão do Universo pelos humanos. Como explica a *Stanford Encyclopedia of Philosophy*:

> Nenhuma obra foi mais seminal no desenvolvimento da Física e da Astronomia modernas do que *Principia*, de Newton. Sua conclusão de que a força mantendo os planetas em suas órbitas equivale à gravidade terrestre encerrou para sempre a visão que remonta pelo menos a Aristóteles de que a esfera celeste exige uma ciência e a sublunar, outra. [...] O completo sucesso da teoria da gravidade de Newton tornou a identificação das forças da natureza fundamentais e sua caracterização nas leis, o interesse principal da Física.[83]

A descoberta de Newton sobre os segredos ocultos do símbolo da igualdade deu uma visão totalmente nova de como o Universo é controlado e arranjado. O matemático francês Lagrange descreveu o *Principia* como "a maior produção da mente humana" e afirmou ter ficado pasmo com tamanha ilustração do que o intelecto humano pode ser capaz. Ao descrever o efeito de seus escritos e os de Laplace, sua observação favorita era de que Newton não somente era o maior gênio que já existiu, mas também o mais sortudo, pois, assim como há apenas um Universo, apenas um único homem na história do mundo pode vir a ser o intérprete de suas leis.[84]

A compreensão de Newton veio de seu estudo sobre o simbolismo maçônico. O poder inato dos símbolos de influenciar as mentes humanas pode ser visto pela forma como esse conhecimento maçônico afetou os processos de pensamento de outros quando Newton o compartilhou. Houve principalmente uma disputa entre o filósofo alemão Gottfried Leibniz e Newton sobre quem descobriu o cálculo.

O que é menos divulgado é que tanto Newton quanto Leibniz foram expostos ao mesmo ensinamento simbólico pelos maçons da Real Sociedade: Newton por sua associação com Wallis e pela leitura de Lily e Oughtred, e Leibniz por uma correspondência prolongada com o Ir∴ *sir* Robert Moray, o maçom que fundou a Real Sociedade. A mistura simbólica de uma noção de Geometria e de análise algébrica, que é o

---

83. Newton's *Philosophiae Naturalis Principia Mathematica*." Stanford Encyclopedia of Philosophy. <http://plato.stanford.edu/entries/newton-principia>.
84. W.W. Rouse Ball. *A Short Account of the History of Mathematics*. New York: Dover Press, 1908.

cálculo, apareceu ao mesmo tempo para esses dois homens, como se tivesse se formado completamente em outro lugar e apenas esperasse por uma oportunidade de se manifestar na mente humana.

O ensinamento maçônico oferece um meio de acessar o lugar onde os símbolos estão eternamente presentes. Esse lugar é chamado por alguns físicos de *céu platônico* e deriva da descoberta das formas perfeitas de Platão.

O céu dos símbolos puros

Wallis, Lily e Oughtred apresentaram Newton a uma tradição que, desde então, se tornou comum entre os cientistas modernos. Wallis e Newton descobriram o poder da Matemática explorando as consequências das relações simbólicas. Eles acreditavam que os símbolos puros vieram da mente de Deus, existiam antes do começo do mundo e duraram muito depois que o mundo caiu no esquecimento. Newton apresentou sua explicação dessa ideia no *Principia*:

> O sistema mais lindo do Sol, dos planetas e dos cometas, somente poderia vir do desígnio e domínio de um ser inteligente e poderoso. E, se as estrelas fixas forem os centros de sistemas semelhantes, formadas pelo mesmo desígnio sábio, todas devem estar sujeitas ao domínio dele, principalmente porque a luz das estrelas fixas é da mesma natureza da luz do Sol e, saindo de todo sistema, a luz passa para todos os outros. Com receio de os sistemas de estrelas fixas, por sua gravidade, caírem uns em cima dos outros, ele colocou esses sistemas a grandes distâncias um do outro.
>
> Esse ser governa todas as coisas não como a alma do mundo, mas como um Senhor acima de tudo e, por causa de seu domínio, costuma-se chamá-lo Senhor Deus ou Soberano Universal, pois Deus é uma palavra relativa e tem um respeito a seus servos, e Divindade é o domínio de Deus não sobre seu corpo, como imaginam aqueles que consideram Deus a alma do mundo, mas sobre os servos. O Ser Supremo é eterno, infinito, absolutamente perfeito, onipotente e onisciente. [...] Nós somente o conhecemos por suas ideias de coisas e causas finais mais sábias e excelentes.[85]

Implícita nessa visão de mundo eterna está a ideia de que, para um teorema matemático ser descoberto, ele já deveria existir antes de qualquer humano pensar nele. Como mencionado antes, o filósofo grego

---
85. I. Newton. *Mathematical Principles of Natural Philosophy*. Berkeley: University of California Press, 1934 (1725), p. 370.

Platão (427-347 a.C.) propôs essa ideia de um mundo transcendental de formas simbólicas absolutas.

Platão acreditava que nós temos um conhecimento genuíno da verdade, da bondade e da beleza, bem como da igualdade, embora percebamos apenas exemplos imperfeitos no mundo real. Ele chamava as coisas desse tipo de *formas platônicas* e as definiu como entidades abstratas que existem independentemente do mundo sensível. Os objetos comuns são imperfeitos e mutáveis, mas eles mal copiam as formas perfeitas e imutáveis. Muitos dos sólidos platônicos, como o quadrado, o triângulo equilátero, o círculo, o pentagrama e o heptagrama, aparecem no conjunto de símbolos maçônicos.

Platão afirmava que todas as almas têm conhecimento dessas realidades suprassensíveis e não podem tê-lo obtido com qualquer experiência corpórea. Ele acreditava que a alma humana deve ter aprendido esse conhecimento antes de nascer. Isso significa que os símbolos platônicos têm uma existência independente e eterna. É essa visão da perfeição platônica que impulsiona todos os físicos e está no cerne de muitos sistemas de pesquisa científica desenvolvidos no século XX.

Roger Penrose, um platonista científico declarado, escreve sobre essa ideia:

> O ponto de vista platônico é valiosíssimo. Ele nos alerta para termos cuidado ao distinguir as entidades matemáticas precisas da aproximação que vemos ao nosso redor no mundo de coisas físicas. Além disso, dá-nos o plano segundo o qual a ciência moderna procedeu. Os cientistas apresentarão modelos do mundo ou, em vez disso, de certos aspectos dele, e esses modelos podem ser testados em comparação com a observação prévia e os resultados de um experimento planejado com cuidado.
>
> Se atribuirmos ao modelo em si algum tipo de "existência", então esta se localiza no mundo platônico de formas matemáticas. Claro que se deve considerar um ponto de vista contrário, isto é, de que o modelo em si deva existir apenas em nossas várias mentes em vez de considerar o mundo de Platão como absoluto e "real" em algum sentido. Contudo, ganha-se algo importante a respeito das estruturas matemáticas com uma realidade própria. Pois nossas mentes individuais são notoriamente imprecisas, falíveis e inconsistentes em seus julgamentos. A precisão, fidedignidade e consistência exigidas por nossas teorias científicas exigem algo além de qualquer uma de nossas mentes individuais

(indignas de confiança). Na Matemática, encontramos uma robusteza muito maior do que se pode encontrar em qualquer mente específica. Isso não aponta para algo além de nós, com uma realidade que fica além do que cada indivíduo pode alcançar?[86]

A filosofia platônica dos símbolos eternos e perfeitos, subjacente ao método científico de responder perguntas sobre a realidade, dá origem ao termo *pesquisa*. Como um cientista, quando Penrose conduz uma pesquisa, ele repete uma busca que qualquer indivíduo poderia repetir, de maneira independente, para descobrir uma verdade sobre a natureza simbólica da realidade, que poderia ser encontrada por qualquer um preparado para interagir com os símbolos platônicos.

Esse conceito de pesquisa foi formalizado durante a Segunda Guerra Mundial, quando cientistas que trabalhavam pelos Aliados – especialmente Leo Szilard e Albert Einstein, nos Estados Unidos,[87] e Neils Bohr, no Reino Unido – perceberam que uma arma de imenso poder destrutivo já existia no campo da verdade platônica simbólica. A implicação desse pensamento era de que uma arma assustadora estava em algum lugar esperando ser utilizada pelo primeiro pesquisador ousado a descobri-la e usá-la para ganhar a guerra. Esse pesquisador poderia estar em qualquer lado, pois um trabalho básico sobre instabilidade nuclear tinha sido realizado para os nazistas por Werner Heisenberg, mas ignorado por Adolf Hitler. No Reino Unido, o trabalho sobre a preparação material para uma bomba de urânio de impacto balístico já estava bem encaminhado na fábrica de explosivos Nobel, em Porth Madog, Gales do Norte, sob o patrocínio secreto do comitê MAUD.[88] Mas Einstein e Neils compartilhavam do medo real de que essa arma terrível estivesse desprotegida no céu dos símbolos platônicos, somente esperando ser acessada e usada.

Szilard e Einstein escreveram para o presidente Franklin D. Roosevelt insistindo que ele dedicasse todo o talento científico dos Estados Unidos a buscar essa bomba atômica. Eles alertaram que as consequências de Hitler consegui-la primeiro seriam catastróficas.[89] Roosevelt, sendo maçom, levou o alerta a sério e elaborou o Projeto Manhattan. O projeto reunia as habilidades organizacionais e logísticas do general Leslie Groves, e a liderança científica inspirada do dr. J. Robert Oppenheimer, no local remoto e deserto de Los Alamos, Novo

---

86. R. Penrose. *The Road to Reality*. New York: Knopf, 2005.
87. DeGroot, 2004.
88. Zimmerman, 1996.
89. DeGroot, 2004.

México. O resultado foram duas descobertas simbólicas: dois tipos diferentes de bomba atômica; uma baseada em urânio (Little Boy); e outra baseada em um elemento platônico antes desconhecido, o plutônio (Fat Boy). As duas bombas funcionaram e foram lançadas sobre cidades japonesas para acabar com a Segunda Guerra Mundial.

Hoje, ninguém questiona a ideia da existência de entidades científicas simbólicas apenas esperando, no céu platônico, para serem descobertas pelos exploradores que sabem como acessar esse reino. A bomba atômica é uma prova crucial disso.

Capítulo 7

O Símbolo Secreto da Estabilidade Política

As colunas que inspiraram o republicanismo

Sem o símbolo maçônico inspirador das duas colunas, nenhum governo verdadeiramente democrático surgiria ou teria êxito. Esse símbolo inculcou a estabilidade política nas mentes das pessoas

O Ir∴ George Washington aparece entre um par de colunas e na frente de outro par. Biblioteca do Congresso.

que o veem desde tempos mais antigos até hoje. Não é coincidência que esse quadro icônico de George Washington, primeiro presidente dos Estados Unidos, mostre-o parado na frente de um par de colunas e entre outro par.

Esse padrão das colunas é ecoado pelo uso repetido do número 1 na frente da cédula de um dólar.

Cada par de 1s representa um par de colunas. O superior está ao lado do dizer Estados Unidos da América, e George Washington está no meio do inferior. Até o símbolo da moeda era escrito como um *S* com duas colunas inscritas em cima dele. Muitas fontes de computador atuais mostram agora o símbolo do dólar como $, mas mesmo essa fonte simplificada mostra um *S* separado em duas metades iguais e opostas, uma forma menos ostensiva do símbolo. As linhas paralelas sugerem estabilidade.

Esse símbolo das duas colunas iguais e opostas influenciou três das sociedades democráticas mais duradouras do mundo. Apareceu como o símbolo do primeiro governante eleito da Inglaterra, Oliver Cromwell, membro do Parlamento por Huntingdon e Senhor Protetor do Commonwealth, da Grã-Bretanha.

O primeiro governante eleito da Inglaterra, Oliver Cromwell, aparece entre duas colunas nessa gravura (1658). O Emblema das Distrações da Inglaterra. Coleção particular/The Bridgeman Art Library International.

A Declaração dos Direitos do Homem e do Cidadão, lançada pelos revolucionários da França, é emoldurada pelo símbolo das duas colunas. Musee de la Ville de Paris, Musee Carnavalet, Paris, França/Giraudon/The Bridgeman Art Library International.

Assim como George Washington foi retratado cem anos depois, Cromwell está de pé entre duas colunas.

A declaração fundamental das intenções da Revolução Francesa, a "Declaração dos Direitos do Homem e do Cidadão", apregoa que os direitos dos homens são universais, valem o tempo todo e em qualquer lugar.

O que esse símbolo representa e por que figurou tanto nessas imagens icônicas das três democracias mais importantes da civilização ocidental?

Para entender o significado do símbolo, precisamos olhar sua história e, felizmente, ela é bem documentada. Esse é um dos principais símbolos preservados, estudados e aplicados pelos maçons. Representa uma das ideias mais importantes por trás do surgimento da democracia.

Por trás do símbolo há o conceito de duas forças poderosas que governam um Estado e, se alguma delas for dominante demais, o Estado ficará desequilibrado e tirânico. As duas colunas devem trabalhar juntas para uma sociedade ser estável. Voltemos, agora, aos primórdios do símbolo na Maçonaria, no século XV, em Aberdeen, Escócia.

As colunas que formaram a Maçonaria

Nós vimos antigas versões maçônicas desse símbolo no Pergaminho Kirkwall, datado de aproximadamente 1480, em duas versões diferentes. A primeira mostrava as colunas separadas e distantes, como aparecem no fundo das imagens de George Washington e de Oliver Cromwell.

A outra forma dessa imagem no pergaminho (veja página 86) mostrava as duas colunas unidas por uma pedra angular.

Essas duas versões do símbolos eram usadas em rituais maçônicos 200 anos antes de Cromwell considerá-lo um ícone para justificar suas intenções políticas.

Podemos encontrar os mesmos símbolos em imagens maçônicas preservadas em uma Loja em Yorkshire. Elas datam do tempo da Revolução Francesa e da Guerra Revolucionária Americana.

Os símbolos que ensinaram George Washington

George Washington conhecia o significado maçônico do símbolo das duas colunas porque as duas formas estavam bordadas no avental que ele usava nas reuniões da Maçonaria. Washington foi introduzido na Maçonaria por um maçom de Yorkshire, lorde Fairfax. O jovem George conseguiu seu primeiro emprego como agrimensor trabalhando para Fairfax, um grande proprietário de terras na Virgínia. Os membros da família Fairfax eram patronos ativos da Grande Loja Maçônica de York e conheciam os antigos símbolos maçônicos de Yorkshire mostrados antes. A família também tinha grande interesse nas Lojas locais de Virgínia e, quando George Washington ficou mais velho, a família o encorajou a entrar.

Washington iniciou-se na Loja nº 4 de Fredericksburg, em um sábado, 4 de novembro de 1752. Foi elevado a Companheiro Maçom no primeiro sábado de março de 1753 e, no sábado, 4 de agosto de 1753, ele foi exaltado Mestre Maçom pela Loja Fredericksburg. Em 1779, ofereceram-lhe o Posto de Grão-Mestre Maçom Geral dos Estados Unidos, mas ele recusou por causa de seus compromissos militares.

Um maçom francês, o marquês de Lafayette, entrou para o exército de Washington em 1777 e tornou-se seu amigo íntimo. Em 1784, Lafayette presenteou o Ir∴ Washington com um avental maçônico bordado por sua esposa, que Washington usou com enorme orgulho.[90] Esta é a prova de que Washington estava ciente do poder do símbolo das duas colunas. Lafayette escolheu os símbolos no avental para inspirar Washington a superar as tarefas difíceis pela frente, na crescente disputa sobre o controle inglês das colônias americanas.

Mas o que a Maçonaria ensinou sobre esse símbolo a Washington?

Os significados maçônicos das duas colunas

A Maçonaria ensina que o símbolo das duas colunas tem dois sentidos, iluminados por uma recitação ritualística de um mito tradicional. O primeiro é expresso pelos nomes dados àquelas que ficavam do lado de fora do Templo de Salomão. A coluna esquerda está associada ao poder do rei.

O ritual diz:

> Boaz era o nome da coluna esquerda que ficava no pórtico ou entrada do Templo do Rei Salomão. Recebeu o nome do bisavô de Davi, um príncipe e governante em Israel, e representa força do poder temporal como expresso pelas ações do rei.

A coluna direita está associada ao poder do sacerdote. O ritual diz:

> Jachin era o nome da coluna direita que ficava na entrada ou pórtico do Templo do Rei Salomão. Recebeu o nome do sumo sacerdote que exerce a função de dedicação do Templo. Representa o poder do sacerdote e a força benevolente da religião.

Quando as duas colunas estão juntas, assumem uma camada adicional de sentido. Podem estar unidas simbolicamente por uma pedra

---

90. Esse avental foi presenteado à Grande Loja da Pensilvânia pela Sociedade Benevolente de Washington em 3 de julho de 1829. Hoje ele pode ser visto no Museu da Grande Loja no Templo Maçônico na Filadélfia.

angular, um lintel, ou pelo Real Arco dos Céus. Mas quando estão juntas, o ritual diz sobre elas:

> As duas grandes Colunas colocadas no Pórtico ou Entrada do Templo do Rei Salomão têm uma importância separada e conjunta. A primeira denota "força"; a segunda, "estabelecer"; e, quando estão juntas, "estabilidade", pois Deus disse: "Com força estabelecerei Minha palavra em Minha casa para que ela fique de pé para sempre".

As duas colunas representam duas forças que agem sobre a sociedade. Elas são a força secular do rei, que rege, protege o povo e governa a terra e a força espiritual do sacerdote, que guia a vida religiosa e espiritual do povo. O símbolo da coluna dupla representa o grande poder para a estabilidade, que emana dessas duas forças quando trabalham juntas. Se uma delas fica poderosa demais, a sociedade será jogada em um despotismo religioso ou secular, nenhum dos quais é desejável.

Esse mesmo símbolo aparece de forma um pouco diferente em um mito sobre o patriarca Enoch*:

O ritual maçônico conta a seguinte história sobre Enoch:

> Enoch, filho de Jared, sexto descendente de Adão. Cheio de amor e temor a Deus, ele empenhou-se em liderar os homens no caminho da honra e do dever. Em uma visão, a Divindade apareceu-lhe na forma visível de um triângulo de ouro puro e disse a ele: "Enoch, há muito desejas conhecer meu nome verdadeiro; levanta-te, segue-me e saberás".
>
> Enoch, aceitando sua visão como uma inspiração, viajou em busca da montanha que vira no sonho, até que, exausto pela busca, parou na terra de Canaã, já então povoada pelos descendentes de Adão, e lá empregou trabalhadores. Com a ajuda de seu filho Matusalém, ele escavou nove apartamentos, um em cima do outro, e cada um coberto por um arco, como ele vira em seu sonho; o mais baixo foi escavado na rocha sólida. No topo de cada arco ele deixou uma abertura estreita, fechada com uma pedra quadrada e, sobre a superior, construiu um templo modesto, sem teto e com pedras não desbastadas enormes, para o Grande Arquiteto do Universo.

---

*N.E.: Sugerimos a leitura de *O Livro de Enoch – O Profeta*, Madras Editora.

Em uma placa triangular de ouro, incrustada com muitas gemas preciosas, ele gravou o nome inefável de Deus e depositou a placa na face de um cubo de ágata.

Ninguém sabia do depósito desse tesouro precioso e, para ele permanecer não detectado e sobreviver ao Dilúvio que, como Enoch sabia, logo assolaria o mundo em um vasto mar de lodo, ele cobriu a abertura, a pedra que a fechava e o grande anel de ferro usado para levantar a pedra, com o pavimento de granito de seu templo primitivo.

Então, temendo que todo o conhecimento das artes e das ciências se perdesse no dilúvio universal, ele construiu duas grandes colunas em uma colina alta, uma de bronze, para resistir à água, e a outra de granito, para resistir ao fogo. Na coluna de granito havia uma descrição dos apartamentos subterrâneos e, na de bronze, os fundamentos das artes e das ciências.

O mito maçônico continua dizendo que uma das colunas foi encontrada pelos judeus e a outra pelos egípcios. Afirma que um grupo de elite de maçons foi criado para proteger a coluna judaica e seus ensinamentos, e dizem que o sentido secreto das colunas somente sobrevive na Maçonaria. Esse conhecimento é exibido nas Lojas maçônicas como duas colunas independentes.

As colunas que estabeleceram o Egito Antigo

A sociedade egípcia antiga durou 4 mil anos. Sua longevidade e prosperidade aumentaram ao redor do poder do símbolo das duas colunas, que se tornaram a base sobre a qual as dinastias dos faraós foram fundamentadas e mantidas.

O Rio Nilo no Egito sustentou grupos pequenos e isolados de caçadores nômades desde aproximadamente 30 mil a.C. em diante, quando o *Homo Sapiens* se espalhou para fora da África. Os símbolos relativos à agricultura começaram a aparecer e se espalhar para oeste das vilas anatólias. Os símbolos da contagem e da escrita se arraigaram quando os antigos egípcios desenvolveram os protorreinos e criaram fronteiras que protegiam contra grupos de caçadores invasores.

Nesse ambiente tenso, o símbolo das duas colunas ficou cada vez mais importante. Foi um símbolo de cooperação e provocou a percepção em seus observadores de que a unidade era mais eficaz do que a agressão. Os símbolos do losango e da espiral da agricultura desenvolveram-se a partir dos padrões das sombras lançadas pelas duas colunas.

À medida que as vilas agrícolas viraram cidades e depois municípios, essas colunas monolíticas tornaram-se um forte símbolo emotivo. Ajudaram a criar grupos de comunidades harmônicas, que gradualmente se uniram em dois reinos conhecidos como Alto e Baixo Egito. Em 3100 a.C., eles tornaram-se um reino combinado. Embora o Alto e o Baixo Egito tenham se unido sob um único regente divino e absoluto, de muitas formas permaneceram reinos separados. Um símbolo de coluna ficava no centro de cada um. Para explicar os mitos por trás das colunas, devemos retornar à antiga história simbólica do Egito.

Os regentes do Egito começaram como reis, com sacerdotes ajudando-os em seus relacionamentos com os deuses. Mas eles se tornaram faraós, metade deuses e metade reis, governando pelo direito divino de seu parentesco com os deuses. Cada rei era em parte filho divino de um deus e, quando morria, voltava para seus antepassados a fim de se tornar um deus completo.

A deusa do céu, Nut, teve cinco filhos, o mais velho dos quais era Osíris. Simbolicamente, Nut era o céu, e seus braços e pernas eram colunas que seguravam o firmamento. Ela tocava a Terra nos quatro pontos cardeais. Uma de suas pernas estava plantada em Heliópolis e era a grande coluna do Baixo Egito. A outra ficava na cidade de Nekheb, no Alto Egito. Mas no solo dos dois Egitos ficava a província de Geb, o deus da terra, de cujo barro a humanidade foi formada. Geb era amante de Nut e sua união deu origem ao primeiro rei das Duas Terras do Egito.

Os filhos de Nut e Geb eram parte céu e parte terra. O povo das Duas Terras acreditava que Osíris, filho mais velho de Nut e Geb, se tornou seu primeiro rei. Ele era parte homem e parte deus. Casou-se com sua irmã Ísis, parte mulher e parte deusa, estabelecendo uma tradição que seria seguida pelos futuros reis do Egito.

Osíris governava com sabedoria, mas seu irmão Set teve inveja de seu sucesso e o assassinou à noite, quando a escuridão escondeu esse ato da vista de sua mãe. Ele esquartejou Osíris e jogou os pedaços no Nilo. Quando a luz voltou, Ísis ficou louca, pois Osíris não produzira um herdeiro. Então, sob a supervisão de Nut, Ísis localizou os pedaços do corpo de Osíris e os reuniu. Ela pediu para seu pai, Geb, soprar um último momento curto de vida na parte humana de seu marido. Quando o corpo recomposto de Osíris estremeceu com um breve lampejo de vida, Ísis abaixou-se em seu falo e recebeu sua semente. Enquanto Osíris estremecia de êxtase, sua mãe aproximou-se e tomou-o em suas mãos. Então ela ficou de pé, com suas pernas plantadas com firmeza no centro de cada reino e o levantou para as estrelas, onde ela o tornou o regente do reino dos mortos.

Ísis deu à luz um filho chamado Hórus, que se tornou o próximo rei das Duas Terras. Ele desafiou Set para um duelo. Hórus ganhou o combate, mas seu olho foi extirpado. Sua avó, a deusa Nut, cujas pernas de colunas ficavam nas Duas Terras, pegou seu olho e embalou-o em suas mãos, no céu acima de seus reinos combinados. Então o único olho onividente de Hórus flutuava acima das duas colunas que uniam seus reinos. Nada ficava oculto de sua visão. Desse momento em diante, acreditava-se que o faraó era a encarnação terrena de Hórus até sua morte, quando ele também seria elevado às estrelas por Nut.

As colunas gêmeas de Heliópolis e Nekheb lembravam o povo da presença da deusa Nut e de seu papel em apoiar o faraó. Suas pernas, plantadas com firmeza em cada grande cidade, ligava o faraó semideus terreno ao seu destino futuro, como um deus completo no céu estrelado. Esse simbolismo lembrava seus súditos de seu poder abrangente e do olho onividente.

Essas colunas simbólicas eram importantes para as duas regiões, embora compartilhassem um único rei. O Baixo Egito era maior e mais próspero do que o Alto Egito, mas a segurança, a estabilidade e a riqueza do Egito vinham dos dois Estados trabalhando juntos. As duas colunas ligavam e unificavam as duas terras, e o povo acreditava que, enquanto elas permanecessem intactas, seu reino unido prosperaria.

A civilização do Egito realmente prosperou, e o símbolo das duas colunas era exibido do lado de fora de seus templos para lembrar o povo da fonte divina de riqueza e poder. O rei passaria entre as pernas da deusa do céu quando ele entrasse no templo, e lembraria seu povo de seu direito divino à regência.

Mas como esse simbolismo passou para os ensinamentos simbólicos da Maçonaria? Para responder a essa questão, precisamos olhar mais de perto os Grão-Mestres míticos da Maçonaria, na época da construção do Templo do rei Salomão. Um participante crucial nessa história foi um rei fenício famoso por suas habilidades em construção: Hirão, rei de Tiro.

As colunas e as concubinas

Os fenícios ocupavam uma faixa estreita de terra na costa leste do Mediterrâneo. Tinha por volta de 200 milhas [321,8 quilômetros] de comprimento, mas apenas 5 a 15 milhas [8 a 24 quilômetros] de largura, estendendo-se até as montanhas do Líbano. Os fenícios não tinham um Estado unificado, mas formavam um grupo de cidades-reinos. Por volta de 1800 a.C., os egípcios invadiram e assumiram o controle por aproximadamente 400 anos. Então os ataques repentinos dos hititas contra o Egito deram às cidades-reinos fenícias uma oportunidade para se rebelarem e, em 1100 a.C., os fenícios estavam independentes de novo. Mas o símbolo político egípcio das duas colunas já estava arraigado no templo de Tiro, a cidade mais rica da Fenícia.

Depois de se libertarem dos egípcios, os fenícios continuaram a construir templos caracterizados por um pórtico ou entrada ladeada por duas colunas, em um estilo semelhante aos dos templos no Egito. A cidade de Tiro, do rei Hirão, tinha um templo desses, com duas colunas em sua entrada, muito antes de o rei Salomão construir um.

Hirão era um rei de muito sucesso e construtor de proporções históricas. No início de seu reinado, o principal porto de Tiro ficava no continente. Mas esse rei construtor percebeu que uma ilha, a menos de meia milha (800 metros) da costa, seria uma fortaleza bem defensiva e daria um sistema de ancoragem totalmente integrado para sua frota. O rei de Tiro era um engenheiro excelente. Ele era um candidato muito mais adequado, do que o rei Salomão, a ser um antigo Grão-Mestre Maçom, e mereceu ter um lugar importante no ritual maçônico. Mas quanto ele foi ajudado pelo poder das duas colunas?

Em 1923, uma expedição francesa descobriu o esquife de pedra de Hirão, rei de Tiro. Ele continha uma inscrição fenícia ao redor da extremidade da tampa, escrita no alfabeto linear.[91] A inscrição contava a história de um rei que foi um representante terreno de uma deusa e, depois de seu encontro com ela, tornou-se ele mesmo um deus. A inscrição afirma que ele era amante de Baalat, a poderosa deusa fenícia cujo símbolo de duas colunas marcava a entrada de seu templo.

Os fenícios de Tiro cultuavam uma trindade de deuses composta por El, o deus pai; sua esposa, Baalat; e seu filho, Baal. El era o mais poderoso dos três. Ele via e punia todas as más ações. Sua única falha era ser infiel à esposa, Baalat. Ele gostava de engravidar mulheres humanas por quem se enamorava e, para fazer isso, disfarçava-se de estranho de passagem. Para garantir que El satisfizesse seus desejos, toda mulher fenícia tinha um dever religioso de se disponibilizar sexualmente para estranhos de passagem por volta dos equinócios de primavera e outono. Elas se sentavam entre as colunas simbólicas na frente do templo de Baalat e se ofereciam por dinheiro.

A regra dizia que as mulheres tinham de cobrar os estranhos por sexo e, depois, entregar o dinheiro a Baalat, a esposa sofredora de El e

---

91. W. J. Hackwell. *Signs, Letters, Words: Archaeology Discovers Writing*. New York: Charles Scribner's Sons, 1987.

mãe de Baal. Enquanto El tinha seu modo perverso com todas as mulheres das terras que governava, as mulheres o cobravam por seu prazer e doavam o dinheiro para aplacar sua esposa traída. Por sua vez, ela assumiu o rei humano como amante, usando o corpo de uma sacerdotisa como sua representante, e fez do rei um deus. Então todos ficavam satisfeitos, e os estranhos de passagem, querendo um pouco de diversão, sabiam procurar entre as duas colunas pelas mulheres dispostas a cumprir seu dever de fornicação religiosa.

Baalat era muito cultuada em Tiro, onde suas duas colunas ficavam diante da entrada do Templo Hirão, construído em sua homenagem. Ela assumiu Hirão, rei de Tiro e Grão-Mestre da Maçonaria, como seu amante, assim como fez com todos os reis cananeus, e o tornou um deus vivo, mas mortal.

Hirão não foi somente um rei, ele também foi o consorte e amante da deusa cujo símbolo eram as duas colunas. Quando Salomão pediu para ele projetar e construir um templo para o Deus dos judeus, em Jerusalém, o que poderia ser mais natural do que sugerir que este devesse ter duas colunas na entrada? Esse deus vivo de Tiro, cujo poder vinha das colunas simbólicas da deusa, sua amante, construiu o templo. E forneceu os artífices para construir as duas grandes colunas que ficavam no pórtico ou entrada do Templo do rei Salomão.

As colunas que influenciaram a Guerra Civil Inglesa

Na metade do século XVII, o símbolo das duas colunas estava bem arraigado no ensinamento ritualístico da Maçonaria. Como mencionei antes, Oliver Cromwell usou esse símbolo para convocar apoio para sua causa. Porém, o símbolo também foi usado por seus oponentes.

A ilustração do século XVII, a seguir, mostra como as colunas nobres e sacerdotais foram usadas para tentar apoiar o direito à regência de um rei ungido. Mas o rei na ilustração não é de Israel, é da Inglaterra.

James VI, da Escócia, era um maçom muito interessado; tornou-se membro da Loja de Scoon e Perth em 1601 e ficou famoso por introduzir o simbolismo e os rituais maçônicos em sua corte.[92] Seu filho, o rei Charles I, tentou usar o símbolo da coluna maçônica, mas fez uma mudança crítica na pedra angular. O rei é mostrado no papel de avalista do bom comportamento das duas colunas. Identificando-se como a pedra que as une, Charles assumiu o papel desempenhado por Deus para Salomão e Davi. Charles fazia a declaração simbólica de que ele

---

92. R. Lomas. *The Invisible College*. London: Transworld, 2009.

governava a Igreja e o Estado por direito divino. Isso prova, também, sua destruição e provoca sua decapitação.

Nessa gravura de Charles I, ele paira em domínio divino acima das colunas unidas. A esquerda é rotulada "A Igreja" e, sobre ela, está a figura da Verdade. A direita é rotulada "O Estado" e, sobre ela, está a figura da Justiça. As duas colunas são ligadas por um aperto de mão maçônico.

Esta gravura do século XVII mostra o rei Charles I da Inglaterra, executado depois, durante a Guerra Civil Inglesa, usando o símbolo das duas colunas como uma ferramenta política.

Charles queria um despotismo monárquico no qual o poder temporal do rei não tolerava desafio espiritual e nenhuma restrição democrática. O abuso desse símbolo revela que ele se via no papel de um árbitro absoluto que não precisava de Deus para garantir a justiça. Charles corrompia o símbolo maçônico que lhe foi passado. Mas o símbolo tinha recursos maiores do que Charles percebia e reagiu ao apoiar seu principal oponente. Este era Cromwell, retratado de pé entre as colunas e embaixo da pomba da bênção, simbolizando Deus como a pedra angular que unia as colunas e equilibrava as forças da ruptura. Esse símbolo prevaleceu entre as pessoas comuns.

As colunas que apoiam os presidentes americanos

Para o símbolo das duas colunas trabalhar sua influência oculta sobre o silencioso hemisfério direito do cérebro humano, ele deve ser mantido diante dos olhos das pessoas. É usado em cédulas, símbolos de moeda, imagens icônicas e entalhes na pedra.

George Washington não somente usou a imagem icônica dele de pé entre os pares de colunas e colocou o símbolo na representação escrita da moeda, como também garantiu que ele pudesse reforçar a posição do presidente. Para assegurar que o impacto emocional do símbolo continuasse a trabalhar na nova república, Washington mandou construir dois conjuntos de colunas na entrada da Casa Branca, em Washington, DC., quando aprovou o desenho de James Hoban.

A face norte da Casa Branca mostrando dois pares de colunas e um triângulo apontado para cima. Este projeto foi aprovado pelo Ir∴ George Washington.

As duas colunas externas, unidas pelo arco triangular apontado para o céu, são as colunas do equilíbrio e da estabilidade, enquanto as internas são do conhecimento.

Quando um presidente dos Estados Unidos fica diante dessa entrada simbólica, os símbolos continuam a fazer sua magia criando uma atmosfera de estabilidade emocional e confiança. O pórtico da Casa Branca simboliza a separação da Igreja e do Estado. Cada um permanece separado e forte, e pode limitar os excessos do outro. Como nenhum pode ficar poderoso o bastante a ponto de se tornar despótico, a liberdade é mantida e a sociedade prospera.

As colunas que reconciliaram a Inglaterra e os Estados Unidos

Há muito tempo os maçons reconheceram que o símbolo das duas colunas funciona para estabilizar sociedades. Eis, aqui, um exemplo de como os maçons usavam as duas colunas, que ficaram do lado de fora do Templo de Heliópolis no antigo Egito por 4 mil anos, para ajudar a reconciliar a Inglaterra e os Estados Unidos depois da Guerra Revolucionária Americana.

Heliópolis era uma das maiores cidades do Egito Antigo e lar de uma das colunas de ligação das Duas Terras. Em seu centro ficava um templo gigantesco conhecido como a Grande Casa. Foi construído por volta de 2000 a.C. e tinha duas colunas na entrada. Em cerca de 13 a.C., o imperador romano Augusto levou-as para Alexandria e as reconstruiu. Elas ficaram lá até 1301 d.C., quando cada uma despencou para um lado durante um terremoto. As colunas nunca foram restauradas corretamente e foram negligenciadas até 1878. Nesse ano, as duas colunas caídas foram obtidas por maçons americanos. Elas, que um dia representaram a unidade das duas terras do Egito Antigo, foram enviadas de navio e deveriam desempenhar um novo papel: unir dois outros Estados.

A Agulha de Cleópatra no Central Park, na cidade de Nova York.

O Ir∴ dr. Erasmus Wilson pagou 10 mil libras para carregar uma coluna do Egito e erigi-la em Londres. Depois de ser transportada em uma embarcação em formato de charuto especialmente projetada chamada *Cleópatra*, a coluna chegou em julho de 1878. Foi assentada com uma cerimônia maçônica pública conduzida pelo Ir∴ Wilson, em 12 de setembro de 1878.⁹³

Em Nova York, o Ir∴ William Hulbert persuadiu o Ir∴ William J. Vanderbilt a pagar pelo transporte da outra coluna aos Estados Unidos. Sua entrega foi supervisionada pelo Ir∴ Henry H. Gorringe, da Loja Anglo-Saxã nº 137, da cidade de Nova York. Foi transportada a bordo do navio a vapor *Dessoug* e chegou a Nova York em 1880. O Grão--Mestre Maçom do estado de Nova York, o Mui Venerável Grão-Mestre Jesse B. Anthony, presidiu enquanto o obelisco era colocado em seu lugar com uma cerimônia maçônica completa, em 2 de outubro de 1880, em Graywacke Knoll, Central Park.

A Agulha de Cleópatra, em Londres. Os dois obeliscos serviram para ajudar a reconciliar a Inglaterra e os Estados Unidos depois da Guerra Revolucionária Americana.

Mais de 9 mil maçons em toda a realeza desfilaram pela Quinta Avenida, saindo da 14th Street até a 82nd Street, e mais de 50 mil espectadores enfileiravam-se pela rota da parada. A ação de graças foi apresentada pelo Grande Chapelão dos Maçons de Nova York, o Respeitável Irmão Louis C. Gerstein.

Dessa forma, os Irmãos dos dois Estados mais antigos inspirados pela Maçonaria no mundo, restabeleceram um símbolo antigo de estabilidade para uni-los de novo.

Um símbolo atual para fortalecer o euro

Talvez o uso mais recente de um símbolo de moeda, incorporando as linhas paralelas do símbolo das duas colunas, possa ser visto no símbolo do euro (€). Nele, elas estão na horizontal. A Comissão Europeia declarou o seguinte sobre o euro em seu lançamento: "A inspiração para

---
93. Perto da estação do metrô Embankment.

o símbolo € veio da letra grega epsilon (Ԑ), em uma referência ao berço da civilização europeia e da primeira letra da palavra Europa, cruzada por duas linhas paralelas para 'certificar' a estabilidade do euro".[94]

O símbolo do euro incorpora as duas colunas, em sua forma matemática, como um sinal de igual.

---

94. "How to Use the Euro Name and Symbol." European Commission Economic and Financial Affairs. <http://ec.europa.eu/economy_finance/euro/cash/symbol/index_en.htm>.

Capítulo 8

Símbolos Maçônicos Que Mudaram a Constituição dos Estados Unidos

A solução simbólica à corrupção do poder

Quando um grupo de colonos britânicos se encontrou em Williamsburg, Virgínia, em 15 de maio de 1776, eles se agitaram pelo que percebiam como uma lei autocrática arbitrária de um rei distante. Eles perceberam que, quando uma única autoridade está investida de poder absoluto, o abuso dele ocorre com muita facilidade. Decidiram, então, desafiar e abolir tal abuso.

Havia 18 maçons, experientes no uso dos símbolos maçônicos, entre os 56 signatários da Declaração de Independência. Demonstrou-se que esses símbolos evitam abusos de poder como aqueles que levaram à elaboração da Declaração.[95] Só quando esse sistema de controle e

---

95. Dentre os maçons que assinaram essa declaração estavam: Josiah Bartlett, da King Solomon's Lodge, Massachussetts; William Ellery, da St. Andrew's Lodge, Boston; Benjamin Franklin, da St. John's Lodge, Filadélfia; Elbridge Gerry, da Philantropica Lodge, Massachussets; Lyman Hall, da Solomon's Lodge, Georgia; John Hancock, da St. Andrew's Lodge, Boston; Joseph Hewes, da Hannover Lodge, Carolina do Norte; William Hooper, da Hanover Lodge, Carolina do Norte; Philip Livingston, da Holland Lodge, Nova York; Thomas McKean, da Perseverance Lodge, Pensilvânia; Thomas Nelson Jr., da Yorktown Lodge, Virginia; Robert Treat Paine, da Grand Lodge of Massachussetts; John Penn, da Unanimity Lodge, Carolina do Norte; Roger Sherman, Loja desconhecida (mas seu avental maçônico está na coleção da Yale University); Richard Stockton, da St. John's Lodge, Nova Jersey; Matthew Thorton, da British Military Lodge of the Regiment of Foot; George Walton, da Solomon's Lodge, Georgia; William Whipple, da St. John's Lodge, Nova Jersey.

equilíbrio de poderes foi escrito na Constituição dos Estados Unidos, o público conheceu esse método secreto.

A abertura da Declaração diz:

> Quando, no curso dos acontecimentos humanos, torna-se necessário a um povo dissolver os laços políticos que o ligavam a outro e assumir, dentre os poderes da Terra, uma posição igual e separada à qual lhe dão direito as leis da natureza e as do Deus da natureza, o respeito digno às opiniões da humanidade exige que ele declare as causas que o impelem à separação.

Havia 18 maçons entre os 56 signatários da Declaração de Independência.

Declarando que há causas substanciais para romper com o sistema de regras estabelecido (e essas causas são listadas nos mínimos detalhes depois no documento), a Declaração de Independência oferecia um caminho para um sistema de governo novo e mais aberto. A declaração fundamental que se seguiu se inspirava na visão simbólica platônica de que há certas *verdades evidentes* que devem ser consideradas quando um grupo de pessoas decide se governar. Essas verdades já eram ensinadas há 300 anos pela Maçonaria. Como exposto na Declaração:

> Consideramos estas verdades evidentes, a de que todos os homens são criados iguais, que são dotados por seu Criador de certos direitos inalienáveis, dentre os quais estão a vida, a liberdade e a busca da felicidade. A fim de assegurar esses direitos, governos são instituídos entre os homens, derivando seus justos poderes do consentimento do governado. Sempre que qualquer forma de governo se torna destrutiva para tais fins, é direito do povo alterá-la ou aboli-la e instituir um novo governo, fundamentando-o em tais princípios e organizando seus poderes da forma que lhe parecer mais conveniente para assegurar segurança e felicidade.

Essa declaração foi mesmo revolucionária. Os fundadores dos Estados Unidos compreenderam que, para declarar independência, tinham de estabelecer uma base intelectual para o governo autônomo. Entre eles tinha uma minoria considerável treinada no método maçônico de sensibilização aos símbolos e a par do ensinamento maçônico de que uma combinação de símbolos poderia ser usada para evitar os tipos de abusos que todos desaprovavam na lei britânica. Esses símbolos são o Esquadro, o Nível e o Prumo.

Eles são atribuídos aos três oficiais que cuidam dos diferentes aspectos do governo. O Mestre faz as leis, o Primeiro Vigilante as executa e o Segundo Vigilante certifica-se de que elas sejam aplicadas com justiça. Não há um regente absoluto na Loja, embora o Mestre assuma o comando. Os três oficiais trabalham juntos para cumprir os deveres de reger a Loja, e cada um exibe um desses três símbolos em seu colar de oficial. E o mais importante para os fundadores dos Estados Unidos: o Mestre é eleito pelos membros.

A Declaração de Independência da Grã-Bretanha, adotada em 4 de julho de 1776, inspirou-se em outro símbolo maçônico básico por sua razão de ser: a urna de votação, usada para o voto secreto para eleger todos os potenciais candidatos à Maçonaria e todos os Mestres em potencial.

A rota seguida pelas colônias britânicas na América do Norte, desde a declaração da sua independência até o estabelecimento de um governo constitucional, é uma das grandes jornadas na história das sociedades democráticas. Mas nem sempre se reconhece que foi uma estrada inspirada pelos símbolos maçônicos do governo democrático, incluindo os três que reforçam a divisão do poder. O uso desses símbolos pelos fundadores dos Estados Unidos produziu, enfim, a constituição nacional mais influente já escrita. Os símbolos embutidos na Constituição a mantêm como um documento vivo e flexível.

Como os símbolos podem separar poderes

Os maçons da Loja de Aberdeen perceberam que eles toparam com uma grande verdade da condição humana: os símbolos mudam o modo de pensar e agir das pessoas. Os maçons trabalharam juntos para entender o que descobriram. Primeiro, eles exibiram os símbolos mais importantes em um painel de tecido no chão, para eles apontarem essas imagens e sensibilizarem seus Aprendizes a eles. Depois, os maçons garantiam que o Mestre e seu Aprendiz compartilhassem a mensagem do símbolo. Eles faziam isso criando e memorizando trechos de poesia ritualística que os membros da Loja recitavam ao Aprendiz enquanto ele olhava, demoradamente, os símbolos. A linguagem poética e metafórica foi usada para tranquilizar o hemisfério esquerdo, deixando o direito responder ao símbolo. Por isso os maçons falam sobre a sinceridade e o impacto que sentem depois de prestar atenção ouvindo, primeiro, o que parecem dísticos desconexos de disparates poéticos e míticos.

O Esquadro

Para garantir o funcionamento desse tipo de sistema, os primeiros maçons de Aberdeen criaram uma atmosfera calma. Eles conseguiram isso concedendo símbolos de ofício aos homens que comandavam suas reuniões. Como observado antes, os símbolos podem transmitir mensagens que vão além do âmbito das palavras e lembram todos de seu lugar, papel e responsabilidades no grupo.

Cada Loja é comandada por um Venerável Mestre e ele é auxiliado pelos Primeiro e Segundo Vigilantes. Cada um tem uma função na administração da Loja, e isso é marcado por um símbolo de ofício e uma explicação ritualística, metafórica e poética.

O papel do Mestre é empregar e instruir seus Irmãos na Maçonaria. Assim, como o sol nasce no Oriente para abrir e animar o dia, o

Venerável Mestre fica no Oriente para abrir a Loja. O Mestre usa o símbolo do esquadro.

O esquadro nos ensina a regular nossas vidas e ações segundo a linha e regra maçônicas, e a harmonizar nossa conduta nesta vida para nos tornar aceitáveis a esse Ser Divino de quem toda a bondade emana e a quem prestamos contas de nossas ações. Simboliza a importância de ajustar os cantos retangulares dos edifícios e a necessidade de colocar a matéria bruta na forma certa. O nível simboliza a importância de nivelar e provar horizontais, e o prumo simboliza a importância de ajustar perpendiculares enquanto as fixa em suas bases adequadas.

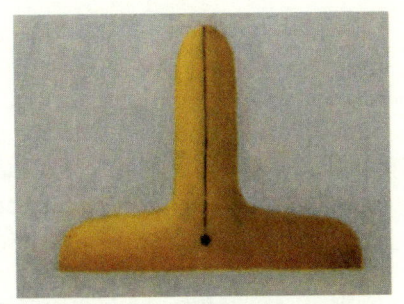

O Nível

O papel do Primeiro Vigilante é marcar o sol poente. Assim como o sol se põe no Ocidente, para encerrar o dia, o Primeiro Vigilante fica no Ocidente, para fechar a Loja ao comando de seu Venerável Mestre. Ele usa o símbolo do nível.

Por ser um emblema da igualdade, o nível aponta as medidas iguais que o Primeiro Vigilante é obrigado a seguir com o Venerável Mestre em reger e governar a Loja. O nível demonstra que todos nos originamos do mesmo rebanho, somos cúmplices da mesma natureza e compartilhamos da mesma esperança. Embora as distinções entre os homens sejam necessárias para preservar a subordinação, nenhuma eminência de situação nos fará esquecer que somos Irmãos. Aquele colocado no degrau mais baixo da roda da fortuna tem o mesmo direito à nossa consideração. Virá um tempo, que nem o mais sábio sabe se vai demorar, quando todas as distinções, salvo aquelas de bondade e virtude, acabarão, e a morte, a grande niveladora de toda a grandeza humana, nos reduzirá ao mesmo estado.

O papel do Segundo Vigilante é marcar o sol em seu meridiano e chamar os Irmãos do trabalho ao repouso e, deste, de volta ao trabalho, para que lucro e prazer possam ser o resultado mútuo. Ele usa o símbolo do prumo.

O prumo é um emblema de probidade e aponta a integridade das medidas que o Segundo Vigilante é obrigado a seguir, com o Venerável Mestre e o Primeiro Vigilante, no comando da Loja. Um dos deveres do Segundo Vigilante

O Prumo

é examinar os visitantes para impedir que uma pessoa desqualificada consiga admissão nas assembleias maçônicas e leve, inocentemente, os Irmãos a violarem suas obrigações. O prumo infalível, que, como a escada de Jacó, une Céu e Terra, é o critério de retidão e verdade. Ele nos ensina a caminhar com legitimidade e honestidade diante de Deus e dos homens, sem desviar para a direita ou para a esquerda do caminho da virtude. Da mesma forma, ensina-nos a não sermos entusiastas, opressores ou difamadores da religião, e a não nos inclinarmos à avareza, injustiça, malícia, vingança, nem à inveja e ao desprezo da humanidade, mas a renunciarmos a toda tendência egoísta que possa prejudicar os outros. Conduzir o navio desta vida sobre os mares da paixão, sem largar o leme da retidão, é o nível mais elevado de perfeição ao qual a natureza humana pode chegar. Assim como o construtor eleva sua coluna pelo nível e pela perpendicular, todo maçom deve conduzir-se para esse mundo, observar um meio-termo conveniente entre avareza e esbanjamento, manter os pratos da balança da justiça equilibrados, fazer suas paixões e preconceitos coincidirem com a linha justa de sua conduta e, em todas as suas buscas, ter a eternidade em vista.

Como os simbolistas maçons influenciaram James Madison

O dr. Brent Morris, historiador e naturalista, resume o apoio que os maçons deram à república independente dos Estados Unidos:

> Além dos signatários da Declaração da Independência, dos Artigos da Confederação e da Constituição, 33 oficiais gerais do Exército Continental eram maçons. Benjamin Franklin, embaixador da França durante a Revolução Americana, foi Grão-Mestre Provincial Representante da Pensilvânia. Paul Revere, cujo "passeio à meia-noite" foi imortalizado, veio a se tornar Grão-Mestre de Massachussets. A causa da liberdade dos americanos atraiu defensores de outros países, incluindo dois dos oficiais gerais de Washington: o marquês de Lafayette e Friedrich W. A. von Steuben. O "patrono da Marinha Americana", o almirante John Paul Jones, foi um artífice, assim como, quem diria, o general Benedict Arnold, o traidor.[96]

A ideia de controle e equilíbrio está sempre associada com James Madison, o quarto presidente dos Estados Unidos, que não era maçom.

---

96. S. B. Morris. "Masonic Papers: American Freemasons and the Spirit of Freedom." Pietre-Stones Review of Freemasonry. <http://www.freemasons-freemasonry.com/brentmorris1.html>.

Como diz o professor J. C. Stagg, editor-chefe do *Papers of James Madison Project* e professor de história na Universidade de Virgínia:

> Madison levou a delegação de Virgínia para a reunião na Filadélfia, iniciada em 14 de maio de 1787, e apoiou o clamor para o general Washington presidir a reunião. O "Plano de Virgínia" de Madison tornou-se o projeto para a constituição que surgiu depois, concedendo-lhe, posteriormente, o título honrado de "Pai da Constituição". Por ter criado o documento, Madison trabalhou duro para garantir sua ratificação. Com Alexander Hamilton e John Jay, ele publicou os Federalist Papers, uma série de artigos defendendo um governo central forte, sujeito a um sistema extenso de controle e equilíbrio.[97]

Costuma-se relatar que a inspiração de Madison para o sistema de controle e equilíbrio veio de Charles Montesquieu, um teórico político francês, e de John Jay, que trabalhava com ele nos Federalist Papers e veio a se tornar o primeiro chefe de justiça dos Estados Unidos. Embora Madison não fosse maçom, Montesquieu e Jay eram, assim como o presidente da reunião, Ir∴ George Washington.

Charles de Secondat, Barão de la Brède et de Montesquieu, é considerado o fundador ideológico da constituição americana. Montesquieu defendia que o despotismo poderia ser evitado com a separação dos poderes do rei e da Igreja, como retratado pelo símbolo das duas colunas.

Outro pensador fundamental do simbolismo maçônico que influenciou Madison foi George Washington. William Pierce, um delegado da Geórgia, escreveu descrições curtas de cada um dos delegados. Isto é o que ele diz sobre o Ir∴ Washington:

> O general Washington é famoso como comandante-chefe do recente Exército Americano. Depois de conduzir esses estados à paz e independência, ele agora aparece para ajudar a conceber um Governo para deixar o Povo feliz. Como Gustavus Vasa, ele pode ser considerado o libertador de seu País; como Pedro, o Grande, ele aparece como o político e o estadista, e, como Cincinato, voltou à sua fazenda perfeitamente contente em ser um simples Cidadão, depois de desfrutar da maior honra da Confederação e, agora, somente almeja a aprovação de seus conterrâneos por ser virtuoso e útil.

---

[97]. "James Madison." American President: An Online Reference Resource. Miller Center of Public Affairs, University of Virginia. <http://millercenter.org/academic/americanpresident/madison/essays/biography/1>.

O general foi conduzido à Cadeira como Presidente da Convenção pela voz unânime de seus Membros. Ele está com 52 anos de idade.[98]

A própria escrita de Madison deixa claro que ele considerou as ideias apresentadas por filósofos maçônicos, como Montesquieu. Essas ideias baseavam-se no símbolo maçônico do centro formado por duas colunas erigidas em cada lado de um círculo.

Por que as três colunas do Estado sustentam a Constituição dos Estados Unidos

Tornou-se hábito em todas as Lojas os membros elegerem, por votação, um novo Mestre todo ano, na Festa de São João. O Mestre tinha de ser um artífice experiente e especialista no conhecimento dos símbolos e em como ensiná-los. Ele presidia a Loja por possuir segredos peculiares que ainda não eram compreendidos por seus Irmãos inferiores. Hoje, em certas Lojas, o Mestre ainda passa por uma Cerimônia de Instalação especial, durante a qual os segredos específicos de sua função lhe são comunicados. Ele deve ser um Irmão bem qualificado por anos de serviço como membro e oficial da Loja, para que possa reger seus Irmãos com uma compreensão sábia e sensibilidade aos sentidos e aplicações dos símbolos.

Quando o novo Mestre e seus Primeiro e Segundo Vigilantes são instalados em suas posições, cada um recebe um colar com a insígnia simbólica de seu ofício (o esquadro, o nível e o prumo, respectivamente) e também a custódia de uma coluna simbólica. Elas são conhecidas pelos nomes Sabedoria, Força e Beleza, e cada uma simboliza as responsabilidades de cada oficial.

A separação em três do poder, tradicionalmente encontrada nas Lojas maçônicas, representada como três colunas nessa tábua de delinear, inspirou os três ramos do governo americano dos Pais Fundadores. Da coleção do Chanceler Robert R. Livingstone. Biblioteca Maçônica da Grande Loja, Nova York, NY.

---

98. "The Framers of the Constitution." U.S. Constitution Online. <http://www.usconstitution.net/constframe.html>.

Quando cada um recebe sua coluna simbólica, aprende sobre sua natureza e por que os poderes administrativos devem ser divididos em três.

P: Por que três Regem uma Loja?

R: Porque apenas três Grão-Mestres tinham autoridade na construção do primeiro Templo em Jerusalém, ou seja, o rei Salomão de Israel; Hirão, o rei de Tiro; e Hiram Abiff.

O Mestre, recém-instalado, recebe a custódia da Coluna da Sabedoria. Ele representa o rei Salomão, cuja sabedoria concebeu a ideia de construir o templo. O Primeiro Vigilante recebe a custódia da Coluna da Força. Ele representa o rei Hirão de Tiro, que, com força e aplicação cuidadosa das leis da geometria, construiu o templo e o deixou firme e verdadeiro. O Segundo Vigilante recebe a custódia da Coluna da Beleza. Ele representa Hiram Abiff, o arquiteto do templo que deixou a estrutura linda ao olhar, e morreu para não revelar nem comprometer as regras sagradas que justificavam a forma como o edifício foi criado.

O ritual explica a função dessas colunas simbólicas na condução da Loja maçônica em uma série de perguntas e respostas:

P: O que sustenta uma Loja maçônica?

R: Três grandes colunas.

P: Como se denominam?

R: Sabedoria, Força e Beleza.

P: Por que Sabedoria, Força e Beleza?

R: Sabedoria para inventar, Força para sustentar e Beleza para adornar.

P: Moralizai-as.

R: Sabedoria para nos conduzir em todas as nossas tarefas, Força para suportarmos todas as nossas dificuldades e Beleza para adornar o âmago do homem.

P: Ilustrai-as.

R: O Universo é o Templo da Divindade a quem servimos; Sabedoria, Força e Beleza estão em volta de Seu trono como sustentáculos de Suas obras, pois Sua Sabedoria é infinita, Sua Força, onipotente, e a Beleza brilha por toda a criação em simetria e ordem. Ele estendeu o Céu como uma abóbada, plantou a Terra como um tamborete, coroa Seu Templo com Estrelas, como um diadema, e, com Sua mão, estende o poder e a glória. O Sol e a Lua são mensageiros de Sua vontade, e toda Sua lei é concordância. As três grandes colunas sustentando uma Loja Maçônica são emblemas desses atributos Divinos e, ainda, representam o rei Salomão, Hirão, o rei de Tiro, e Hiram Abiff.

P: Por que esses três grandes personagens?

R: Salomão, Rei de Israel, por sua sabedoria em construir, completar e dedicar o Templo em Jerusalém a serviço de Deus; Hirão, rei de Tiro, por sua força em apoiá-lo com homens e materiais; e Hiram Abiff, por sua curiosa e magistral habilidade em embelezar e adornar.

P: Como não temos nenhuma Ordem nobre de Arquitetura denominada Sabedoria, Força e Beleza, às quais elas se referem?

R: Às três mais celebradas: a Jônica, Dórica e Coríntia.

Uma pintura de Paul Orban mostrando a cerimônia de assentamento da pedra fundamental, de 1880, para o obelisco egípcio no Central Park, na cidade de Nova York. Da coleção do chanceler Robert R. Livingstone. Biblioteca Maçônica da Grande Loja, Nova York, N.Y.

Quando James Madison percebeu as limitações práticas do símbolo das duas colunas, que Washington usara para dar estabilidade à nova república e que tinham inspirado a filosofia política de Montesquieu, ele trabalhou com o Ir∴ John Jay para fortalecê-lo. A tripartição do poder que tradicionalmente foi usada para governar as Lojas maçônicas desde o início do Ofício, em Aberdeen, lhe deu a resposta.

A Coluna da Sabedoria inspirou os eleitos (o Senado e a Câmara dos Deputados) para eles decretarem as leis com sabedoria. A Coluna da Força inspirou o papel do presidente e dos oficiais executivos para comandarem o país para o bem de seu povo e de todos os seus estados. A Coluna da Beleza inspirou a Corte Suprema a não permitir que a Constituição americana fosse deturpada para a tirania que tantas vezes acontecera antes nos métodos de governo.

Como Brent Morris destaca:

> Dos mais de cem Magistrados da Suprema Corte dos Estados Unidos, pelo menos 34 eram maçons. (O número exato é impreciso porque os registros do século XVIII são escassos e incompletos.) Esses juristas são a última "linha de defesa" contra aqueles que desafiaram a liberdade. Seu dever juramentado é preservar a Constituição contra todos os inimigos, domésticos e estrangeiros. Precisa de uma coragem especial para tomar decisões impopulares para proteger a liberdade. O primeiro chefe da Justiça, John Jay, era maçom, assim como seis outros que tiveram esse cargo, John Blair, J. e John Marshall foram Grão-Mestres de Virgínia e Earl Warren foi Grão-Mestre da Califórnia.[99]

Esses poderes simbólicos suportaram o teste do tempo e fizeram da Constituição dos Estados Unidos o documento vivo e flexível que é hoje.

---

99. S. B. Morris. "Masonic Papers: American Freemasons and the Spirit of Freedom." Pietre-Stones Review of Freemasonry. <http://www.freemasons-freemasonry.com/brentmorris1.html>.

Capítulo 9

Como os Símbolos e a Humanidade Deram um Grande Salto Juntos

Os maçons e o programa espacial Apolo

Desde seus primórdios, a Maçonaria esteve ciente da importância dos símbolos do céu. O painel de cima do Pergaminho Kirkwall, o registro mais antigo do ensinamento simbólico maçom, mostra a Lua e os sete planetas em seu canto direito superior.

Não é coincidência o primeiro homem na Lua ser filho de um maçom e o segundo, um maçom ativo. O vice-presidente que recomendou ao presidente Kennedy envolver os Estados Unidos na corrida espacial à Lua foi maçom, assim como o administrador do Programa de Aterrissagem na Lua Apolo, e o diretor dos Módulos de Serviço e Comando do Programa Apolo.

Em 25 de maio de 1961, o presidente John F. Kennedy fez um discurso diante de uma sessão mista do Congresso sobre as necessidades nacionais urgentes. Ele fez uma declaração que resultou em um símbolo maçônico viajando até a Lua e de volta:

> Com a opinião do vice-presidente, presidente do Conselho Espacial Nacional, nós examinamos nossas forças e fraquezas, onde podemos ter êxito ou não. Agora é hora de dar passos mais largos, é hora de um grande empreendimento americano, é hora de essa nação adotar claramente um papel de liderança na conquista do

espaço, o que, de muitas formas, pode ser a chave para nosso futuro na Terra. [...] Acredito que essa nação deva se comprometer a atingir o objetivo, antes do fim desta década, de mandar um homem à Lua e trazê-lo de volta à Terra com segurança. Nenhum projeto espacial neste período seria mais comovente para a humanidade ou mais importante para a exploração, em longo prazo, do espaço, e nenhum será tão difícil ou dispendioso para realizar. [...] Em um sentido bem real, não será um homem indo para a Lua, se nós avaliarmos bem, será uma nação inteira. Pois todos nós devemos trabalhar para colocá-lo lá.[100]

John F. Kennedy não era maçom e não passou por nenhum programa de sensibilização aos símbolos. Mas o vice-presidente, Lyndon B. Johnson, foi iniciado em 30 de outubro de 1937, na Loja de Johnson City nº 561, em Johnson City, Texas. Johnson permaneceu Aprendiz, mas todos os Aprendizes aprendem sobre a importância simbólica da Lua. James Edwin Webb, administrador da National Aeronautics and Space Administration (NASA), de 1961 a 1968, foi membro da Loja University nº 408, em Chapel Hill, Carolina do Norte. Kenneth S. Kleinknecht, diretor dos Módulos de Serviço e Comando do Programa Apolo, foi membro da Loja de Fairview nº 699, em Fairview, Ohio. Neil Armstrong Sr., pai de Neil Armstrong, primeiro homem a pisar na Lua, foi um oficial da Grande Loja de Ohio. Edwin E. "Buzz" Aldrin, copiloto da *Apolo 11* e segundo homem na Lua, é membro da Loja Clear Lake nº 1417, em Seabrook, Texas.[101] O primeiro pouso na Lua teve um envolvimento considerável dos maçons, não por causa de alguma conspiração maçônica, mas porque todos eles foram sensibilizados à potente força inspiradora associada com o símbolo da Lua.

Por que a Lua é um símbolo poderoso

A Lua é um símbolo inspirador importante na Maçonaria e é descrito pelo ritual como uma das três luzes menores que guiam o caminho de um candidato à verdade maçônica. (As três luzes maiores são o Esquadro, o Compasso e o Livro da Lei.) O ritual ensinado a todos os maçons envolvidos no programa Apolo descreve a Lua assim:

---

100. J. F. Kennedy. "Special Message to the Congress on Urgent National Needs." 25 de maio de 1961. John F. Kennedy Presidential Library and Museum. <http://www.jfklibrary.org/Historical+Resources/Archives/Reference+Desk/Speeches/JFK/Urgent+National+Needs+Page+4.htm>.
101. "Freemasons in Space." Grand Lodge of British Columbia and Yukon. <http://www.freemasonry.bcy.ca/biography/spacemason>.

P: Onde se localizam as três luzes menores?

R: No Oriente, Sul e Ocidente.

P: Por quê?

R: Para mostrar a trajetória exata do Sol, que nasce no Oriente, ganha seu lustre meridiano no Sul e se põe no Ocidente; da mesma forma com os homens iluminados para o trabalho, e dele.

P: Por que não há luzes no Norte?

R: Quando o Sol está abaixo de nosso horizonte, não lança raios de luz desse quadrante para este nosso hemisfério.

Mais do que apenas um símbolo de esperança em um mundo de escuridão, o luar tinha uma função nas cerimônias de muitas Lojas. Ainda tem. Cortesia da NASA.

P: O que essas três luzes menores representam?

R: O Sol, a Lua e o Mestre da Loja.

P: Por que o Sol, a Lua e o Mestre?

R: O Sol rege o dia, a Lua governa a noite e o Mestre rege e dirige sua Loja.

P: Por que os Mestres e os Oficiais de uma Loja de maçons são comparados a esses grandes luminares?

R: Assim como pela influência benigna do Sol e da Lua, nós, homens, conseguimos realizar as tarefas da vida social, é pelo cuidado benigno e instrução do Venerável Mestre e de seus oficiais que nós, maçons, conseguimos realizar as tarefas exigidas pelo Ofício.

Mas há muito mais no ensinamento simbólico transmitido a um Aprendiz sobre o céu. Aqui estão os mitos ritualísticos recitados enquanto imagens da Lua são exibidas nas paredes do Templo e nas várias Tábuas de Delinear ou painéis de tecido no chão (como o Pergaminho Kirkwall). O ritual diz:

> O Universo é o Templo da Divindade a quem servimos; Sabedoria, Força e Beleza estão em volta de Seu trono como colunas de Suas obras, pois Sua Sabedoria é infinita, Sua Força onipotente, e a Beleza brilha por toda a criação, em simetria e ordem. Ele estendeu o Céu como uma abóbada; a Terra Ele plantou como um tamborete;

Ele coroa Seu Templo com Estrelas como um diadema e, com Sua mão, Ele estende o poder e a glória. O Sol e a Lua são mensageiros de Sua vontade e toda Sua lei é concordância. Sol e Lua foram criados para reger o dia e para governar a noite. Eles foram ordenados por signos e estações, dias e anos. Além do Sol e da Lua, o Todo-Poderoso ficou contente em enfeitar o côncavo etéreo com um monte de Estrelas para o homem poder contemplar e admirar, merecidamente, a majestade e a glória de Seu criador.

A Lua exibe, sim, a lei da natureza, refletindo apenas um raio tênue e tremeluzente. A fé, essa aspiração ao infinito, era representada pelo Sol; a esperança, pela Lua; e a caridade, pela estrela da manhã brilhante.

A Maçonaria ensina que a Lua é uma fonte de esperança em um mundo de trevas. Quando o Sol se põe e a hora terrível do escurecer consome nossa força, podemos confiar na Lua para refletir a luz da verdade em nossas horas mais sombrias. A Lua era mais do que apenas um símbolo de esperança em meio ao mundo sombrio, para os primeiros maçons. Nos dias antes da iluminação na rua e do transporte público, muitas Lojas se reuniam à luz da Lua Cheia, pois ela facilitava o percurso da Loja à casa. Algumas Lojas, como a Loja Yorkshire das Três Graças, ainda se reúnem na noite da Lua Cheia. Elas são conhecidas como Lojas lunares. Algumas foram além e levaram o envolvimento simbólico com o luar tão longe, a ponto de ter uma abertura no teto do templo para deixar a luz da Lua Cheia penetrar nas cerimônias. O ritual fala da importância da reunião ao luar:

> Nossos antigos amigos sempre se reuniam à noite quando a Lua estava cheia, o que era mais perfeito para permanecer desconhecido, pois não permitiam luz alguma além dela.

Até nos dias de hoje, de luz elétrica, algumas Lojas lunares antigas de Yorkshire ainda insistem em iluminar a cerimônia dos três graus com o luar.

O ritual atrai a atenção poética à necessidade de deixar os símbolos falarem ao coração. Não tenta explicar, mas fala em alegoria, dizendo:

> Ouvi e aprendei. Interpretai nossos símbolos por vós mesmos. Em cada pedra bruta de mármore, esconde-se o cubo perfeito. Um é o símbolo; o outro, seu significado. O Sol e a Lua em nossas Lojas são a verdade e o reflexo da verdade na doutrina. A alegoria, a mãe de todos os dogmas, é a substituição da impressão pelo selo, da sombra pela realidade. É a falsidade da verdade e a verdade da falsidade.

E, claro, o nome grego do Sol era *Apolo*. Esse nome também foi escolhido para o projeto da NASA de enviar homens à Lua.

Como os símbolos auxiliaram o Projeto Apolo

O nome *Apolo* e a função do símbolo do Sol têm uma história longa e ilustre na Maçonaria. Esse símbolo aparece em cima e à esquerda no Pergaminho Kirkwall.

O ritual recitado enquanto este símbolo é exibido liga claramente o Sol com o Delta (Λ, retratando o Sol acima sendo formado por dois deltas entrelaçados) e com o símbolo da Lua. Ele diz:

> O Delta é emblemático do Sol, da Lua e das Estrelas, neste sentido: aqueles da esfera mais elevada da vida têm o maior campo onde faz o bem, mas aqueles de um grau inferior serão tão eminentemente famosos se agirem com regularidade e se provarem membros úteis da sociedade. O mais elevado é aquele que faz sua parte melhor, não quem está na posição mais nobre: pois a Lua, embora reflita a luz do Sol, sai evidentemente da glória do Grande Arquiteto, e as flores do campo declaram Seu poder igualmente com as Estrelas do firmamento.

O nome *Apolo* é significativo em outro sentido também. A Loja universitária mais antiga no mundo foi estabelecida na Universidade de Oxford, em 1818, e recebeu o nome simbólico do deus-sol, Apolo. A insígnia da Loja mostra o deus-sol em uma apropriada pose maçônica.

Tom Wolfe, escrevendo no *New York Times*, em 2009, destacou que o verdadeiro motivo de os Estados Unidos prosseguirem com o projeto Apolo foi medo da supremacia da União Soviética em ciência espacial. Mas o apelo de um voo à Lua era exatamente a iniciativa simbólica que atrairia qualquer maçom sensível aos símbolos.

> Valia a pena pensar nos foguetes que colocaram as naves tripuladas dos soviéticos, de cinco toneladas, em órbita. Eles eram claramente potentes o bastante para atingir qualquer lugar na Terra com ogivas nucleares. Mas isso não estava na cabeça do presidente Kennedy quando ele convocou o diretor da NASA, James Webb [...] na Casa Branca, em abril de 1961. O presidente estava com um pavor terrível. Ele ficava resmungando: "Se alguém pudesse me dizer como não ficar para trás. Vamos achar alguém, qualquer um. [...] Não tem nada mais importante". Ele ficava dizendo: "Nós precisamos alcançá-los". Não ficar para trás se tornou sua obsessão. Ele nunca mencionava os foguetes tanto assim. [...]

Não tinha jeito de alcançar os soviéticos no que dizia respeito a voos orbitais. Uma ideia melhor seria anunciar um programa de impacto na escala do Projeto Manhattan, que produziu a bomba atômica. Só que o objetivo dessa vez seria colocar um homem na Lua nos próximos dez anos. Quase um mês depois, Kennedy fez seu discurso mais famoso diante do Congresso: "Acredito que essa nação deva se comprometer a atingir o objetivo, antes do fim desta década, de mandar um homem à Lua e trazê-lo de volta à Terra com segurança".

Assim como os cientistas Leo Szilard e Albert Einstein convenceram o presidente Franklin D. Roosevelt de que a bomba atômica aguardava no reino platônico para ser revelada, Webb conseguiu convencer o vice-presidente Johnson de que a máquina para voar até a Lua também foi uma realidade platônica, revelada pela Física de Newton, somente esperando ser construída. Se os Estados Unidos não a construíssem primeiro, então os soviéticos a construiriam e o Ir∴ James Webb aceitou o desafio. Como diz o *site* da NASA:

> Por sete anos depois do anúncio do presidente Kennedy sobre o pouso lunar em 25 de maio de 1961 até outubro de 1968, James Webb fez política, manobras, persuadiu e adulou pela NASA em Washington. Por ser íntimo há muito tempo em Washington, era mestre em política burocrática. No fim, por uma variedade de métodos, o diretor Webb teceu uma rede sem emendas para executar o programa de pouso na Lua Apolo na agenda anunciada pelo presidente Kennedy.[102]

E uma parte crucial desse sucesso foram os símbolos poderosos em que ele se inspirou para apoiá-lo.

Nesse logo estão reunidos o Delta, o Sol (no nome *Apolo*), a Lua, as estrelas e o caminho em espiral que leva ao trono do Grande Arquiteto. Esse caminho fornece a rota pela qual o ritual diz que podemos "ascender à Grande Loja acima [a fonte das formas platônicas perfeitas], onde o Grande Arquiteto do Universo vive e reina para sempre".

Quando o Projeto Apolo chegou com sucesso à Missão 8, ficou claro que o primeiro pouso na Lua seria a missão da Apolo 11. Os dois números um que formam a figura 11 ecoam o símbolo das duas colunas que tiveram tanto sucesso em apoiar o país recém-criado na nota de um dólar. Mas o distintivo de voo da missão *Apolo 11* mostra uma águia

---

102. "James E. Webb." National Aeronautics and Space Administration. <http://history.nasa.gov/Biographies/webb.html>.

pousando na Lua e segurando em suas garras um ramo de acácia, o símbolo maçônico da vida eterna. A importância desse símbolo foi notada por Tom Wolfe, que não é maçom, mas escreveu:

> A Terra onde vivemos é um planeta em órbita ao redor do Sol. O próprio Sol é uma estrela de fogo e, algum dia, queimará, deixando nosso sistema solar inabitável. Portanto, devemos construir uma ponte até as estrelas, porque, até onde sabemos, somos as únicas criaturas sensíveis em todo o Universo. Quando começaremos a construir essa ponte até as estrelas? Começaremos assim que pudermos, e essa é a hora. Não devemos falhar nessa obrigação. Precisamos manter viva a única vida significativa que conhecemos.[103]

Os numerais da missão *Apolo 11* ecoam as duas colunas, e a águia é exibida com um ramo de acácia, o símbolo maçônico da vida eterna, em suas garras.

Como os símbolos ajudaram a pôr o homem na Lua

Em novembro de 1969, a *New Age Magazine* (conhecida agora como o *Scottish Rite Journal*) publicou uma edição especial celebrando o sucesso do Projeto Apolo e elogiando os maçons envolvidos em seu sucesso. Escrevendo nessa edição, o Ir∴ Kenneth Kleinknecht, diretor

---

103. T. Wolfe. "One Giant Leap to Nowhere." *New York Times*. 18 de julho de 2009. <http://www.nytimes.com/2009/07/19/opinion/19wolfe.html?pagewanted=3&_r=1>.

dos Módulos de Comando e Serviço do Programa Apolo, e também um membro do Projeto Mercúrio da Loja Fairview nº 699, disse:

> Veja quantos dos astronautas são Irmãos Maçons: Edwin E. Aldrin Jr., Gordon Cooper Jr., Donn F. Eisle, Walter M. Schirra, Thomas P. Stafford, Edgar D. Mitchell e Paul J. Weitz. Antes de sua morte trágica em um incêndio violento no Cabo Kennedy, em 27 de janeiro de 1967, Virgil I. "Gus" Grissom também era maçom. O astronauta Gordon Cooper, durante seu célebre voo espacial *Gemini V*, em agosto de 1965, carregou consigo uma joia oficial do 33º Grau e uma bandeira do Rito Escocês. Por meio da placa lunar, da insígnia maçônica, da bandeira e dos astronautas maçons, a Maçonaria *já* está na era espacial. Podemos duvidar da Maçonaria e de sua relevância espiritual para a era moderna quando até seus representantes materiais fizeram incursões históricas nas expansões infinitas do espaço sideral?[104]

Mas este não é o fim da história. Uma Grande Loja Maçônica estabeleceu jurisdição sobre o símbolo da Lua.

> Em 20 de julho de 1969, dois astronautas americanos pousaram na lua do planeta Terra, em uma área conhecida como Mare Tranquilitatis ou "Mar da Tranquilidade". Um desses homens corajosos foi o Irmão Edwin Eugene (Buzz) Aldrin Jr., membro da Loja Clear Lake nº 1417, AF&AM, Seabrook, Texas. O Irmão Aldrin levou consigo a Delegação Especial do então Grão-Mestre J. Guy Smith, constituindo e apontando o Irmão Aldrin como Representante Especial do Grão-Mestre, concedendo-lhe poder total nas premissas para representar o Grão-Mestre como tal e autorizando-o a reivindicar Jurisdição Territorial Maçônica para a Mui Venerável Grande Loja do Texas, de Maçons Antigos Livres e Aceitos, na Lua, e o instruiu para fazer o devido relatório de seus atos. O Irmão Aldrin certificou que a Delegação Especial foi levada com ele para a Lua em 20 de julho de 1969.[105]

O Ir∴ Aldrin levou uma bandeira maçônica para a Lua. Ela está agora no Museu do Conselho Supremo do Rito Escocês, em Washington,

---

104. Edição de dezembro de 1969, p. 13, da *New Age Magazine*, a revista oficial do Supreme Council 33° A.&A. Scottish Rite of Freemasonry of the Southern Jurisdiction, Washington, DC.
105. "The Story of Tranquility Lodge 2000." Tranquility Lodge History. Tranquility Lodge 2000. <http://www.tl2k.org/history.htm>.

Essa é a bandeira maçônica levada pelo Ir∴ Buzz Aldrin à Lua e trazida de volta para estabelecer a Lua como uma província maçônica da Grande Loja do Texas. Observe, de novo, os símbolos da águia e do ramo de acácia.

D.C. Acima há uma foto dela mostrando um ramo de acácia dentro de um círculo, à esquerda do símbolo da águia:

Com base nessa autoridade simbólica, a Grande Loja do Texas garantiu, desde então, uma nova Loja autorizada a realizar reuniões maçônicas e ensinar a filosofia e a simbologia da Maçonaria sobre a Lua. Aqui está uma declaração feita no *site* da Loja:

> A Loja Tranquilidade 2000 está baseada no Texas sob os auspícios da Grande Loja do Texas, até a hora em que a Loja puder realizar suas reuniões sobre a Lua. Nossas reuniões são realizadas a cada três meses em várias cidades no Texas, e a reunião anual é realizada em Waco a cada julho.
>
> Dar apoio e assistência a Organizações Maçônicas, e outras merecedoras que ajudam a melhorar a vida de todos os seres vivos na Terra, exige o apoio de todos os maçons respeitáveis do mundo todo. Sua Associação à Loja Tranquilidade 2000 dá essa assistência enquanto oferece uma Irmandade Fraternal com Homens Bons da mesma opinião.[106]

---

106. Ibid.

Dos pedreiros de Aberdeen aos cientistas espaciais da NASA, o ensinamento e os símbolos da Maçonaria continuam os mesmos. Cada Irmão sabe que a Maçonaria é um sistema peculiar de moralidade, velado em alegoria e ilustrado por símbolos.

Parte 2
Introdução Prática à Simbologia Maçônica

E STA SEÇÃO APRESENTA UMA VISÃO GERAL DO ANTI-
GO ensinamento maçônico sobre a simbologia.
O método de ensinamento é revelar o símbolo
como parte da decoração da Loja, usando-o como
distintivo ou sinal, ou, ainda, desenhando-o na Tábua
de Delinear. Quando o Candidato vê o símbolo, as
declarações ritualísticas são feitas sobre ele para ajudá-lo a entender seu propósito e sensibilizá-lo ao seu
poder emocional.

    O objetivo desta parte do livro é ilustrar os
símbolos junto das declarações ritualísticas, como
é ensinado tradicionalmente aos maçons há, pelo
menos, 500 anos. A poesia que sensibiliza o candidato ao poder do símbolo acompanha cada
imagem.

    Para cada um acrescentei também uma visão
pessoal sobre como eu o interpreto. Não quero
que esse ponto de vista seja uma prescrição para
os outros quando eles considerarem o sentido do
símbolo. Como enfatizei por todo este livro, captar
o significado total dos símbolos usando palavras é
bem difícil. O espaço intitulado "Visão pessoal de
Robert Lomas", no fim de cada definição do ritual,
deve ser considerado uma descrição geral de como
o símbolo fala comigo. Ele pode ter um sentido
diferente para você. Nenhum de nós está certo ou
errado.

Capítulo 10

Símbolos do Primeiro Grau

Quando cada símbolo é apresentado a um novo maçom, uma série de declarações ritualísticas poéticas é feita sobre seu propósito e função para que o Irmão possa aprender como adaptar a importância emocional do símbolo para sua alma. O Irmão memoriza e repete a descrição ritualística do símbolo enquanto olha para a imagem. Muitas vezes a recitação acontece como uma série formal de perguntas e respostas. Eu omiti as perguntas indutoras.

O esquadro

Serve para ajustar os cantos retangulares do edifício e ajudar a colocar a matéria bruta na forma certa. Ele nos ensina a ajustar nossas vidas e ações segundo a linha e regra maçônicas, e a harmonizar nossa conduta nessa vida, de modo a ser aceitável ao Ser Divino de quem emana toda bondade e a quem devemos responder por todas as nossas ações.

Um esquadro de metal composto decorado com três fileiras de *strass* e preso a um colar de Mestre da França. Da coleção do Chanceler Robert R. Livingston. Biblioteca Maçônica da Grande Loja, Nova York, N.Y.

Com a ajuda do esquadro, a matéria bruta é colocada na forma certa. Usando-o, os Irmãos conseguem resolver quaisquer animosidades que surgirem entre eles, para o negócio da Maçonaria ser conduzido com harmonia e decoro.

Logo, o esquadro ensina moralidade e como regular nossas ações.

Símbolos do Primeiro Grau 145

Visão pessoal de Robert Lomas

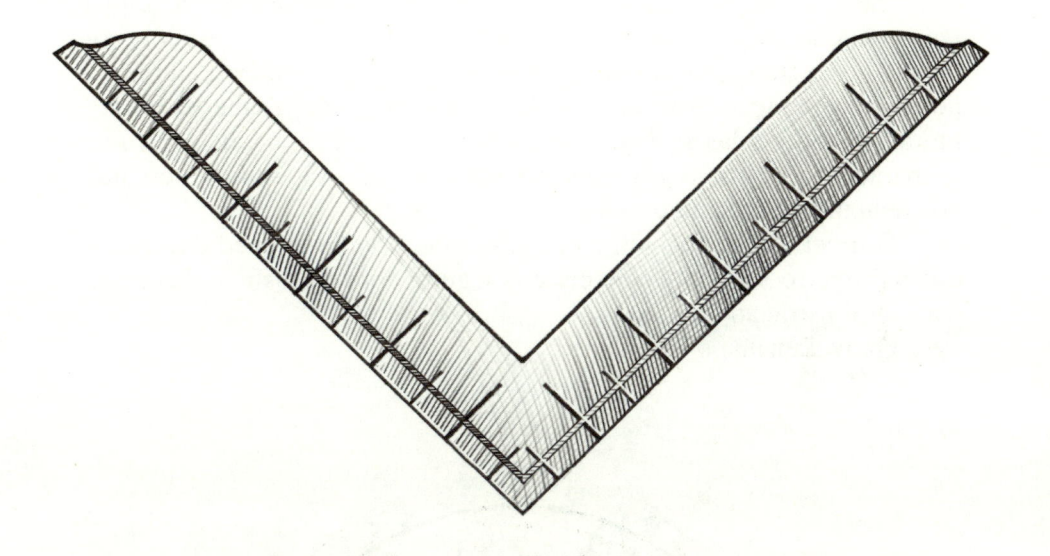

O ESQUADRO É UM SÍMBOLO QUE MEDE A PRECISÃO DE UM ÂNGULO RETO. DOIS ESQUADROS FORMAM UM TRIÂNGULO, E QUATRO FORMAM O ÂNGULO INCLUÍDO PELO CENTRO DE UM CÍRCULO. ELE É UMA DAS FORMAS PLATÔNICAS PERFEITAS E PODE SER FEITO USANDO BARRAS DE TRÊS, QUATRO OU CINCO UNIDADES DE COMPRIMENTO. UM TRIÂNGULO DESSES SEMPRE FORMA UM ÂNGULO RETO.

A TAREFA DO MAÇOM É MOLDAR A PEDRA BRUTA DE SUA ALMA EM UM CUBO LISO E PERFEITO. O CUBO É A REPRESENTAÇÃO TRIDIMENSIONAL DA ALMA EM TODOS OS SEUS ASPECTOS. ESTES SÃO SIMBOLIZADOS PELOS QUATRO ESQUADROS NO CENTRO DE UM CÍRCULO E CONSISTEM NAS EMOÇÕES, NO INTELECTO, NO ESPÍRITO E NA ALMA DO MESTRE MAÇOM. JUNTOS, TODOS FORMAM A QUARTA PARTE DO CÍRCULO INTEIRO DO MAÇOM COMPLETO.

O ESQUADRO DO OFÍCIO É UMA APROXIMAÇÃO DE UM TRIÂNGULO COM O VÉRTICE PARA BAIXO E SUA BASE PARA CIMA. ESSE TRIÂNGULO É UM SÍMBOLO ANTIGO DA MENTE OU DO INTELECTO DO HOMEM E É CONHECIDO COMO TRIÂNGULO DE ÁGUA.

O nível

Usado para nivelar e provar horizontais. Demonstra que todos nós originamos do mesmo rebanho, somos cúmplices da mesma natureza e compartilhamos da mesma esperança. Embora as distinções entre os homens sejam necessárias para preservar a subordinação, nenhuma eminência de situação nos fará esquecer que somos Irmãos. Aquele colocado no degrau mais baixo da roda da fortuna tem o mesmo direito à nossa consideração. Virá um tempo (nem o mais sábio sabe se vai demorar) quando todas as distinções, salvo aquelas de bondade e virtude, acabarão, e a morte, a grande niveladora de toda a grandeza humana, nos reduzirá ao mesmo estado.

O nível, como emblema da igualdade, aponta as medidas iguais que o Primeiro Vigilante com certeza seguirá com o Mestre na regência e na administração da Loja.

O nível ensina a igualdade.

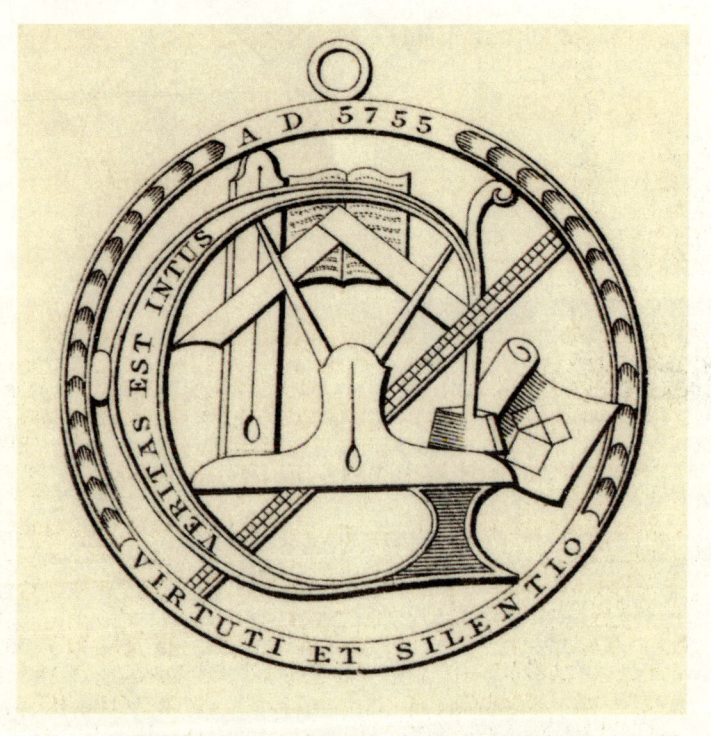

Selo maçônico, de "The History of Freemasonry, volume III", publicado por Thomas C. Jack, Londres, 1883/Coleção particular/ Ken Welsh/The Bridgeman Art Library International.

Visão pessoal de Robert Lomas

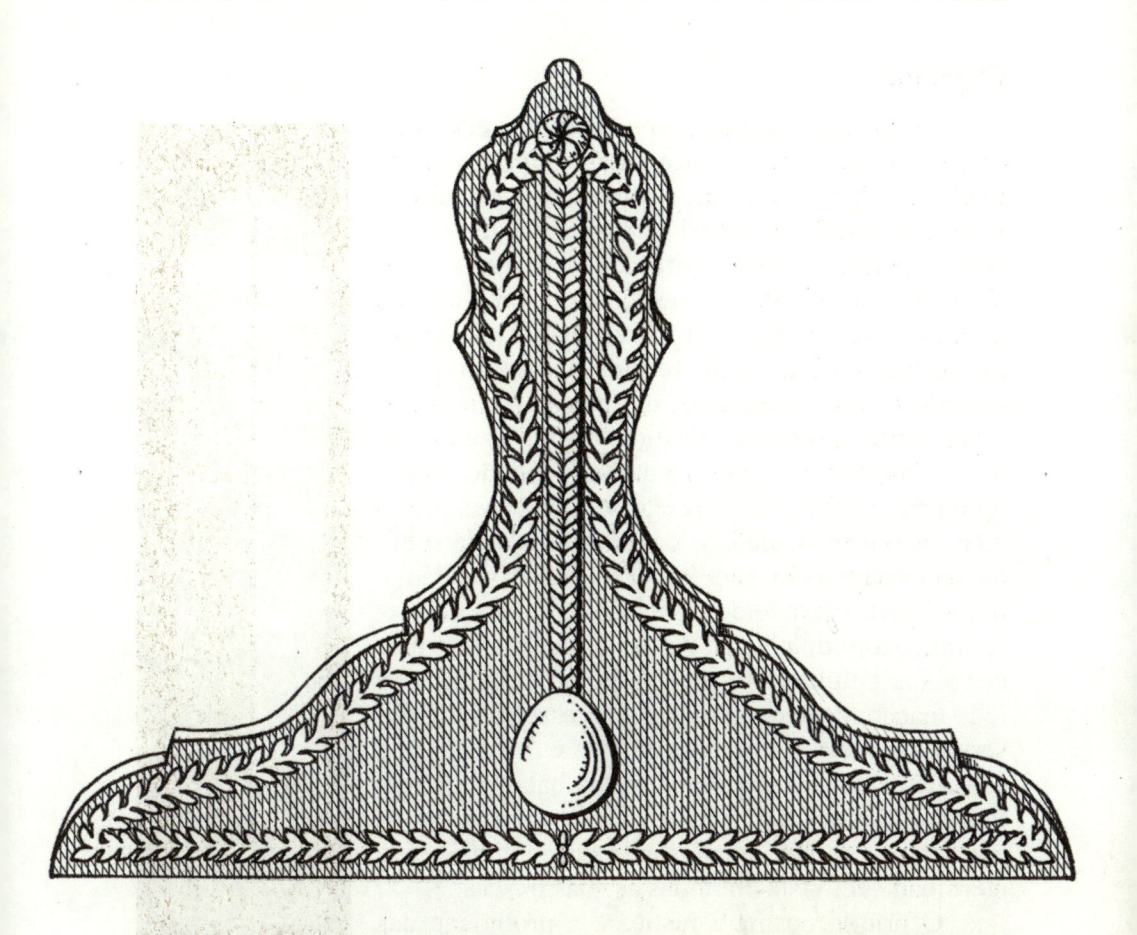

O NÍVEL É UMA FERRAMENTA DE TRABALHO DADA AO MAÇOM PARA AJUDAR A TRAZER ESSE EQUILÍBRIO E IGUALDADE DE APLICAÇÃO DOS SENTIDOS, DAS EMOÇÕES E DA MENTE PARA TODOS ELES DESEMPENHAREM UM PAPEL IGUAL NA INTERAÇÃO DA ALMA COM O MISTÉRIO DO CENTRO. O PISO DA LOJA, COMO MOSTRADO NA TÁBUA DE DELINEAR DO PRIMEIRO GRAU, É UM ESPAÇO UNIFORME DE QUADRADOS PRETOS E BRANCOS ALTERNADOS. ESSES QUADRADOS REPRESENTAM AS EXPERIÊNCIAS BOAS E RUINS QUE TEMOS EM NOSSAS VIDAS COTIDIANAS.

NOSSA TAREFA, SE VAMOS APRENDER SABEDORIA, É NOS ELEVARMOS ACIMA DESSE DUALISMO. DEVEMOS AJUSTAR NOSSA CONSCIÊNCIA A UM NÍVEL DE PONTO DE VISTA QUE VÊ ALÉM DELE. DEVEMOS TAMBÉM APRENDER A DOMINAR NOSSA NATUREZA INFERIOR E TENDÊNCIAS CORPORAIS, PARA NOS AFASTARMOS DAS INEVITÁVEIS FLUTUAÇÕES DA SORTE E DA EMOÇÃO ÀS QUAIS ESTAMOS SUJEITOS, E CONSIDERAR OS ALTOS, BAIXOS E BRANCOS E PRETOS DA VIDA, COMO DE VALOR EDUCACIONAL IGUAL PARA NÓS.

O prumo

Usado para ajustar perpendiculares enquanto as fixa em suas bases adequadas. O prumo infalível, que liga Céu e Terra como faz a Escada de Jacó, é o critério de retidão e verdade. Ele nos ensina a caminhar com legitimidade e honestidade diante de Deus e dos homens, sem virar à direita ou à esquerda do caminho da virtude. Além disso, usá-lo nos ensina a não sermos entusiastas, perseguidores ou difamadores da religião, nem a nos inclinarmos à avareza, injustiça, malícia, vingança, nem à inveja e ao desprezo da humanidade, mas a renunciar a toda tendência egoísta que possa prejudicar os outros. Conduzir o navio desta vida sobre os mares da paixão, sem largar o leme da retidão, é o nível mais elevado de perfeição ao qual a natureza humana pode chegar. Assim como o construtor eleva sua coluna pelo nível e pela perpendicular, todo maçom deve conduzir-se para esse mundo, observar um meio-termo conveniente entre avareza e esbanjamento, manter os pratos da balança da justiça equilibrados, fazer suas paixões e preconceitos coincidirem com a linha justa de sua conduta e ter a eternidade em vista em todas as suas buscas.

O prumo ensina a justiça e a probidade das ações e da vida.

Todos os esquadros, níveis e perpendiculares são sinais verdadeiros e corretos pelos quais se identifica um maçom. Portanto, espera-se que você fique de pé perfeitamente empertigado, com os pés formando um esquadro, e, assim, seu corpo é considerado um emblema de sua mente.

O esquadro, o nível e o prumo são chamados "joias móveis" porque são usados pelo Mestre e seus Vigilantes e transferidos a seus sucessores nas noites de Instalação.

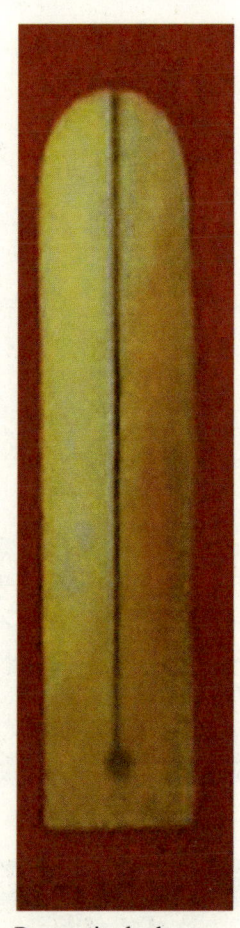

Prumo tirado de uma interpretação moderna da Tábua de Delinear do Segundo Grau. Direitos reservados Angel Millar. Reimpresso com permissão.

Símbolos do Primeiro Grau 149

Visão pessoal de Robert Lomas

O PRUMO É UM SÍMBOLO DO CORDÃO DE PRATA QUE SE ESTENDE DO CENTRO MÍSTICO DA ALMA DO MAÇOM INDIVIDUAL. O PRUMO SEMPRE FORMA UM ÂNGULO RETO COM A CORDA, DO NÍVEL ATÉ A CIRCUNFERÊNCIA, ONDE OS IRMÃOS VIVEM NAS TREVAS ENQUANTO AGUARDAM O RAIAR DA BRILHANTE ESTRELA DA MANHÃ E O ADVENTO DA LUZ DA SABEDORIA. O PRUMO DÁ O MEIO PELO QUAL UM MAÇOM PODE DETERMINAR A DIREÇÃO DO CENTRO, MESMO QUE SEU MISTÉRIO PERMANEÇA VISÍVEL COMO AS TREVAS.

O altar

O altar é um cubo duplo formado de uma pedra bruta em uma forma perfeita de seis lados. É um símbolo de como nossa mente será quando aperfeiçoada em todas as suas partes. O lado inferior, escondido na terra, representa as profundezas ocultas e submersas de seu inconsciente. Os quatro lados, de frente para os quatro cantos da Loja, significam sua natureza humana elementar colocada em equilíbrio, como uma pedra de fundação quadrangular para um edifício espiritual.

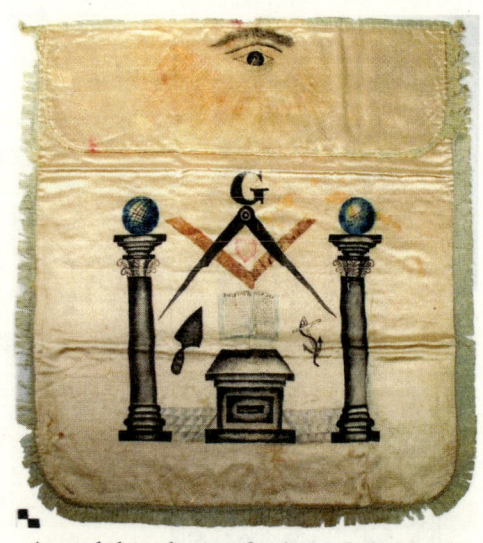

Avental de seda com franjas e símbolos pintados. Da coleção do Chanceler Robert R. Livingston. Biblioteca Maçônica da Grande Loja, Nova York, N.Y.

O lado superior do altar fica exposto à luz da brilhante estrela da manhã. Em sua superfície ficam as Três Grandes Luzes da Maçonaria. Esse é o inverso do lado inferior escondido e representa a consciência de uma personalidade purificada, afastando-se de interesses mundanos e de frente para a fonte de luz. Do altar, uma escada de inúmeros degraus leva ao firmamento e, de lá, para o espaço infinito.

Você deve ser um altar feito da Terra: o construtor dele, a oferenda sobre ele, o sacerdote que o serve. Então você deve subir a grande escada espiritual para conquistar união com o centro além do paraíso.

Visão pessoal de Robert Lomas

O ALTAR REPRESENTA A PERSONALIDADE DO MAÇOM QUANDO FOI APERFEIÇOADA EM TODAS AS SUAS PARTES. É UM CUBO DUPLO COM UMA FORMA DE SEIS LADOS. SEU LADO INFERIOR, ESCONDIDO, REPRESENTA AS PROFUNDEZAS OCULTAS DA MENTE INCONSCIENTE. OS QUATRO LADOS, DE FRENTE PARA OS CANTOS DA LOJA, SIMBOLIZAM A ALMA HUMANA QUANDO ESTA FOI MOLDADA EM UMA FUNDAÇÃO QUADRANGULAR HARMONIOSA E EQUILIBRADA PARA UM TRABALHO MAIS ELEVADO. NO LADO SUPERIOR EXPOSTO FICAM AS TRÊS GRANDES LUZES EMBLEMÁTICAS. O ALTAR REPRESENTA A CONSCIÊNCIA DA PERSONALIDADE PURIFICADA VIRADA PARA AS ALTURAS, ASPIRANDO A UMA UNIÃO COM A FONTE DE LUZ.

Símbolos do Primeiro Grau

O Livro da Lei

Sua primeira e mais séria contemplação deve ser do Livro da Lei (LL). Considere-o como o padrão infalível da verdade e da justiça e regule suas ações pelos preceitos divinos contidos nele. Considerando isso, você aprenderá seus deveres com Deus, com o próximo e consigo:

- Com Deus: nunca mencionar Seu nome sem o respeito e a reverência devidos da criatura com seu criador, implorar por Sua ajuda em todos os seus empreendimentos lícitos e recorrendo a Ele em toda emergência por conforto e apoio;
- Com o próximo: agir com ele pelo esquadro, prestando-lhe todo tipo de ofício que a justiça ou a misericórdia possam exigir, aliviando suas necessidades e confortando suas aflições, e fazendo a ele o que, em casos semelhantes, você gostaria que fosse feito a você;
- Consigo: agir por uma conduta de disciplina prudente e bem regulada, que pode contribuir melhor para a preservação de suas faculdades corpóreas e mentais em sua energia mais plena, possibilitando, assim, que você exerça seus talentos com que Deus o abençoou, bem como sua glória ao bem-estar de suas criaturas semelhantes.

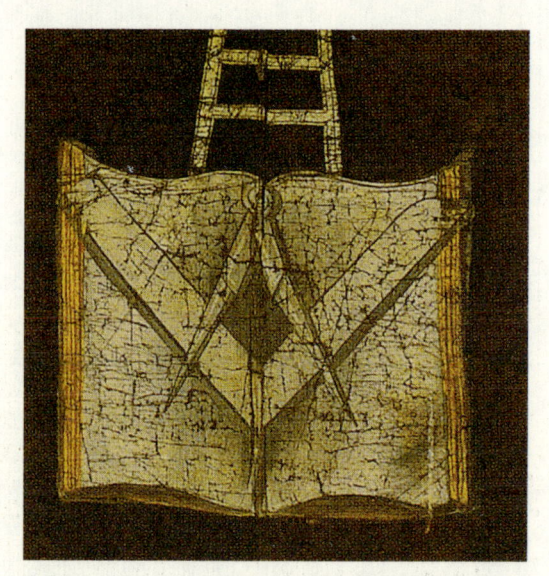

O Livro da Lei representa a visão do maçom sobre a ordem do Universo. Direitos reservados e reproduzido com permissão da Biblioteca e Museu da Maçonaria, Londres e Painton Cowen.

Visão pessoal de Robert Lomas

O LIVRO DA LEI REPRESENTA A VISÃO DO MAÇOM SOBRE A ORDEM SUBJACENTE À NATUREZA DO UNIVERSO. O VOLUME EFETIVO, CONSIDERADO PARA CONTER ESSA VERDADE, VARIARÁ DE ACORDO COM AS CRENÇAS DO MAÇOM INDIVIDUAL. SIMBOLICAMENTE, QUANDO O LIVRO DA LEI É ABERTO, UM CRISTÃO O IDENTIFICA COMO A BÍBLIA, O JUDEU COMO A TORÁ, UM MUÇULMANO COMO O ALCORÃO E UM FÍSICO COMO O *PRINCIPIA MATHEMATICA*. ÀS VEZES, UM IRMÃO PEDIRÁ PARA QUE SEU VOLUME PARTICULAR SEJA ABERTO JUNTO DE UMA BÍBLIA DA LOJA. NA MAIORIA DAS VEZES, O INDIVÍDUO VÊ O LIVRO ESPECÍFICO ABERTO COMO UM SÍMBOLO DA VERDADE INTERIOR CONTIDA EM SEU PRÓPRIO VOLUME. A PALAVRA ESCRITA É O EMBLEMA E A EXPRESSÃO EXTERNA DA PALAVRA ETERNA NÃO ESCRITA, DO *LOGOS* OU DA SABEDORIA SUBSTANCIAL DA QUAL TODA ALMA VIVA EMANOU E QUE É, PORTANTO, O FUNDAMENTO OU BASE DA VIDA HUMANA.

O compasso

O compasso serve para nos manter nos limites devidos com toda a humanidade, principalmente nossos Irmãos na Maçonaria. Ele pertence ao Mestre, em particular, como o principal instrumento usado para formar planos e desenhos arquitetônicos. Este símbolo é apropriado principalmente ao Mestre como um emblema de sua dignidade, por ser o chefe, diretor e governante da Loja.

O compasso e o esquadro, quando unidos, regulam nossas vidas e ações.

Os pontos do compasso seguem simbolicamente o progresso do candidato. Direitos reservados e reproduzidos com a permissão da Biblioteca e Museu da Maçonaria, Londres e Painton Cowen.

Visão pessoal de Robert Lomas

O COMPASSO É UM SÍMBOLO DA ENERGIA FUNCIONAL DO ESPÍRITO. ESSA ENERGIA ARDENTE É O ESPÍRITO DE UM MAÇOM, UMA FORÇA BOA OU MÁ, DEPENDENDO DE COMO FOI MOLDADA. É MOSTRADA COMO A FORMA CHAMADA TRIÂNGULO DE FOGO (UM TRIÂNGULO COM O VÉRTICE PARA CIMA E A BASE PARA BAIXO), COMO O COMPASSO É COLOCADO NA ABERTURA DA LOJA. HÁ UMA INTERAÇÃO ENTRE O ESQUADRO E O COMPASSO.

NO PRIMEIRO GRAU, AS PONTAS DO COMPASSO FICAM ESCONDIDAS PELO ESQUADRO. NO SEGUNDO GRAU, UMA PONTA É MOSTRADA. NO TERCEIRO, AS DUAS SÃO EXIBIDAS. A IMPLICAÇÃO É QUE, ENQUANTO O CANDIDATO PROGRIDE, A INÉRCIA E A NEGATIVIDADE DE SUA ALMA TRANSMUTAM-SE CADA VEZ MAIS, E É SUPLANTADA PELA ENERGIA E ATIVIDADE POSITIVAS DO ESPÍRITO. O TRIÂNGULO DE FOGO SUPERA GRADUALMENTE O TRIÂNGULO DE ÁGUA, SIGNIFICANDO QUE O MAÇOM EM DESENVOLVIMENTO SE TORNA UM SER VIVO ATIVO E ESPIRITUALMENTE CONSCIENTE.

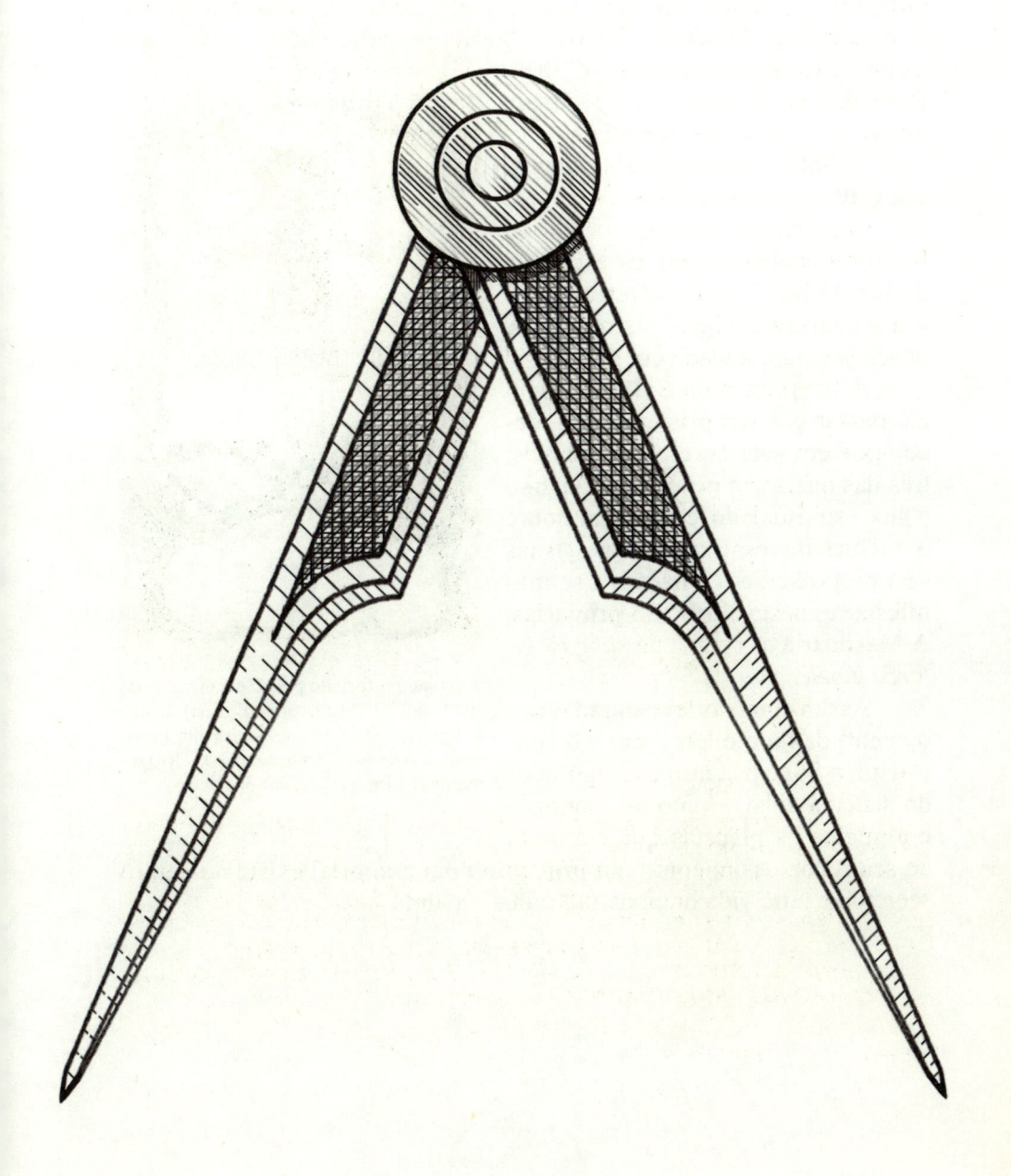

Símbolos do Primeiro Grau 155

O Sol

O Sol rege o dia. As Lojas Maçônicas situam-se na direção de Oriente para Ocidente porque o Sol, a glória do Senhor, nasce no Oriente e se põe no Ocidente. Todos os locais de culto divino, bem como Lojas Maçônicas regulares, bem formadas e constituídas, se situam assim, ou pelo menos deveriam.

O Sol nasce no Oriente, ganha seu brilho meridiano no sul e se põe no Ocidente. Da mesma forma, os Irmãos trabalham com esse padrão de luz. O Sol ilumina a Terra e, por sua influência benigna, distribui suas bênçãos à humanidade em geral.

A luz branca do Sol é invisível até passar por um prisma, que a decompõe em sete cores constituintes, três das quais são primárias. Quando a luz espiritual do centro cai sobre o prisma do espírito humano, suas sete propriedades começam a se manifestar e, destas, três são primárias. A Maçonaria as chama de *sabedoria, força* e *beleza*.

Assim como as leis sagradas são o centro de todo o Universo e o controlam, o Sol é o centro e revigorador do sistema solar. Como tal, controla e alimenta os planetas que circulam

Um maçom forjado pelas ferramentas de sua Loja, 1754 (gravura colorida), Escola Inglesa/Bibliotheque Nationale, Paris, França/Archives Charmet/The Bridgeman Art Library International.

ao seu redor, assim como um princípio vital e imortal existe no centro secreto de uma vida humana individual: a alma.

Visão pessoal de Robert Lomas

O SOL MAÇÔNICO SIMBOLIZA A ALMA DO MAÇOM, ESSA GRANDE ÁREA ESPIRITUAL EM CADA UM DE NÓS QUE NÃO ESTÁ SUJEITA AO TEMPO E ESPAÇO, MAS VIVE À LUZ DO DIA ALÉM DA PRISÃO SOMBRIA DA PERSONALIDADE MUNDANA. A ALMA IMORTAL É O PRINCÍPIO PERMANENTE E INCORRUPTÍVEL EM TODO SER HUMANO. O CORPO SOLAR RESISTE, COM EXCEÇÃO DO CARÁTER PRESENTE. CADA UMA DE NOSSAS TENDÊNCIAS DOMINANTES É O PRODUTO LÍQUIDO DE TODAS AS NOSSAS ANTIGAS ATIVIDADES. SOMOS, HOJE, O QUE FIZEMOS DE NÓS NO PASSADO E PODEMOS TER CERTEZA DE QUE NOSSO DESTINO FUTURO ESTÁ SENDO MOLDADO POR NOSSOS PENSAMENTOS E CONDUTAS ATUAIS.

A Lua e as estrelas

A Lua rege a noite. O Universo é o templo da divindade a quem servimos. Deus estendeu o Céu como uma abóbada, plantou a Terra como um tamborete, coroa Seu Templo com estrelas como um diadema e, com Sua mão, estende o poder e a glória. O Sol e a Lua são mensageiros de Sua vontade e toda Sua lei é concordância.

A Lua é um satélite que se move ao redor do planeta Terra e o ilumina. Assim como em nós, a mente sensata é um satélite movendo-se com o corpo e o iluminando, mas não tem luz por si e brilha apenas pelo reflexo do corpo luminoso solar superior.

Esses dois grandes corpos luminosos, o Sol e a Lua, foram criados para reger o dia e governar a noite, respectivamente. Eles foram ordenados por sinais, estações, dias e anos.

A luz lançada pela Lua e as estrelas é de grande importância. Direitos reservados e reproduzido com a permissão da Biblioteca e Museu da Maçonaria, Londres e Painton Cowen.

Além do Sol e da Lua, o Grande Arquiteto ficou contente em semear o côncavo etéreo com um monte de estrelas, nas quais o homem, que Deus pretendia fazer, poderia contemplar e admirar justamente a majestade e a glória de seu criador.

Visão pessoal de Robert Lomas

A LUA, CERCADA PELAS ESTRELAS, SIMBOLIZA A RACIONALIDADE NATURAL OU A MENTE CARNAL INFERIOR, QUE OS HUMANOS COMPARTILHAM COM TODAS AS CRIATURAS INTELIGENTES. SIMBOLIZA NOSSO RACIOCÍNIO OU FACULDADES INTELECTUAIS E, ASSIM COMO A LUA REFLETE A LUZ DO SOL, ELA DEVE REFLETIR A LUZ VINDA DA FACULDADE ESPIRITUAL MAIS ELEVADA E TRANSMITI-LA PARA NOSSAS AÇÕES DIÁRIAS. NO PARAÍSO PESSOAL DE UM MAÇOM, AS FORMAS METAFÍSICAS AGEM. EM CADA UMA DE NOSSAS CONSTITUIÇÕES EXISTE UM CAMPO DE VÁRIAS FORÇAS QUE DETERMINA NOSSOS TEMPERAMENTOS E TENDÊNCIAS INDIVIDUAIS, INFLUENCIANDO, ASSIM, NOSSO FUTURO. ESSAS FORÇAS TAMBÉM RECEBERAM OS NOMES DE SOL, LUA E PLANETAS. ALÉM DO MAIS, A CIÊNCIA DESSA INTERAÇÃO E DO TRABALHO EXTERNO FOI A ANTIGA CIÊNCIA DA ASTROLOGIA, UMA DAS ARTES E CIÊNCIAS LIBERAIS RECOMENDADAS PARA ESTUDO POR TODO MAÇOM, E ESSA ATIVIDADE PERTENCE, EM ESPECIAL, AO ESTÁGIO DE UM COMPANHEIRO DE OFÍCIO.

Símbolos do Primeiro Grau 159

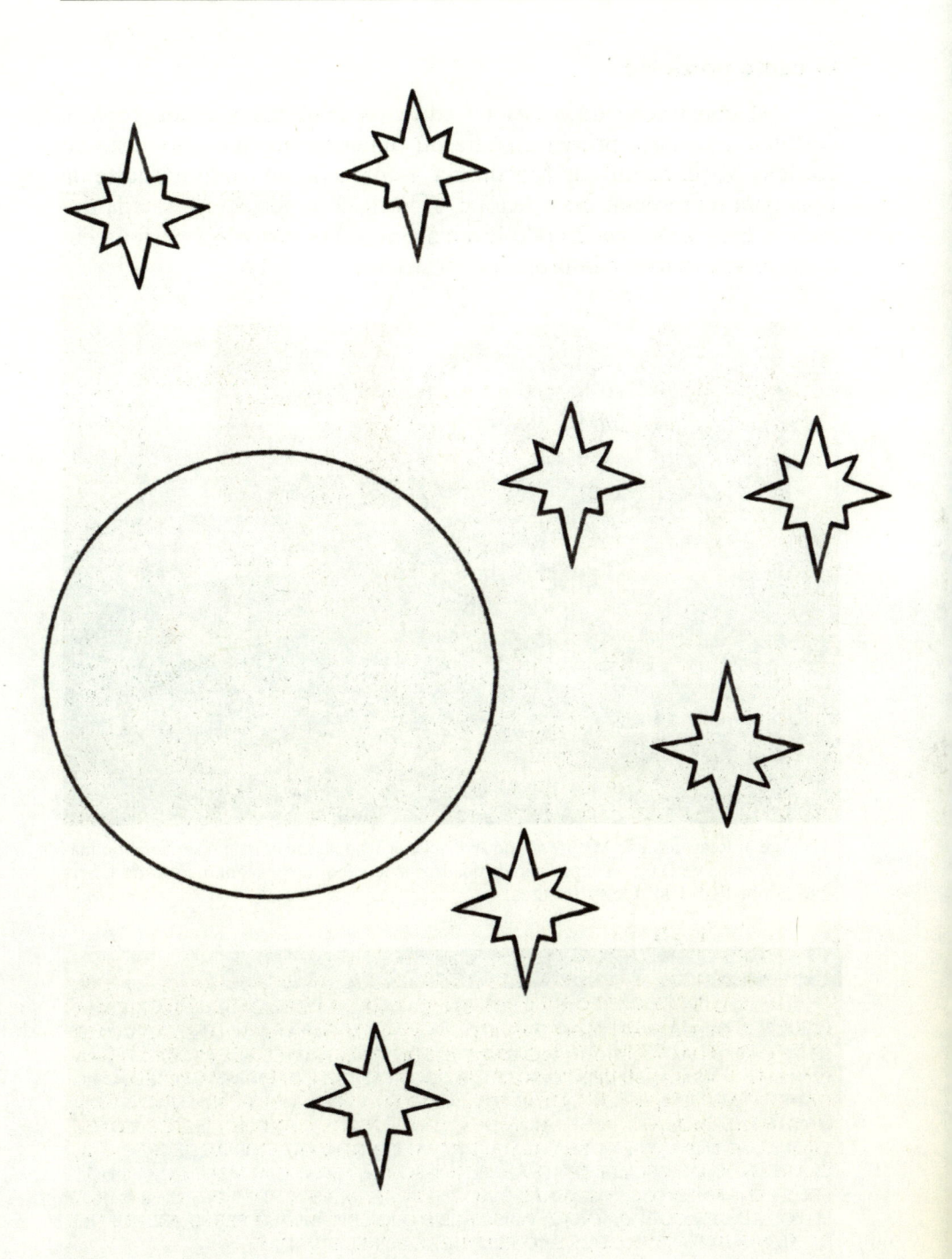

O canto nordeste

Na construção de todos os edifícios majestosos e soberbos, é costume assentar a primeira pedra ou fundação no canto nordeste do edifício. Você, neófito da Maçonaria, é colocado no canto nordeste da Loja para representar essa pedra e, a partir da fundação assentada durante a Instalação, você pode levantar uma superestrutura perfeita em todas as suas partes e honrosa ao construtor.

"The Age of Reason Made Manifest", do artista Peter Wadell, mostrando o simbolismo maçônico no mapa de D.C., na exposição de quadros maçônicos no hexágono. Foto de Chris Maddaloni/Roll Call/Getty Images.

Visão pessoal de Robert Lomas

O SOL FICA NO CANTO NORDESTE DA TÁBUA DE DELINEAR. DA MESMA FORMA, É NESSE CANTO DA LOJA QUE O MAÇOM NOVO É COLOCADO COMO UMA FUNDAÇÃO E ENCARREGADO DE CONSTRUIR UMA SUPERESTRUTURA PERFEITA. A ALMA, OU CORPO SOLAR, É CONSTRUÍDA COM NOSSA PERSONALIDADE NO MUNDO FÍSICO, QUE SERVE COMO SUA PEDRA DE FUNDAÇÃO. TUDO O QUE FAZEMOS OU PENSAMOS USANDO NOSSOS CORPOS FÍSICOS CONSTRÓI ALGO NOVO EM NOSSA ALMA, FORTALECENDO OU ENFRAQUECENDO-A, CLAREANDO OU ESCURECENDO-A. POR ISSO UM MAÇOM ALMEJA QUE TODOS SEUS PENSAMENTOS, PALAVRAS E AÇÕES POSSAM ASCENDER PUROS E IMPOLUTOS AO SEU CORPO SOLAR, POIS ESTE É O RECEPTÁCULO PERMANENTE NO QUAL NOSSAS ATIVIDADES SÃO REUNIDAS E PRESERVADAS.

Símbolos do Primeiro Grau   161

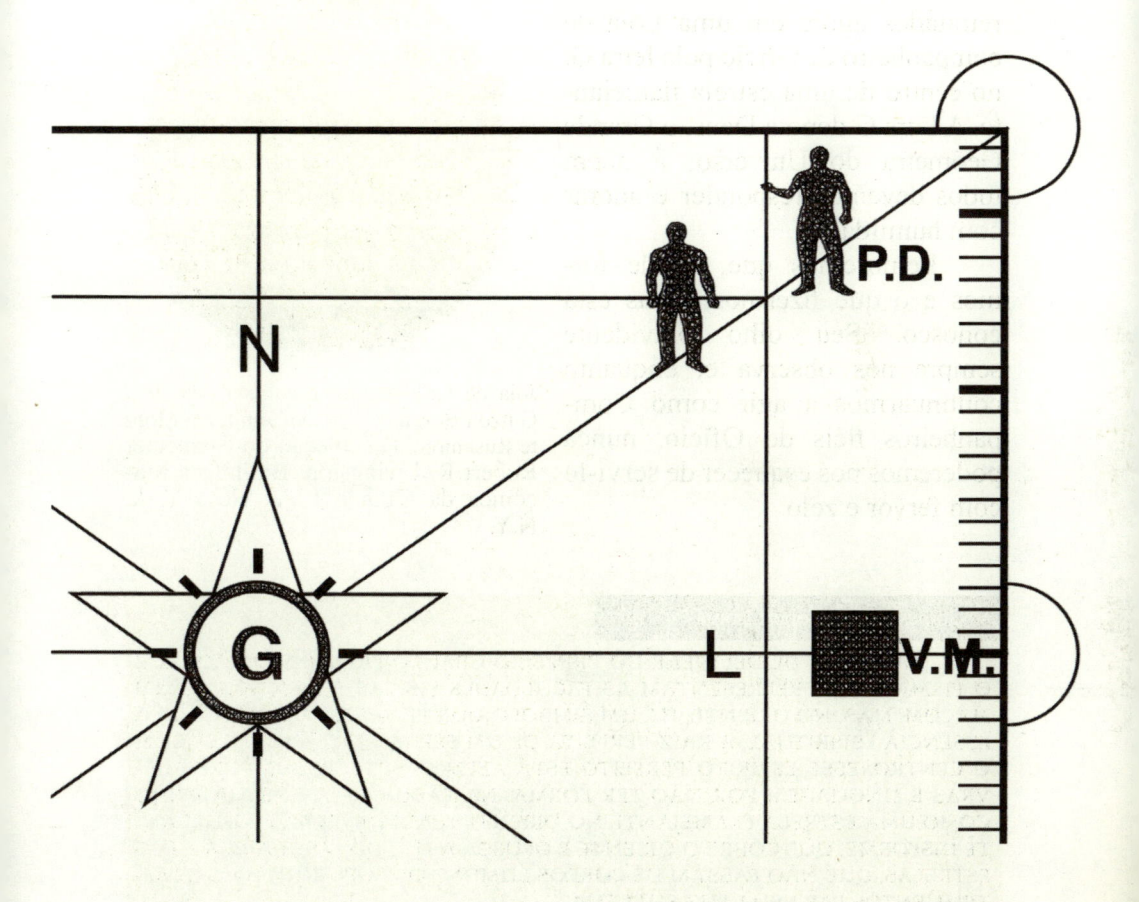

N

G

P.D.

L   V.M.

A glória no centro

Quando nossos antigos Irmãos estavam na Câmara do Meio do Templo, eles ficaram intrigados com certos caracteres hebraicos retratados agora em uma Loja de companheiro de Ofício pela letra G, no centro de uma estrela flamejante. A letra G denota Deus, o Grande Geômetra do Universo, a quem todos devemos responder e adorar com humildade.

Lembremos que, aonde formos e o que fizermos, Deus está conosco. Seu olho onividente sempre nos observa e, enquanto continuarmos a agir como Companheiros fiéis do Ofício, nunca poderemos nos esquecer de servi-lo com fervor e zelo.

Joia de Grão-Mestre esculpida pelo Ir∴ Gutzon Borglum, que também fez o Monte Rushmore. Da coleção do Chanceler Robert R. Livingston. Biblioteca Maçônica da Grande Loja, Nova York, N.Y.

Visão pessoal de Robert Lomas

NA TÁBUA DE DELINEAR DO PRIMEIRO GRAU, O PAVIMENTO XADREZ E O FIRMAMENTO REPRESENTAM AS FACULDADES FÍSICAS E MENTAIS DE UM MAÇOM, MAS, NO ORIENTE, HÁ UM SÍMBOLO QUE TRANSCENDE OS DOIS. É A ESSÊNCIA ESPIRITUAL, A RAIZ PERFEITA DE UM SER MAÇOM, E O AFILIA COM O CENTRO. ESSE ESPÍRITO PERFEITO ESTÁ ALÉM DA DESCRIÇÃO POR PALAVRAS E LINGUAGEM POR NÃO TER FORMA. NA TÁBUA É APENAS SUGERIDO COMO UMA ESTRELA FLAMEJANTE NO ORIENTE E POR UM BRILHO OFUSCANTE DISFORME, QUE COBRE O ORIENTE E OFUSCA A LUZ DO SOL, DA LUA E DAS ESTRELAS, QUE NÃO PASSAM DE CORPOS LUMINOSOS SUBORDINADOS E INSTRUMENTOS PARA SUA LUZ SUPREMA.

ESSE CENTRO É A ESSÊNCIA ESPIRITUAL SUPREMA EM NÓS. A GLÓRIA NO CENTRO É O OBJETIVO DE TODO O CONHECIMENTO MÍSTICO NA MAÇONARIA, INCLUINDO A UNIÃO DE NOSSA CONSCIÊNCIA INDIVIDUAL COM A CONSCIÊNCIA COLETIVA DO UNIVERSO.

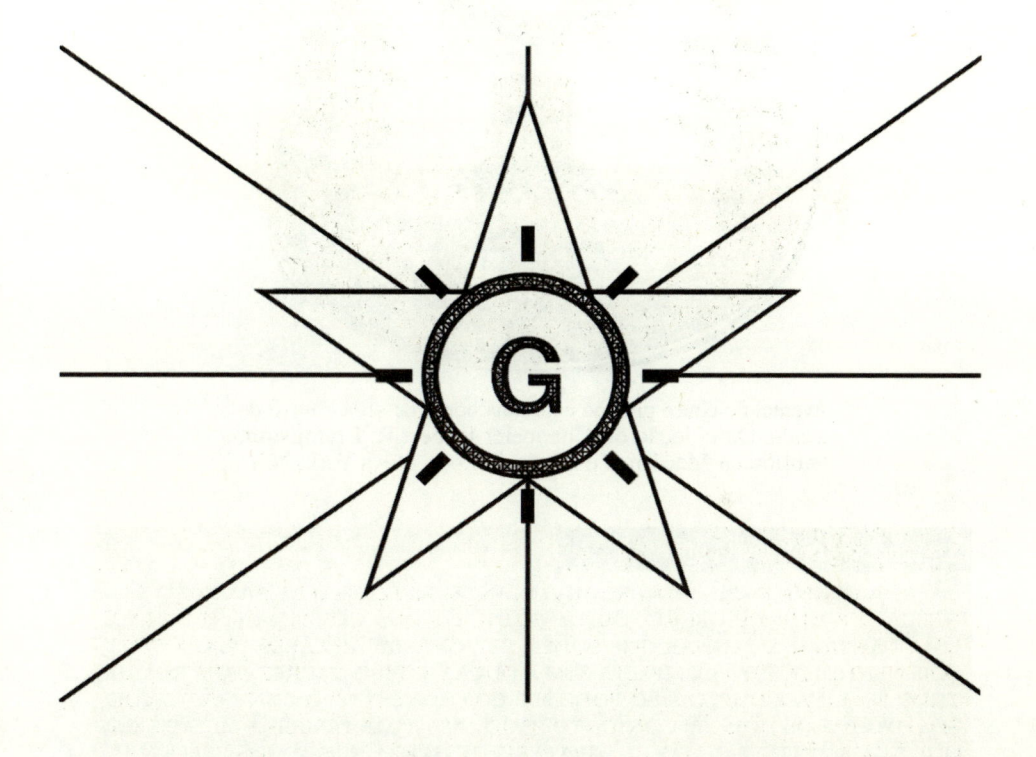

A coluna esquerda

Boaz era o nome da coluna esquerda erguida no pórtico ou entrada do Templo do Rei Salomão. Recebeu o nome do bisavô de Davi, que foi príncipe e governante em Israel, e representa a força do poder temporal, como expresso pelo governo do rei.

Avental de couro pintado com uma borda de seda e forro de tecido. Da coleção do Chanceler Robert R. Livingston. Biblioteca Maçônica da Grande Loja, Nova York, N.Y.

Visão pessoal de Robert Lomas

A COLUNA ESQUERDA ERGUIDA DIANTE DO TEMPLO DE SALOMÃO SIGNIFICA O PODER DE UM REI, OU UM PRÍNCIPE, QUE GOVERNA SEU POVO. É UMA DAS DUAS COLUNAS QUE PODEM SER CHAMADAS PARES DE OPOSTOS, POIS NENHUMA ESTÁ COMPLETA SEM A OUTRA. O PISO XADREZ MOSTRA QUE TUDO NA VIDA É DUPLO E SÓ PODE SER CONHECIDO PELO CONTRASTE COM SEU OPOSTO. OS DOIS EM CONJUNTO PRODUZEM UMA TERCEIRA METAFÍSICA, QUE É UMA SÍNTESE OU EQUILÍBRIO PERFEITO. LOGO, NÓS TEMOS BEM E MAL, LUZ E ESCURIDÃO, ATIVO E PASSIVO, POSITIVO E NEGATIVO, SIM E NÃO, FORA E DENTRO. NADA DISSO ESTÁ COMPLETO SEM O OUTRO E, REUNIDOS, ELES FORMAM A ESTABILIDADE, ASSIM COMO A MANHÃ E A NOITE UNIDAS FORMAM UM DIA COMPLETO.

A PRIMEIRA COLUNA É O PODER TEMPORAL DE UM GOVERNANTE TERRENO, MAS, SOZINHA, NÃO BASTA PARA GARANTIR ESTABILIDADE. PARA ISSO, PRECISAMOS DE OUTRA COLUNA CUJO SÍMBOLO ENCONTRAMOS EM OUTRO LUGAR NO OFÍCIO.

Símbolos do Primeiro Grau

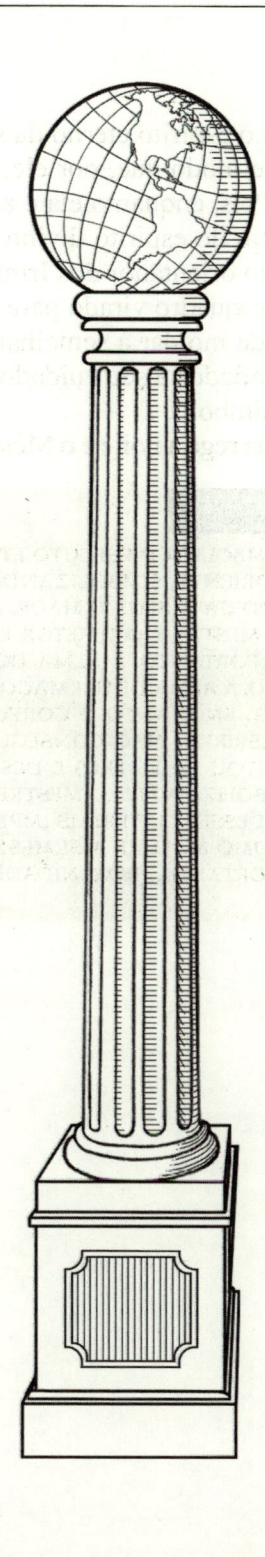

O Mestre da Loja

O Mestre representa o espírito eterno da sabedoria superior. Ele é entronizado no Oriente de modo que, por ele, esse espírito possa fluir para cada parte da Loja. Pois, enquanto ela é a imagem da alma do homem, o Mestre é a imagem do espírito divino que estimula essa alma. Ele é o diretor e o intelecto orientador dos Irmãos reunidos.

É reconhecido pelo esquadro virado para baixo, representativo do Grande Arquiteto. Ele pode moldar à semelhança divina todos aqueles abaixo dele que foram confiados a seu cuidado, seja na Loja ou em seu ser, do qual a Loja é um símbolo.

O Sol rege o dia, a Lua rege a noite e o Mestre rege e dirige sua Loja.

Visão pessoal de Robert Lomas

O MESTRE DA LOJA SIMBOLIZA O ESPÍRITO ETERNO DA SABEDORIA. ELE SENTA EM UM TRONO NO ORIENTE, SIMBOLIZANDO O NASCIMENTO DO SOL PARA TRAZER LUZ E SABEDORIA A SEUS IRMÃOS. A LOJA É UM MODELO DA ALMA DE UM MAÇOM, E O MESTRE É O DIRETOR E INTELECTO ORIENTADOR DOS IRMÃOS REUNIDOS E, PORTANTO, A ALMA DO MAÇOM. SEM A LUZ E A SABEDORIA EM SEU ESPÍRITO, A ALMA DE UM MAÇOM ESCURECE E SEU CORPO DE CARNE SE DESVALORIZA. ENQUANTO O CORPO E A ALMA NÃO SE REUNIREM EM HARMONIA, O ESPÍRITO NÃO CONSEGUE CRESCER E FLORESCER. O GRANDE ARQUITETO JUNTOU ESSES TRÊS E DESIGNOU O ESPÍRITO COMO UM ARQUITETO SÁBIO, SIMBOLIZADO PELO MESTRE DA LOJA, PARA DOMINAR CORPO E ALMA E, A PARTIR DESSES MATERIAIS IMPERFEITOS E CORRUPTÍVEIS, UM MAÇOM APRENDERÁ COMO MOLDAR A SI MESMO PARA TORNAR-SE UMA PEDRA VIVA NO TEMPLO IMORTAL DA HUMANIDADE.

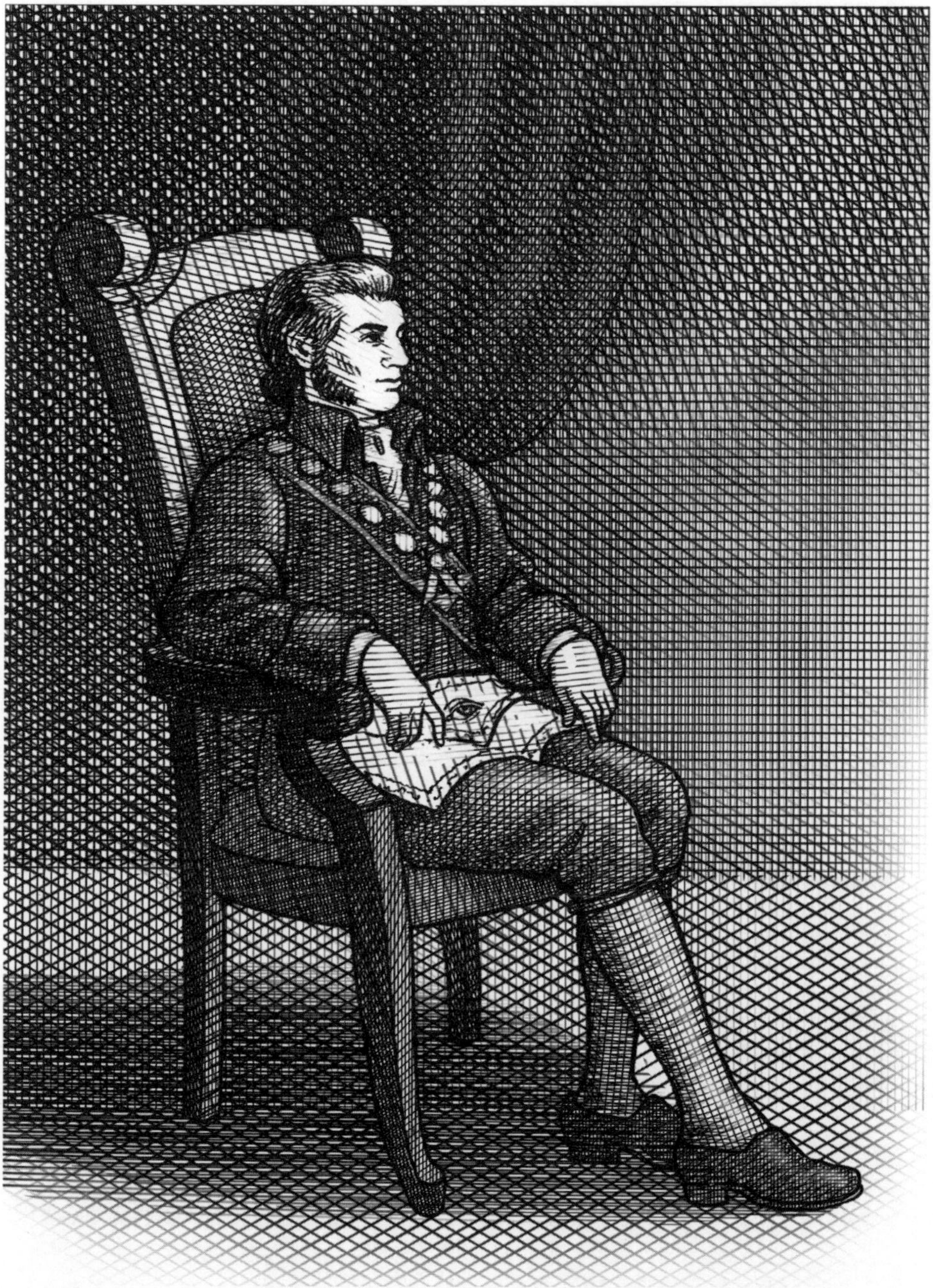

A régua de 24 polegadas

Uma ferramenta de trabalho de um Aprendiz é a régua de 24 polegadas, usada para medir nosso trabalho. Mas, como os maçons são especulativos, nós também aplicamos essa ferramenta às nossas morais. Nesse sentido, a régua representa as 24 horas do dia, parte delas gasta em oração ao Deus Todo-Poderoso, parte gasta em trabalho e descanso e, a outra, em servir um amigo ou Irmão em necessidade.

Um quadro de Paul Orban que mostra o iniciado recebendo a primeira ferramenta de trabalho, a régua de 24 polegadas. Da coleção do Chanceler Robert R. Livingston. Biblioteca Maçônica da Grande Loja, Nova York, N.Y.

Visão pessoal de Robert Lomas

A RÉGUA DE 24 POLEGADAS É UMA FERRAMENTA ESPIRITUAL PARA AJUDAR UM MAÇOM A EQUILIBRAR SEU TEMPO DIÁRIO ENTRE TRÊS TAREFAS QUE, NÃO NECESSARIAMENTE, ENVOLVEM QUANTIDADES IGUAIS DE TEMPO, MAS COM IGUAL VALOR. ESSA ANTIGA PRÁTICA DO OFÍCIO É CHAMADO PELO JARGÃO MODERNO DE "ESTABELECER UM EQUILÍBRIO ENTRE TRABALHO E VIDA".

ESTAS SÃO AS TRÊS COISAS IMPORTANTES PARA AS QUAIS VOCÊ, COMO UM MAÇOM, DEVE ARRANJAR TEMPO:

- SUA TRANQUILIDADE ESPIRITUAL, PARA GARANTIR QUE VOCÊ ESTEJA EM PAZ CONSIGO MESMO E TENHA TEMPO PARA PENSAR E REFLETIR.
- SUAS BUSCAS MATERIAIS E O CUIDADO CONSIGO E SUA FAMÍLIA, PARA GARANTIR QUE VOCÊ SE EMPENHE EM SEU TRABALHO PARA SUSTENTAR A SI MESMO E SEUS DEPENDENTES.
- SUA RESPONSABILIDADE ALTRUÍSTA COM AQUELES EM UMA POSIÇÃO NÃO TÃO FELIZ QUANTO A SUA, OU COM O TRABALHO DE CARIDADE – QUE DEVE SEMPRE SER FEITO EM SEGREDO, PARA O BENEFÍCIO DO RECEBEDOR, NÃO PARA O ENALTECIMENTO DO DOADOR.

Símbolos do Primeiro Grau 169

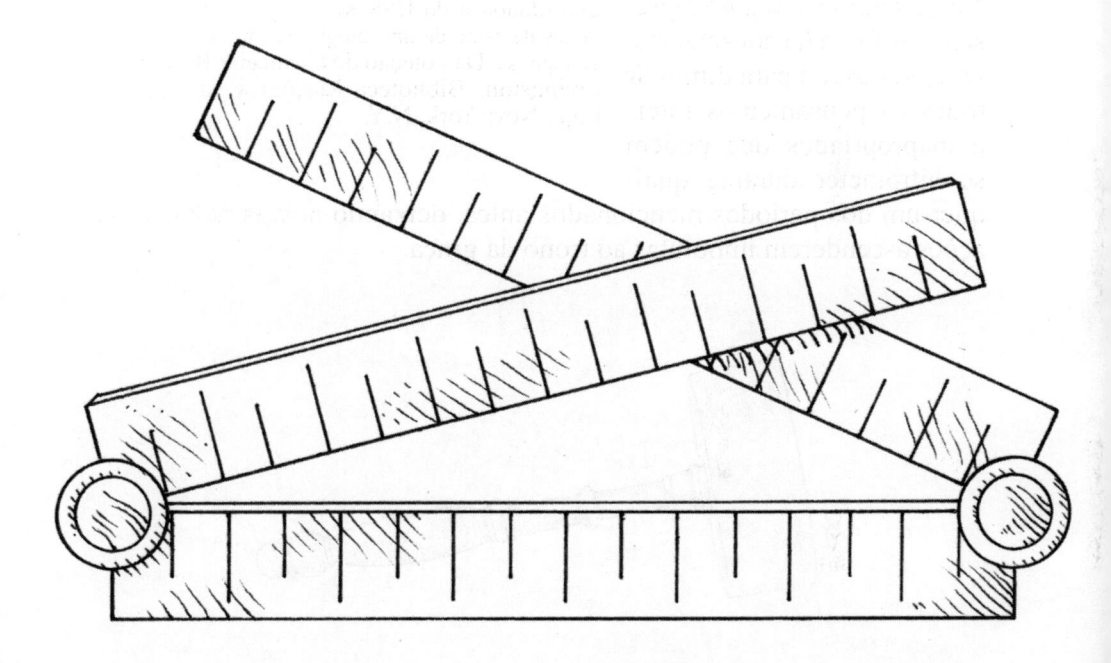

O malho

Uma ferramenta de trabalho de um Aprendiz Maçom é o malho, usado para desbastar saliências e protuberâncias. Mas, como somos Maçons Livres e Aceitos, também aplicamos essa ferramenta às nossas morais. Nesse sentido, o malho representa às força da consciência. Deve ser usado para diminuir todos os pensamentos fúteis e inapropriados que podem se intrometer durante qualquer um dos períodos mencionados antes, deixando nossas palavras e ações ascenderem impolutas ao trono da graça.

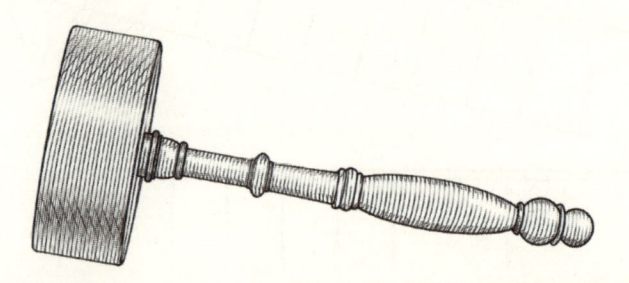

Malho em miniatura feito de madeira do USS Constitution e do USS Kearsarge e envolto com faixas de prata de um relógio encontrado no USS Tallapoosa. Da coleção do Chanceler Robert R. Livingston. Biblioteca Maçônica da Grande Loja, Nova York, N.Y.

Visão pessoal de Robert Lomas

O MALHETE DO MESTRE CONTROLA A LOJA, E SUAS BATIDAS CRIAM ORDEM E OBEDIÊNCIA NA LOJA, SÍMBOLO DA ALMA DO MAÇOM. O MAÇOM APRENDE QUE SEU CORPO E SUA ALMA ESTÃO EM UM TERRENO PLANO, SOBRE O QUAL ELE DEVE CONSTRUIR UM ALTAR NA FORMA DE SUA VIDA ESPIRITUAL. ELE NÃO DEVE DEIXAR NENHUM HÁBITO DE PENSAMENTO OU CONDUTA DEPRECIATIVOS MACULAREM ESSE TRABALHO. COMO APRENDIZ, O MAÇOM RECEBE O MALHO DE MADEIRA COMUM PARA AJUDÁ-LO A POLIR A PEDRA BRUTA DE SUA ALMA IMPERFEITA E MOLDÁ-LA NO SÍMBOLO PERFEITO DO ALTAR CÚBICO, QUE FICA NO CENTRO DE SUA CONSCIÊNCIA. O MALHO É UM SÍMBOLO DA FORÇA DA CONSCIÊNCIA. AO APRENDER A USÁ-LO COM HABILIDADE, VOCÊ APRENDERÁ A CONTROLAR SUA RAIVA E INTOLERÂNCIA.

O cinzel

Uma ferramenta de trabalho do Aprendiz Maçom é o cinzel, usado para polir e preparar a pedra, e deixá-la preparada para as mãos do trabalhador mais especializado. Mas, como somos Maçons Livres e Aceitos ou especulativos, aplicamos essas ferramentas a nossas morais. Nesse sentido, o cinzel nos aponta as vantagens da educação por meio da qual nos tornamos membros preparados da sociedade organizada segundo as regras.

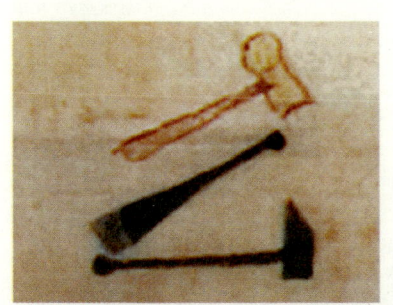

Um avental de seda pintado à mão com vários símbolos maçônicos. Da coleção do Chanceler Robert R. Livingston. Biblioteca Maçônica da Grande Loja, Nova York, N.Y.

Visão pessoal de Robert Lomas

O CINZEL É UM SÍMBOLO DA EDUCAÇÃO, POIS, QUANDO É CONDUZIDO PELA FORÇA DO MALHO, CONSEGUE LASCAR O EXTERIOR BRUTO DE UMA PEDRA RECÉM-EXTRAÍDA E REVELAR O CUBO PERFEITO ESCONDIDO DENTRO DELA. A EDUCAÇÃO MOLDA O INTELECTO DE UM MAÇOM, DESENVOLVE E EXPANDE SUA MENTE, ALARGA SUA PERSPECTIVA E FAZ DELE UM SER HUMANO MAIS CIVILIZADO. A DISCIPLINA NO ESTUDO DO APRENDIZADO É UM BOM HÁBITO PARA ADQUIRIR E, COMO MAÇONS, NÓS TODOS SOMOS ENCORAJADOS A DAR UM PASSO DIÁRIO NO CONHECIMENTO MAÇOM.

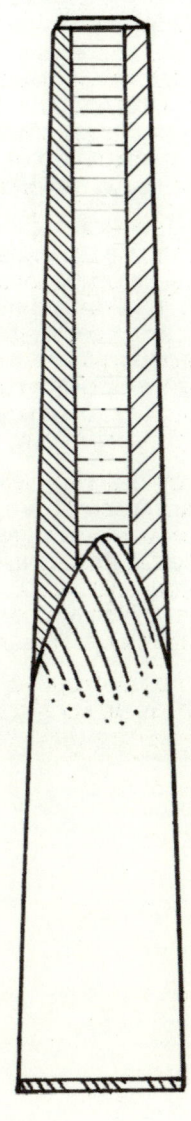

A forma da Loja

A Loja tem o formato de um paralelepípedo em comprimento do Oriente para o Ocidente, em largura de norte a sul, em profundeza da superfície da terra ao centro, e até tão elevada quanto o céu. Uma Loja maçônica dessa grande extensão é descrita para mostrar a universalidade da ciência e a natureza ilimitada da caridade do maçom, preservando os limites da prudência.

> **Visão pessoal de Robert Lomas**
>
> DURANTE OS RITUAIS E PRELEÇÕES, AS REFERÊNCIAS À LOJA NÃO SÃO AO EDIFÍCIO EM QUE NOS REUNIMOS. ESSE EDIFÍCIO NÃO PASSA DE UM SÍMBOLO. A LOJA REAL É A PERSONALIDADE INDIVIDUAL DO MAÇOM. QUANDO OS SÍMBOLOS MAÇÔNICOS SÃO INTERPRETADOS SOB ESSA LUZ, REVELAM UM NOVO ASPECTO DO OFÍCIO, ISTO É, QUANDO FALAMOS DE UM EDIFÍCIO, REFERIMO-NOS AO ESPÍRITO DE UM MAÇOM.
>
> ISSO SIGNIFICA QUE CADA MAÇOM É UMA LOJA. ASSIM COMO A LOJA MAÇÔNICA É UMA ASSEMBLEIA DE IRMÃOS REUNIDOS PARA REFLETIR SOBRE OS MISTÉRIOS DO OFÍCIO. PORTANTO, CADA CONSCIÊNCIA HUMANA É UMA ESTRUTURA COMPOSTA DE VÁRIAS PROPRIEDADES E FACULDADES DESENVOLVIDAS POR NOSSA MENTE PARA A INTERAÇÃO HARMONIOSA E PARA PENSAR NO PROPÓSITO DA VIDA. TUDO NA MAÇONARIA É SIMBÓLICO DA HUMANIDADE, DE SUA CONSTITUIÇÃO HUMANA E EVOLUÇÃO ESPIRITUAL. A PRIMEIRA ENTRADA EM UMA LOJA É SÍMBOLO DE SEU PRIMEIRO INGRESSO NA CIÊNCIA DO AUTOCONHECIMENTO.
>
> OS QUATRO LADOS DA LOJA TÊM OUTRO SIGNIFICADO. O LADO ORIENTAL REPRESENTA A ESPIRITUALIDADE E O OCIDENTAL, A COMPREENSÃO RACIONAL NORMAL. NO CENTRO, ENTRE ESSAS EXTREMIDADES, ESTÁ O LADO SUL, LOCAL DE REUNIÃO DA INTUIÇÃO ESPIRITUAL E A COMPREENSÃO RACIONAL, QUE SIMBOLIZA A INTELECTUALIDADE E O CONHECIMENTO ABSTRATOS. O NORTE É O LADO DA IGNORÂNCIA, ACESSÍVEL PELO MODO DE PERCEPÇÃO MAIS INFERIOR: NOSSAS SENSAÇÕES FÍSICAS.
>
> PORTANTO, OS QUATRO LADOS DA LOJA SIMBOLIZAM OS QUATRO MODOS POSSÍVEIS DE ALCANÇAR O AUTOCONHECIMENTO.

Símbolos do Primeiro Grau 173

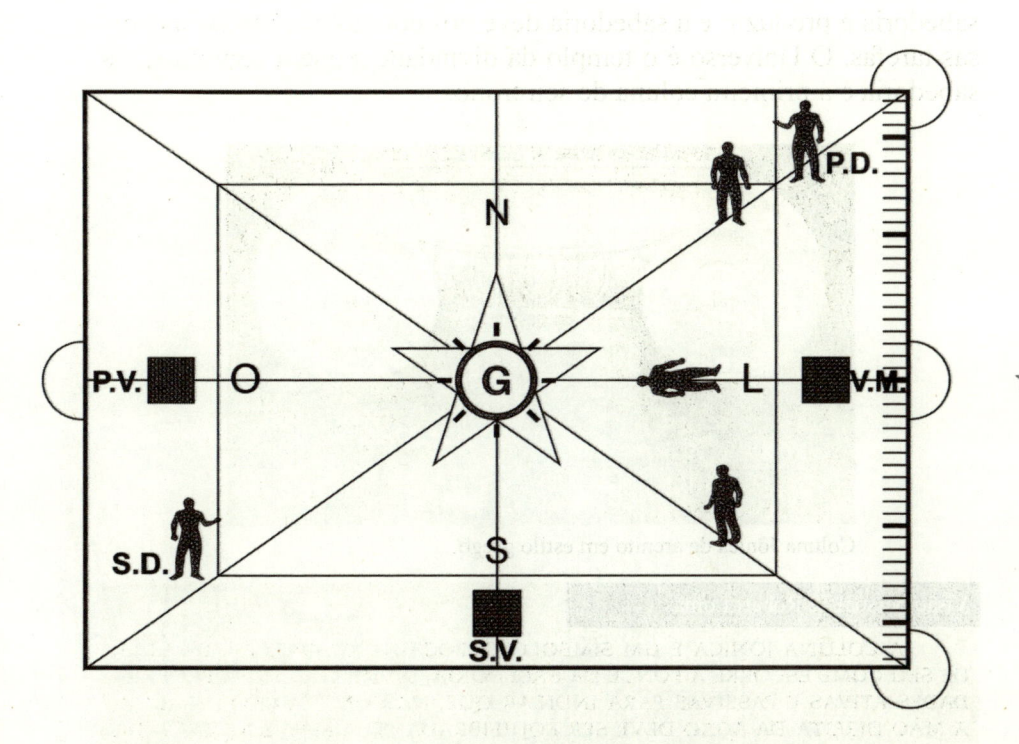

A Coluna da Sabedoria

O capitel da coluna é adornado com volutas e sua cornija tem dentículos. O famoso Templo de Diana em Éfeso, cuja construção demorou mais de 200 anos, foi composto dessa forma. Elegância e criatividade eram exibidas na invenção dessa coluna. Foi modelada à maneira de uma linda jovem, ecoando sua forma elegante e cabelo esvoaçante.

Essa coluna também é conhecida como Coluna da Sabedoria. Ter sabedoria é produzir, e a sabedoria deve nos conduzir em todas as nossas tarefas. O Universo é o templo da divindade a quem servimos, e a sabedoria é a primeira coluna de seu trono.

Coluna Jônica de arenito em estilo grego.

Visão pessoal de Robert Lomas

A COLUNA JÔNICA É UM SÍMBOLO COLOCADO NO ORIENTE DA LOJA. DE SEU CUME ESCORRE A FONTE DA SABEDORIA, DIVIDINDO-SE EM PROPRIEDADES ATIVAS E PASSIVAS PARA INDICAR QUE, NA CONSTRUÇÃO DA ALMA, A MÃO DIREITA DA AÇÃO DEVE SER EQUILIBRADA PELA MÃO ESQUERDA DA COMPREENSÃO, E A MENTE E O CORAÇÃO DEVEM TRABALHAR IGUALMENTE, E ANSIAREM JUNTOS. O FORMATO SIMÉTRICO ELEGANTE DA COLUNA INCORPORA ESSA DUALIDADE EM SUA FORMA.

A COLUNA DA SABEDORIA ESTÁ SOB OS CUIDADOS DO MESTRE DA LOJA PARA INSPIRÁ-LO A SE EMPENHAR A AJUSTAR E HARMONIZAR OS ELEMENTOS DIFERENTES DE SUA LOJA, PARA ELES SEREM COMO IRMÃOS CONVIVENDO JUNTOS, EM UNIÃO, EM UMA CASA.

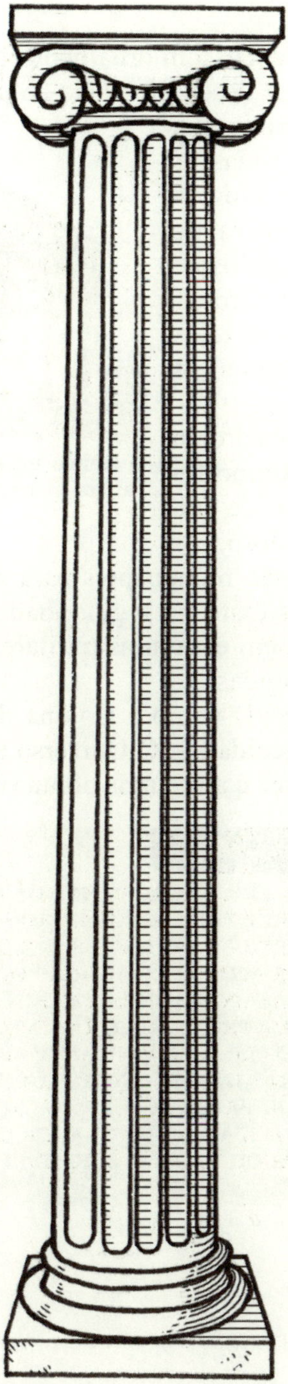

A Coluna da Força

Esta coluna dórica não tem ornamentação, exceto pelas molduras na base ou capitel. Seu friso diferencia-se pelos tríglifos e métopas, e sua cornija, por mútulos. Por ser a mais antiga de todas as ordens, a dórica retém mais do estilo de cabana primitiva do que as restantes. Os tríglifos no friso representam as extremidades das vigas, e os mútulos em sua cornija representam os espigões.

A composição desta ordem é imponente e nobre. Como foi formada com o molde de um homem adulto musculoso, os ornamentos delicados são repugnantes para sua solidez característica. Portanto, ela tem mais êxito na regularidade de suas proporções e é usada, principalmente, em estruturas militares, onde força e uma simplicidade nobre são exigidas.

Também é conhecida como a Coluna da Força, para nos apoiar em todas as nossas dificuldades. O Universo é o templo da divindade a quem servimos, e a força é a segunda coluna de seu trono.

O templo mais famoso na Ordem Dórica é o Parthenon, na acrópole em Atenas.

Visão pessoal de Robert Lomas

A COLUNA DÓRICA FICA NO OCIDENTE DA LOJA. SUA FORÇA E SIMPLICIDADE SIMBOLIZAM A SUBSTÂNCIA DURADOURA DA ALMA. A COLUNA FICA ERGUIDA ANTES DA ABERTURA DA LOJA, SIMBOLIZANDO A FORÇA NECESSÁRIA PARA ENFRENTAR OS APUROS E AMEAÇAS DO MUNDO. MAS, DEPOIS DA ABERTURA, A COLUNA É ABAIXADA, POIS A MENTE COLETIVA DA LOJA ABERTA NÃO PRECISA MAIS DE SUA PROTEÇÃO. QUANDO O SOL SE PÕE NO OCIDENTE PARA ENCERRAR O DIA, O PRIMEIRO VIGILANTE ABAIXA A COLUNA DA FORÇA PARA FECHAR A LOJA. ENQUANTO A COLUNA É BAIXADA, OS IRMÃOS LEMBRAM O ESPLENDOR QUE BRILHOU NELA. ELES TAMBÉM REFLETEM QUE A ALMA CRESCE ATÉ A PERFEIÇÃO, MAS AGUARDA COM INTERESSE A HORA EM QUE SE ELEVARÁ ALÉM DA QUALIDADE, MUDARÁ E PASSARÁ PARA A UNIDADE DURADOURA DO CENTRO.

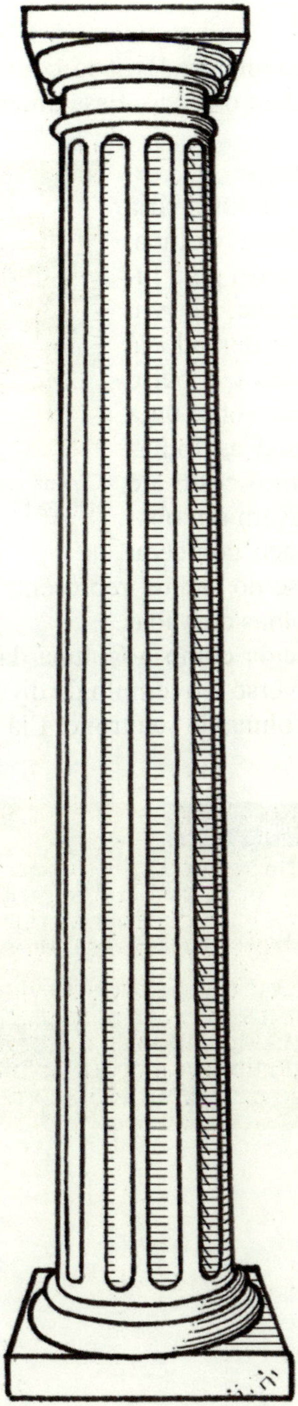

A Coluna da Beleza

O capitel desta coluna é adornado com duas fileiras de folhas e oito volutas que sustentam o ábaco. Essa ordem é usada, sobretudo, em estruturas majestosas.

Calímaco inspirou-se na seguinte circunstância extraordinária ao criar o capitel desta coluna: enquanto passava por acaso pelo túmulo de uma jovem dama, ele viu um cesto de brinquedos deixado lá pela babá. O cesto estava coberto por uma telha e colocado sobre uma raiz de acanto. Enquanto as folhas cresciam, elas cercavam o cesto até passar a telha, encontravam um obstáculo e caíam. Calímaco começou a imitar a figura. A base do capitel representa o cesto, o ábaco seria a telha e as volutas, as folhas curvadas.

Coluna em estilo coríntio da Basílica de São Pedro na cidade do Vaticano, Itália.

Também é conhecida como a Coluna da Beleza, para adornar o homem interior. O Universo é o templo da divindade a quem servimos, e a beleza é a terceira coluna de seu trono. Ela brilha por toda a criação em ordem e simetria.

> **Visão pessoal de Robert Lomas**
>
> A COLUNA CORÍNTIA DA BELEZA É COLOCADA NO SUL DA LOJA. É O SÍMBOLO DE UMA ALMA HONESTA, CUJOS LADOS ASCENDENTES FORAM CANELADOS ATÉ A BELEZA PELO CINZEL DA EDUCAÇÃO, E EM CUJO TOPO A INTELIGÊNCIA BROTA NA FOLHAGEM E NAS GAVINHAS DA SABEDORIA.
>
> QUANDO A LOJA É ABERTA, O SEGUNDO VIGILANTE ERGUE A COLUNA DA BELEZA COMO UM SÍMBOLO DA LUZ DO CENTRO, AGORA VISÍVEL DENTRO DA LOJA ABERTA; MAS, QUANDO ELA É FECHADA E ESSA LUZ SUPERIOR É SUBSTITUÍDA PELA ESCURIDÃO, AS COLUNAS DA FORÇA E DA SABEDORIA PREVALECEM E, AGORA, GOVERNAM AS AÇÕES EXTERNAS DOS IRMÃOS.

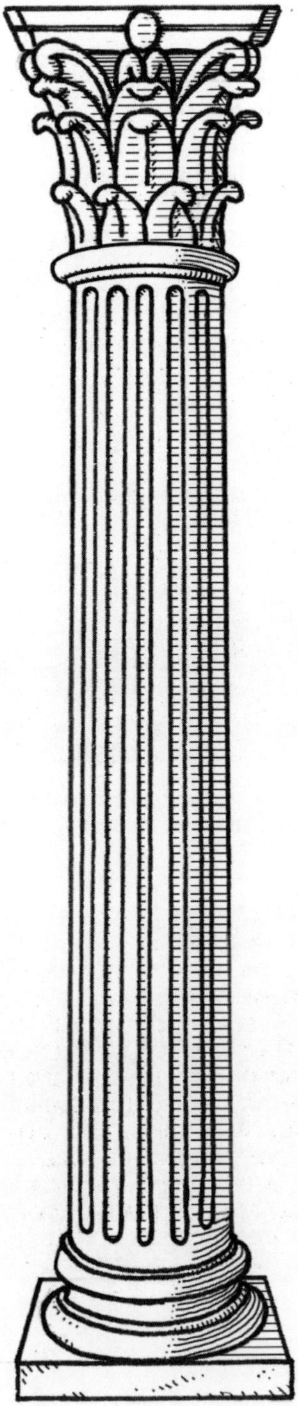

A Abóbada Celeste

Deus estendeu o Céu como uma abóbada, plantou a Terra como um tamborete, coroa Seu Templo com Estrelas como um diadema e, com Sua mão, estende o poder e a glória. O Sol e a Lua são mensageiros de Sua vontade e toda Sua lei é harmoniosa.

Esta Abóbada Celeste aparece em uma pintura a óleo de uma Tábua de Delinear do início do século XIX. Da coleção do Chanceler Robert R. Livingston. Biblioteca Maçônica da Grande Loja, Nova York, N.Y.

Visão pessoal de Robert Lomas

A ABÓBADA CELESTE DA LOJA, PINTADA NO TETO, SIMBOLIZA A NATUREZA ETÉREA DE UM MAÇOM. O PISO XADREZ E A ABÓBADA SÃO REVERSOS OU OPOSTOS. A NATUREZA ETÉREA DO MAÇOM É TÊNUE E INVISÍVEL COMO A FRAGRÂNCIA SUTIL DE UMA FLOR. SUA EXISTÊNCIA NÃO É DEMONSTRÁVEL FISICAMENTE, MAS UM CANDIDATO MAÇOM ENTRA PARA O OFÍCIO COM O DESEJO CONFESSO DE TENTAR LANÇAR LUZ SOBRE A NATUREZA DE SEU SER. A ORDEM O AJUDA NA BUSCA POR ESSA LUZ COM O USO DE ENSINAMENTOS E SÍMBOLOS PLANEJADOS POR INSTRUTORES SÁBIOS E COMPETENTES. O MAÇOM QUE SE ENTREGA À DISCIPLINA DA ORDEM FAZ MAIS DO QUE APRIMORAR SUA MORAL E CARÁTER. ELE TAMBÉM CONSTRÓI UM CORPO ETÉREO INTERNO PARA COMBINAR COM A BELEZA DA ABÓBADA CELESTE.

Símbolos do Primeiro Grau 181

Escada de Jacó

Rebeca, a amada esposa de Isaac, sabendo por inspiração divina que uma bênção peculiar estava investida na alma de seu marido, desejava obtê-la para seu filho favorito, Jacó. Mas havia um pequeno problema: por direito de primogenitura, a bênção pertencia a Esaú, seu primogênito. Tão logo Jacó obteve ardilosamente a bênção de seu pai, ele foi obrigado a fugir da ira de seu irmão que, em um momento de fúria e decepção, ameaçava matá-lo.

Jacó viajou para a planície de Padã-Arã, na terra da Mesopotâmia. Cansado e vagando pelo deserto, ele se deitou para descansar, usando a terra como cama, uma pedra como travesseiro e a abóbada celeste de teto. Em uma visão, ele viu uma escada cujo topo alcançava o céu e os anjos do Senhor subiam e desciam dela. Foi então que Deus entrou em um acordo solene com Jacó: se ele fosse fiel às leis de Deus e mantivesse seus mandamentos, então Deus não somente levaria Jacó de volta para a casa de seu pai em paz e prosperidade, mas, também, o tornaria líder de um grande e poderoso povo.

A escada de Jacó em uma Tábua de Delinear.

A escada de Jacó tinha muitos degraus, relativos às tantas virtudes morais. Porém, as três principais virtudes são fé, esperança e caridade.

Visão pessoal de Robert Lomas

O SÍMBOLO DA ESCADA DE JACÓ APOIA-SE NO LIVRO DA LEI E SE ESTENDE ATÉ A BRILHANTE ESTRELA DA MANHÃ, NASCENDO NO ORIENTE. REPRESENTA A PARTE INFERIOR E FÍSICA DE UM MAÇOM, QUE É ANIMAL E MUNDANA E FICA NA TERRA. PARTINDO DESSA BASE, NOSSO ESPÍRITO ALCANÇA A ABÓBADA CELESTE. ESSAS PARTES ESPIRITUAIS E CARNAIS DA NATUREZA DE UM MAÇOM ESTÃO EM UM CONFLITO ETERNO. O MESTRE MAÇOM APRENDEU A DEIXÁ-LAS EM UM EQUILÍBRIO PERFEITO E A SE ESTABELECER NA FORÇA, PARA QUE SUA ALMA FIQUE FIRME CONTRA A FRAQUEZA E A TENTAÇÃO.

Símbolos do Primeiro Grau

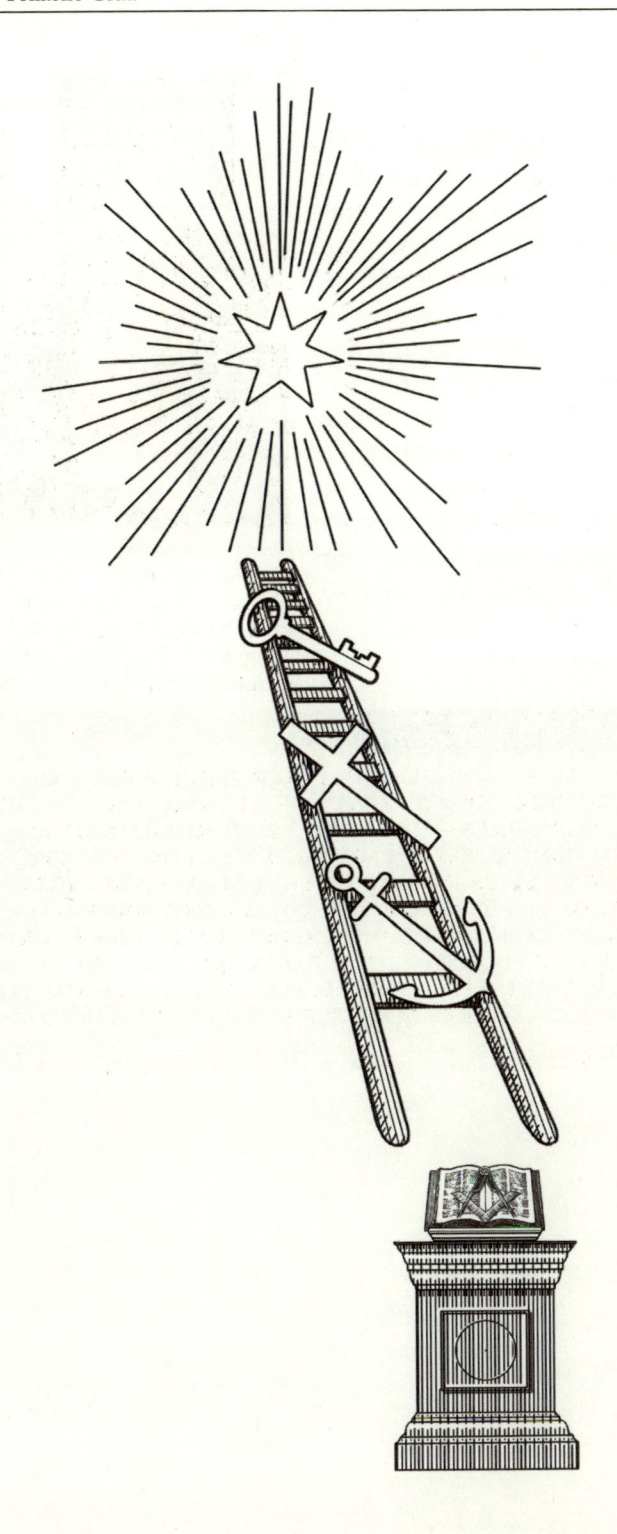

Fé

A fé é o alicerce da justiça, o elo da boa vontade e o principal esteio da sociedade civil. Nós vivemos e caminhamos com fé. Com ela temos um reconhecimento contínuo de um ser supremo. Com fé, temos acesso ao trono da graça e somos inocentados, aceitos e, enfim, recebidos. Uma fé verdadeira e sincera é a evidência de coisas não vistas, mas a substância das coisas esperadas. Ela nos levará àquelas mansões abençoadas onde viveremos, eternamente, felizes com Deus, o Grande Arquiteto do Universo.

O símbolo da fé, como aparece em um avental de seda pintado à mão. Da coleção do Chanceler Robert R. Livingston. Biblioteca Maçônica da Grande Loja, Nova York, N.Y.

Visão pessoal de Robert Lomas

A FÉ SIMBOLIZA A POSSIBILIDADE DE CONSEGUIR A ILUMINAÇÃO MAÇÔNICA. O CAMINHO DO OCIDENTE PARA O ORIENTE NÃO É FÁCIL DE TRILHAR. OS DEGRAUS EM ESPIRAL PARA A CÂMARA DO CENTRO SÃO ÍNGREMES E PEDEM CORAGEM E UM FIRME SENSO DE PROPÓSITO. MAS, POR TODO ESSE ESFORÇO, ENQUANTO ACONTECE A ASCENSÃO, NA FÉ DE ALCANÇAR A LUZ DO CENTRO, UM AMPLO PANORAMA SE ABRE. A SABEDORIA DESCE SOBRE O MAÇOM FIEL COMO UM BRILHO CRESCENTE CONSAGRADOR. UM MAÇOM É FORTALECIDO POR UM PODER MAIS PODEROSO DO QUE QUALQUER INDIVÍDUO E, QUANDO CAI A VENDA, PASSANDO PELO PORTÃO, ELE PODE VER A LINDA TERRA DAS GRANDES DISTÂNCIAS. A FÉ EM CONQUISTAR ESSA VISTA APOIA O MAÇOM EM SUA JORNADA.

Símbolos do Primeiro Grau

Esperança

A esperança é a âncora da alma, confiante e firme. Nós devemos confiar no Deus Todo-Poderoso para animar nossos esforços e nos ensinar a fixar nossos desejos dentro dos limites de Suas promessas mais abençoadas. Então o sucesso nos acompanhará. Se acreditarmos que algo é impossível, então nosso desalento pode deixá-lo assim. Porém, aquele que persevera em uma causa justa superará, no fim, todas as dificuldades.

O símbolo da esperança como aparece em um avental de seda pintado à mão. Da coleção do Chanceler Robert R. Livingston. Biblioteca Maçônica da Grande Loja, Nova York, N.Y.

Visão pessoal de Robert Lomas

O RITUAL MAÇÔNICO DIZ QUE SÃO JOÃO, UM DOS SANTOS PADROEIROS DA MAÇONARIA, ENSINA: "TODO O QUE NELE TEM ESTA ESPERANÇA, PURIFICA-SE, EXATAMENTE COMO O MESTRE A QUEM ELE SE DIRIGE É PURO".

A ESSÊNCIA DA FILOSOFIA MAÇÔNICA É QUE TODOS OS MAÇONS BUSCAM ALGO QUE ELES PERDERAM EM SUA PRÓPRIA NATUREZA. COM A INSTRUÇÃO ADEQUADA, PACIÊNCIA E DILIGÊNCIA, ELES ESPERAM ENCONTRÁ-LA. ESSE CONHECIMENTO PERDIDO É SIMBOLIZADO PELA PALAVRA PERDIDA E É A ESPERANÇA OFERECIDA PELA MAÇONARIA, QUE PODE SER ENCONTRADA PELA APLICAÇÃO DA ARTE MAÇÔNICA.

A ESPERANÇA SIMBOLIZA NOSSO DESEJO PERSISTENTE PELA REDESCOBERTA DAQUILO DENTRO DE NÓS QUE ESTÁ PERDIDO.

Símbolos do Primeiro Grau

Caridade

Encantadora por si mesma, a caridade é o ornamento mais esplendoroso que adorna nossa profissão maçônica. É o melhor teste e prova cabal da sinceridade de nossa religião. A benevolência, apresentada pela caridade nascida no céu, é uma homenagem à nação onde nasce e é acalentada e estimada. Bem-aventurado é o homem que cultivou em seu peito as sementes da benevolência. Ele não inveja o próximo, não acredita em uma mentira contada para seu preconceito, ele perdoa as injúrias dos homens e empenha-se em apagá-las de sua memória. Então, Irmãos, lembremos que somos Maçons Livres e Aceitos, sempre dispostos a ouvir aquele que pede nossa assistência e, daquele em necessidade, não soneguemos uma mão livre. Então uma satisfação sincera recompensará nossos trabalhos e a isso, com certeza, se seguirá uma produção de amor e caridade.

O símbolo da caridade como aparece em um avental de seda pintado à mão. Da coleção do Chanceler Robert R. Livingston. Biblioteca Maçônica da Grande Loja, Nova York, N.Y.

Visão pessoal de Robert Lomas

UM CANDIDATO MAÇOM ILUMINADO CHEGARIA AO QUE É CONHECIDO NO ORIENTE COMO O ESTADO DE SAMADHI, CONHECIDO TAMBÉM COMO CONSCIÊNCIA UNIVERSAL OU CÓSMICA, PORQUE, QUANDO É EXPERIMENTADA, TRANSCENDE TODO SENSO DE INDIVIDUALIZAÇÃO PESSOAL, TEMPO E ESPAÇO.

QUANDO UM MAÇOM ENTRA NESSE ESTADO DE ESPÍRITO, A BEM-AVENTURANÇA E A PAZ SUPERAM TODA COMPREENSÃO TEMPORAL. O MAÇOM ELEVOU-SE A UM ESTADO EXALTADO, ONDE HÁ RESOLUÇÃO EM UMA HARMONIA BEM-AVENTURADA COM O ETERNO. QUANDO O MAÇOM SENTIR ISSO, ELE TEM UMA SIMPATIA CONSCIENTE E IDENTIDADE DE SENTIMENTO COM TUDO QUE VIVE E SENTE. ISSO TOMA A FORMA DA CARIDADE UNIVERSAL E AMOR INFINITO, QUE SÃO OS COROLÁRIOS DA PERCEPÇÃO DA UNIDADE DO COSMOS. COMO UM APRENDIZ, O MAÇOM SOUBE QUE ESSA CONQUISTA DA ILUMINAÇÃO ERA O AUGE DA PROFISSÃO MAÇÔNICA. UMA VEZ ALCANÇADO, ELE VÊ QUE HÁ UM UNIVERSO DENTRO DE SI, BEM COMO FORA. ELE RESUME DE FORMA MICROSCÓPICA E CONTÉM TUDO O QUE É MANIFESTADO PARA SUA INTELIGÊNCIA TEMPORAL COMO O VASTO UNIVERSO ESPACIAL AO SEU REDOR E, COM ESSA COMPREENSÃO, COMO ELE PODE DEIXAR DE PRATICAR A CARIDADE AO SEU PRÓXIMO?

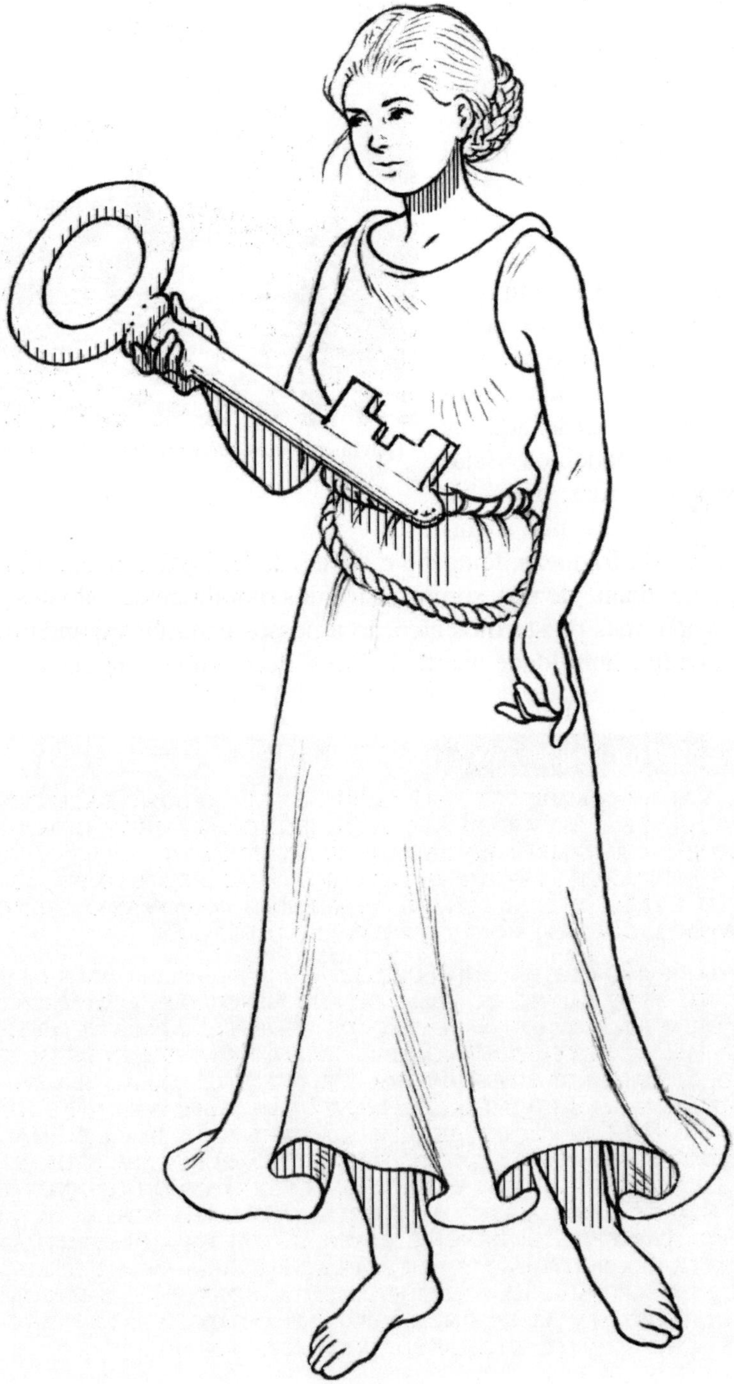

O pavimento mosaico

O pavimento mosaico é o lindo piso de uma Loja maçônica, variado e xadrez. Este símbolo destaca a diversidade de objetos que decoram e adornam toda a criação.

Nossos dias são variados e axadrezados por eventos imprevisíveis, bons e maus. Por isso nossa Loja é guarnecida com o trabalho em mosaico: para apontar a incerteza de todas as coisas aqui na Terra. Hoje, nós podemos viajar em prosperidade, mas, amanhã, podemos cambalear no caminho acidentado da fraqueza, tentação e adversidade. Então, enquanto tais emblemas estão diante de nós, somos instruídos moralmente a não nos gabarmos de nada, mas prestarmos atenção a nossos caminhos e andarmos com honestidade e humildade diante de Deus. Pois, embora alguns de nós

O pavimento mosaico é um símbolo da verdade filosófica.

Visão pessoal de Robert Lomas

O RITUAL MAÇOM DIZ: "O PISO XADREZ É PARA O SUMO SACERDOTE CAMINHAR", MAS NÃO SE REFERE APENAS AO SUMO SACERDOTE JUDEU DE SÉCULOS ATRÁS. É UM SÍMBOLO PARA CADA MEMBRO INDIVIDUAL DO OFÍCIO. TODO MAÇOM DEVE ALMEJAR TORNAR-SE O SUMO SACERDOTE DE SEU TEMPLO PESSOAL E FAZER DELE UM LUGAR ONDE PODE ENCONTRAR O GRANDE ARQUITETO DO UNIVERSO E CONHECER O PLANO DO COSMOS.

TODO SER VIVO NESTE MUNDO DUALISTA, SEJA MAÇOM OU NÃO, CAMINHA NO PAVIMENTO XADREZ DO BEM E DO MAL MESCLADOS. O PAVIMENTO MOSAICO É UM SÍMBOLO DE UMA VERDADE FILOSÓFICA. PARA O MAÇOM TORNAR-SE MESTRE DE SEU DESTINO, DEVE CAMINHAR NESSES OPOSTOS NO SENTIDO DE TRANSCENDÊ-LOS E DOMINÁ-LOS. ELE DEVE APRENDER A PISAR EM SUA NATUREZA SENSUAL INFERIOR E MANTÊ-LA SOB SEU DOMÍNIO E CONTROLE. DEVE CONSEGUIR ELEVAR-SE ACIMA DA MISTURA DO BEM E DO MAL E SER INDIFERENTE AOS ALTOS E BAIXOS DO DESTINO, QUE FAZEM SEUS PENSAMENTOS E AÇÕES OSCILAREM. O MAÇOM ESTÁ TENTANDO DESENVOLVER SUAS POTÊNCIAS ESPIRITUAIS INATAS, O QUE É IMPOSSÍVEL, CONTANTO QUE ELE SEJA DOMINADO POR TENDÊNCIAS MATERIAIS E AS EMOÇÕES FLUTUANTES DE PRAZER E DOR INVOCADAS POR ELAS. AO ELEVAR-SE ACIMA DELAS, O MAÇOM GANHA SERENIDADE E EQUILÍBRIO MENTAL SOB TODAS AS CIRCUNSTÂNCIAS. DESSA FORMA, ELE CAMINHA SOBRE O PISO XADREZ DA EXISTÊNCIA E AS TENDÊNCIAS CONFLITANTES DE SUA NATUREZA MATERIAL.

tenhamos nascido para situações mais elevadas do que outros, quando estamos no túmulo ficamos todos no mesmo nível, com a morte destruindo todas as distinções. Enquanto nossos pés pisam nesse trabalho em mosaico, deixamos nossas ideias retornarem ao original do qual foram criadas. Ajamos como homens bons e maçons, como os ditames da razão nos recordam: praticar a caridade, manter a harmonia e nos empenharmos para viver em união e amor fraterno.

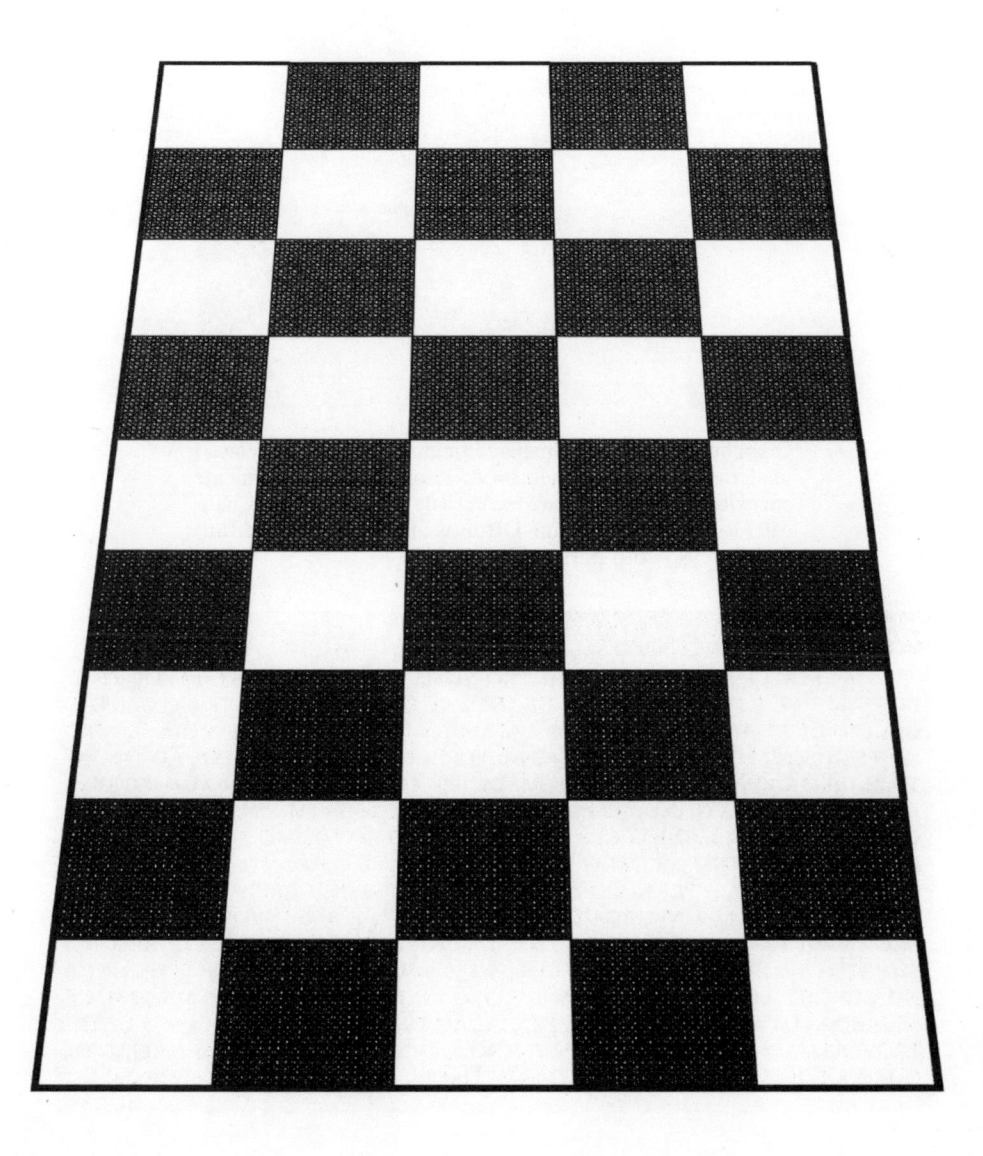

A estrela flamejante

A estrela flamejante é a glória no centro e nos alude ao Sol, que ilumina a Terra e, por sua influência benigna, distribui suas bênçãos à humanidade.

O símbolo da estrela flamejante tirado de uma interpretação moderna da Tábua de Delinear do Primeiro Grau, atualmente em exibição na Biblioteca Maçônica da Grande Loja do Chanceler Robert R. Livingston. Direitos autorais Angel Millar. Reimpresso com permissão.

Visão pessoal de Robert Lomas

A ESTRELA FLAMEJANTE É OUTRO NOME PARA O SÍMBOLO DO SOL. ESTE, POR SUA VEZ, É UM SÍMBOLO DE GRANDE POTENCIAL INERENTE NO CENTRO OCULTO DA ALMA DO CANDIDATO. UM MAÇOM APRENDE QUE HÁ UM CENTRO MISTERIOSO EM SEU SER QUE, A PRINCÍPIO, PARECE SER SÓ ESCURIDÃO. QUANTO MAIS ELE AVANÇA PARA DENTRO DE SEU INTERIOR, ALCANÇA A ESTRELA FLAMEJANTE OU A GLÓRIA EM SEU CENTRO. POR ESSA LUZ INSPIRADORA, ELE CONHECE A SI MESMO E O GRANDE ARQUITETO AO MESMO TEMPO, ALÉM DE PERCEBER SUA UNIÃO COM O PLANO CÓSMICO E OS PONTOS DE ASSOCIAÇÃO ENTRE ELE E O PLANO. DEPOIS DESSA EXPERIÊNCIA IMPRESSIONANTE E SUBLIME, SUA ALMA INICIADA É LEVADA DE VOLTA A SEU INVÓLUCRO CORPORAL E REUNIDA AOS COMPANHEIROS DE SUA ANTIGA LABUTA. ELE RETOMA SUA VIDA TEMPORAL COM UMA COMPREENSÃO CONSCIENTE DE SEU LUGAR NO COSMOS. SÓ ENTÃO ELE TEM DIREITO AO NOME DE MESTRE MAÇOM. OS SEGREDOS DA MAÇONARIA E DA INICIAÇÃO TRATAM DESSE PROCESSO DE INTROVERSÃO DA ALMA PARA SEU CENTRO E A VISÃO DA ESTRELA FLAMEJANTE, QUE SIMBOLIZA A DESCOBERTA DA NATUREZA MISTERIOSA DO CENTRO.

Símbolos do Primeiro Grau

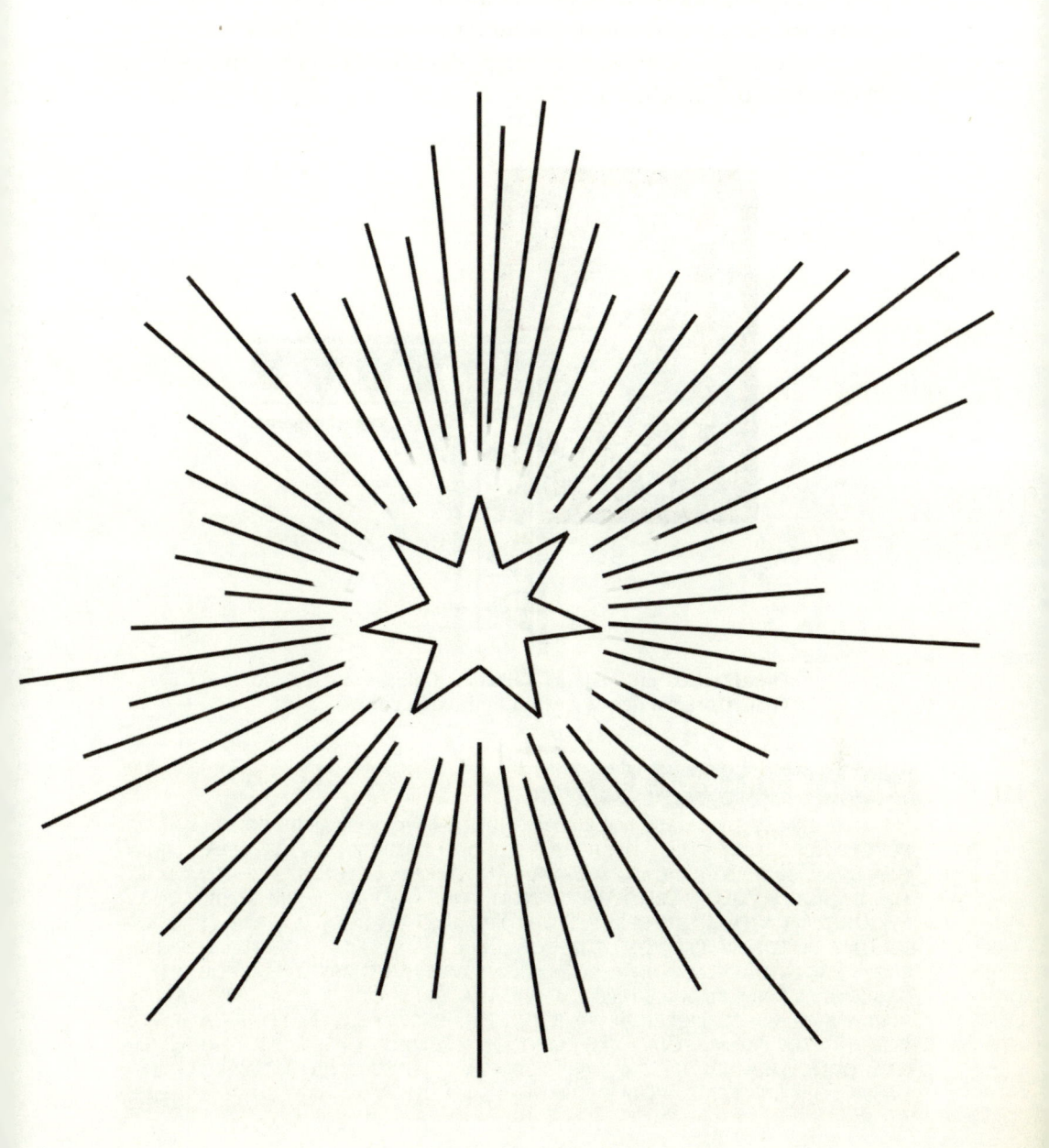

A Orla Dentada ou marchetada

A Orla Dentada ou marchetada alude aos planetas, que, em suas várias rotações, formam uma linda borda ou orla ao redor desse grande corpo celeste: o Sol. Da mesma forma, essa borda forma uma orla em volta de uma Loja Maçônica.

Orla Dentada mostrada na Tábua de Delinear do Terceiro Grau. Cortesia de <www.tracingboards.com>.

Visão pessoal de Robert Lomas

OS IRMÃOS DE UMA LOJA MAÇÔNICA SÃO COLOCADOS EM GRAUS DE PERCEPÇÃO DIFERENTES E DESIGUAIS NO PISO XADREZ DA VIDA, MAS A ORLA DENTADA, COM AS FRANJAS EM CADA CANTO, CERCA TODOS DA MESMA FORMA: SÁBIOS E TOLOS, ERUDITOS E INCULTOS. A BORDA É UM SÍMBOLO DA NATUREZA UNIFICADORA EM SER UM MEMBRO DA LOJA. A ORLA SIMBOLIZA UMA BORDA DA PROVIDÊNCIA COMUM; E, DA INTERAÇÃO MÚTUA ENTRE LUZ E ESCURIDÃO EM TODOS OS MAÇONS, VEM A COMPREENSÃO DE QUE A SABEDORIA SERÁ FINALMENTE JUSTIFICADA. ALÉM DISSO, NÃO PRECISAMOS RECLAMAR DOS PROCESSOS, QUE PODEM ENVOLVER TEMPORARIAMENTE CONTRASTES PRONUNCIADOS E DOLOROSOS, EMBORA ELES RESULTARÃO EM UMA CONCLUSÃO BENÉFICA. A ORLA DENTADA MOSTRA QUE O ESPÍRITO UNIDO DA LOJA ABRAÇA E APOIA OS IRMÃOS INDIVIDUAIS.

Símbolos do Primeiro Grau

A Tábua de Delinear

A Tábua de Delinear é usada pelo Mestre para traçar linhas e desenhos, ajudando mais os Irmãos a seguirem com a estrutura planejada com método e propriedade. O Livro da Lei pode muito bem ser considerado a Tábua de Delinear espiritual do Grande Arquiteto do Universo. Nele estão guardadas essas leis divinas e planos morais que, se os conhecermos e aderirmos a eles, nos levarão a uma mansão etérea que não foi feita com mãos, mas é eterna no céu.

A estrutura deriva da Tábua de Delinear.

Visão pessoal de Robert Lomas

ANTIGAMENTE, OS SÍMBOLOS DE GRAU ERAM DESENHADOS NO PISO DA LOJA PELO MUI VENERÁVEL MESTRE, USANDO GIZ E CARVÃO. DURANTE A CERIMÔNIA TRADICIONAL DA INSTALAÇÃO, O CANDIDATO GALGAVA OS DEGRAUS DO GRAU ACIMA DOS SÍMBOLOS QUE ILUMINAVAM O CONHECIMENTO COMUNICADO. NO FIM DA CERIMÔNIA, O CANDIDATO ESFREGAVA OS SÍMBOLOS PARA ESCONDÊ-LOS DOS OLHOS DOS PROFANOS. EM ANOS RECENTES, ESSE CONJUNTO DE SÍMBOLOS RECÉM-DESENHADOS FORAM SUBSTITUÍDOS, EM GRANDE PARTE, POR IMAGENS ARTÍSTICAS DOS MESMOS, NO CONTEXTO DO GRAU. COM O ESTUDO DAS TÁBUAS DE DELINEAR, O MAÇOM PODE DESCERRAR OS VÉUS DA ALEGORIA QUE COBREM OS ENSINAMENTOS DO OFÍCIO.

O OFÍCIO ÀS VEZES CHAMA A SI MESMO DE "FILHOS DA VIÚVA". COM ESSE NOME, INVOCA-SE O SÍMBOLO DA MAÇONARIA COMO UMA MÃE MÍSTICA E AMADA. NA TÁBUA DE DELINEAR, O OFÍCIO FICA ENVOLTO EM VÉUS ESCUROS E REPULSIVOS DA VIÚVA DE LUTO. QUANDO LEVANTAMOS ESSES VÉUS, DESCOBRIMOS A PRESENÇA DE ALGO DE MARAVILHA INTENSA E BELEZA CADA VEZ MAIOR. ALGO QUE DEIXARÁ A NÓS, E A NOSSO OFÍCIO, MAIORES DO QUE SOMOS ATUALMENTE.

Símbolos do Primeiro Grau

A pedra bruta

O Aprendiz trabalha, marca e corta a pedra bruta. Ela não foi desbastada, está como foi retirada da pedreira e, pelo esforço e criatividade do operário, é modelada, lavrada na devida forma, e considerada apta para a estrutura planejada. Este símbolo representa o homem em sua infância ou estado primitivo, bruto e inculto, como essa pedra. Só com o cuidado gentil e a atenção de seus pais ou tutores, que lhe dão uma educação liberal e virtuosa, sua mente fica culta, fazendo dele, assim, um membro digno da sociedade civilizada.

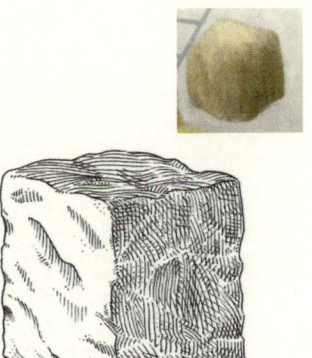

Visão pessoal de Robert Lomas

UM MAÇOM QUE DESEJA ELEVAR-SE ÀS ALTURAS DE SEU SER, PRIMEIRO DEVE DESPEDAÇAR SUA PRÓPRIA NATUREZA E INCLINAÇÕES INFERIORES. DEVE APERFEIÇOAR SUA CONDUTA LUTANDO CONTRA SUAS INCLINAÇÕES NATURAIS. SUA NATUREZA MATERIAL COMUM É SIMBOLIZADA PELA PEDRA BRUTA, COMO ELA É RETIRADA DA TERRA DA PEDREIRA. O CANDIDATO RECEBE FERRAMENTAS ESPIRITUAIS PARA TRABALHAR A PEDRA BRUTA DE SUA NATUREZA NO CUBO PERFEITO DE UMA ALMA ESCLARECIDA. E O CUBO TEM UM SEGREDO, DE MODO QUE, QUANDO REVELADO, ELE DENOTA E TOMA A FORMA DA CRUZ, FEITA DE QUATRO ÂNGULOS RETOS OU QUADRADOS.

A pedra perfeita

A pedra perfeita é para o artífice experiente testar e ajustar, nela, suas joias. É um dado ou quadrado perfeito, apto apenas para ser testado pelo esquadro e pelo compasso. Este símbolo representa o homem no declínio de seus anos, depois de uma vida regular e bem aproveitada, realizando atos de devoção e virtude. Ele somente pode ser testado e aprovado pelo esquadro da palavra de Deus e pelo compasso de sua consciência autoconvincente.

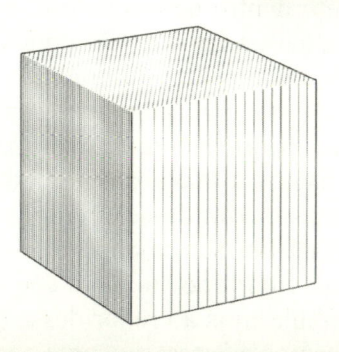

Visão pessoal de Robert Lomas

O ESTADO DO DESENVOLVIMENTO ESPIRITUAL, INDICADO PELA PEDRA PERFEITA, É O TRABALHO ENVOLVIDO NO SEGUNDO GRAU MAÇÔNICO. PARA ATINGI-LO, A ALMA E O CORPO DO MAÇOM DEVEM SER POSTOS EM UM RELACIONAMENTO EQUILIBRADO ANTES DE PASSAR POR UMA EXPERIÊNCIA REGENERATIVA CRUCIAL, CONHECIDA COMO A CRUZ OU TRANSIÇÃO DA VIDA NATURAL PARA A SOBRENATURAL.

A CRUZ, COMO UM SÍMBOLO FILOSÓFICO, É MUITO ANTERIOR AO CRISTIANISMO. NA MAÇONARIA É IMPORTANTE COMO UM SÍMBOLO DOS QUATRO ELEMENTOS PRIMORDIAIS (FOGO, ÁGUA, AR E TERRA) REUNIDOS EM UM ESTADO DE UNIÃO EQUILIBRADA. TODOS OS MAÇONS RECÉM-ADMITIDOS DEVEM TER MUITO OU POUCO, DE UM OU OUTRO ELEMENTO, EM SUA COMPOSIÇÃO, E A NECESSIDADE PARA RESTAURAR OS ELEMENTOS INTERNOS DO CORPO, DA MENTE, DO ESPÍRITO E DA ALMA, PARA NOS EQUILIBRARMOS E HARMONIZARMOS, É O PROBLEMA VITAL QUE TODOS COMPARTILHAMOS.

A CRUZ DA PEDRA PERFEITA REVELADA É UM SÍMBOLO PATENTE DA ALMA HUMANA. NOSSO EGO ESTÁ LIGADO PELA CRUZ DOS QUATRO ELEMENTOS MATERIAIS, QUE ELE DEVE CONQUISTAR PARA TER EQUILÍBRIO E HARMONIA. O RITUAL MAÇÔNICO DIZ: "DEVEMOS FAZER TODAS AS NOSSAS PAIXÕES E PRECONCEITOS COINCIDIREM COM A LINHA RÍGIDA DA VIRTUDE E, EM CADA BUSCA, TER A ETERNIDADE EM VISTA".

A PEDRA PERFEITA SIMBOLIZA O ESTADO DE EQUILÍBRIO E HARMONIA, QUE É O OBJETIVO DE CADA COMPANHEIRO MAÇOM.

O ponto dentro de um círculo

Em todas as Lojas regulares, bem formadas e constituídas, há um ponto dentro de um círculo ao redor do qual os Irmãos não podem errar. Este círculo está delimitado, entre o Norte e o Sul, por duas grandes linhas paralelas: uma representando Moisés e, a outra, o rei Salomão. Na parte superior desse círculo fica o Livro da Lei sustentando a Escada de Jacó, cujo topo vai até o céu. Ao perambularmos ao redor desse círculo, devemos necessariamente tocar nas duas linhas paralelas e, também, no Livro da Lei. Enquanto um maçom se mantiver assim circunscrito, ele não pode errar.

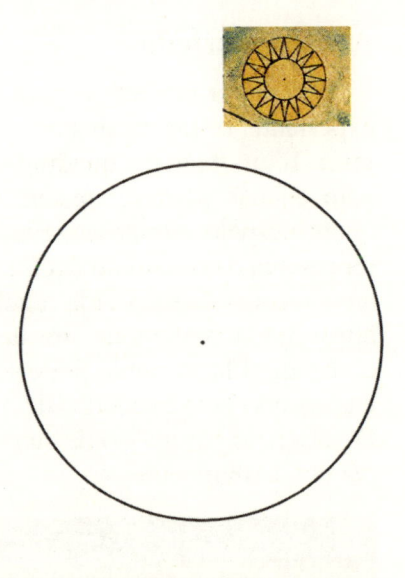

Visão pessoal de Robert Lomas

EXISTE UM PRINCÍPIO LATENTE, MAS CRUCIAL, COMO O PONTO CENTRAL DO CÍRCULO DA INDIVIDUALIDADE DE UM MAÇOM. ASSIM COMO O UNIVERSO EXTERIOR É UMA PROJEÇÃO EXTERIORIZADA DO GRANDE ARQUITETO, O MAÇOM INDIVIDUAL EXTERNO É A EXTERIORIZAÇÃO DE UMA CENTELHA DIVINA INERENTE, PELA QUAL A VONTADE PRÓPRIA E O DESEJO PESSOAL FICARAM DESLOCADOS E DESLIGARAM A CONSCIÊNCIA DO MAÇOM. RETOMAR O CONTATO COM ESSE PRINCÍPIO DIVINO CENTRAL É O OBJETIVO DA MAÇONARIA. QUANDO UM MAÇOM DEIXA DE SER APENAS UM ANIMAL RACIONAL E SE INTERESSA PELOS MISTÉRIOS DO CENTRO, ELE RECUPERA OS SEGREDOS PERDIDOS E GENUÍNOS DE SEU SER. O MAÇOM QUE CHEGA A ESSE PONTO VIVE DO CENTRO, POIS É O FIM, O OBJETO E A META DE SUA EXISTÊNCIA.

AQUELE QUE ENCONTROU E VIVE DO CENTRO DIVINO DE SEU SER, AQUELE PONTO NO QUAL UM MESTRE MAÇOM NÃO PODE ERRAR, POSSUI SABEDORIA E PODERES ALÉM DA IMAGINAÇÃO DO MUNDO NÃO INICIADO.

Giz, carvão e barro

O giz é um depósito antigo, puro em sua brancura e abundante. É um emblema da sabedoria secreta maçônica, uma antiga doutrina revelada e depositada por fontes celestes para a edificação do homem. É livre para quem o procura e, como tal, deixa uma marca em sua mente.

O carvão é um emblema do calor ardente. Simboliza a necessidade de a doutrina maçônica ser queimada no tecido do nosso ser, misturada ao nosso barro pessoal e inscrita nas tábuas carnudas do coração. Assim como o giz e o carvão, a Tábua de Delinear foi impressa pessoalmente no piso terreno da Loja.

Visão pessoal de Robert Lomas

ESTES MATERIAIS, GIZ BRANCO, CARVÃO NEGRO E O BARRO MALEÁVEL, SIMBOLIZAM A VERDADE, A COMPREENSÃO E O CRESCIMENTO. NADA É MAIS LIVRE DO QUE O GIZ. SEU TOQUE MAIS LEVE DEIXA UM TRAÇO. NADA É MAIS ARDENTE QUE CARVÃO. QUANDO É ACESO DIREITO, NENHUM METAL PODE RESISTIR À SUA FORÇA. NADA É MAIS ZELOSO E ADAPTÁVEL DO QUE O BARRO: NOSSA MÃE TERRA TRABALHA CONTINUAMENTE PARA NOSSO APOIO. DO BARRO VIEMOS, AO BARRO VOLTAREMOS.

O GIZ É ABUNDANTEMENTE LIVRE AO SERVIÇO DO HOMEM E DEIXA SUA MARCA ONDE TOCA. SIMBOLIZA A SABEDORIA MAÇÔNICA SECRETA, UMA DOUTRINA REVELADA E DEPOSITADA PELO CENTRO MÍSTICO PARA A EDIFICAÇÃO ESPIRITUAL DE TODOS OS MAÇONS. SUA BRANCURA REPRESENTA A PUREZA DO ENSINAMENTO MAÇÔNICO E SUA NATUREZA MOSTRA COMO O ENSINAMENTO ADERE FÁCIL ÀQUELES QUE O BUSCAM.

O Lewis

Se você quiser dar a seu filho um nome maçom, deve chamá-lo de Lewis, que simboliza força. Este nome é retratado nas Lojas Maçônicas por certas peças de metal encaixadas em uma pedra, formando um gancho. Quando combinado com algum dos poderes mecânicos, como um sistema de polias, com esse mecanismo o maçom operativo pode levantar grandes pesos até certas alturas com pouca dificuldade e fixá-los em suas bases adequadas.

Um Lewis, por ser filho de um maçom, tem o dever com seus pais idosos de suportar o calor e o fardo do dia, do qual eles devem ser dispensados por causa da idade. Ele deve ajudá-los na hora da necessidade, assegurando, assim, que seus últimos dias sejam felizes e confortáveis. Seu privilégio por fazer isso é ser admitido maçom antes de qualquer outra pessoa, por mais digna que seja.

O Lewis é um símbolo da força.

Visão pessoal de Robert Lomas

O NOME LEWIS ESTÁ TRADICIONALMENTE ASSOCIADO AO OFÍCIO. É O NOME DADO AO FILHO DE UM MAÇOM. MAS ESTE SÍMBOLO, TAMBÉM ASSOCIADO À LUZ, É UM MECANISMO USADO POR MAÇONS OPERATIVOS PARA IÇAR E COLOCAR PESOS EM SUAS BASES. SIMBOLICAMENTE, ISSO SE REFERE AO FATO DE QUE, QUANDO A LUZ DIVINA APARECE DAS PROFUNDEZAS SUBMERSAS DE UM MAÇOM E ENCAIXADA EM SUA ALMA, ELE É FACILMENTE ATACADO POR DIFICULDADES, PROBLEMAS E "PESOS" DE TODOS OS TIPOS. O NOME TAMBÉM SIMBOLIZA O JULGAMENTO MORAL DE UM MAÇOM, QUE O ENSINA A JULGAR VALORES REAIS E, NAS PALAVRAS DO RITUAL, "FIXÁ-LOS EM SUAS BASES ADEQUADAS".

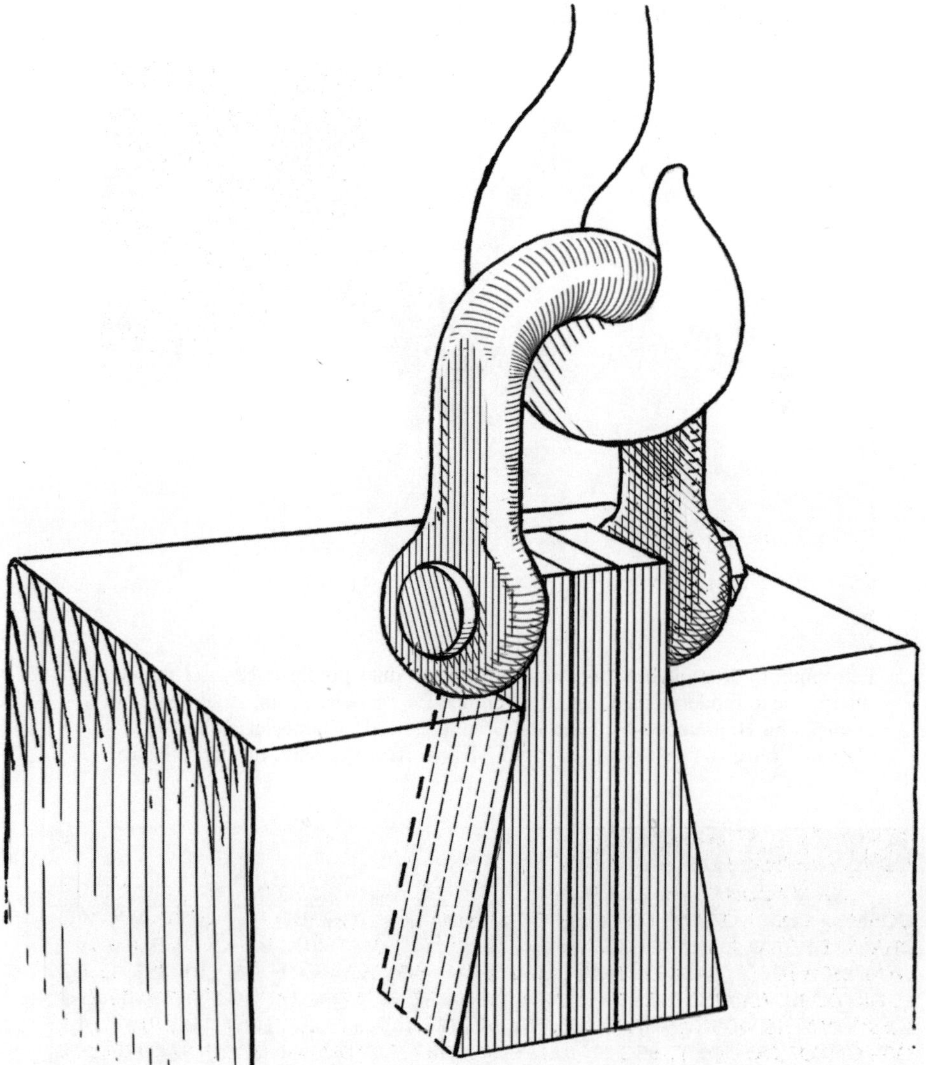

O esquadro e o compasso com as duas pontas cobertas

Seu progresso na Maçonaria é marcado pela posição do esquadro e do compasso. Quando é um Aprendiz, as duas pontas ficam escondidas. Este é o emblema característico deste grau.

Este símbolo do esquadro e o compasso com as duas pontas cobertas é de uma interpretação moderna da Tábua de Delinear do Primeiro Grau, atualmente em exibição na Biblioteca Maçônica da Grande Loja do Chanceler Robert R. Livingston. Direitos reservados Angel Millar. Reimpresso com permissão.

Visão pessoal de Robert Lomas

NA MAÇONARIA, FALAMOS DO GRANDE ARQUITETO DO UNIVERSO E DO COSMOS COMO O TEMPLO CÓSMICO SENDO CONSTRUÍDO DE ACORDO COM O PLANO DIVINO, E MEDIDO COM A AJUDA DOS COMPASSOS E ESQUADROS DIVINOS. ESTA IDEIA, BASE DA DOUTRINA E FILOSOFIA MAÇÔNICAS, É O PRIMEIRO SEGREDO REVELADO A CADA CANDIDATO. ELE VÊ O ESQUADRO E O COMPASSO LOGO DEPOIS DE TER SUA VENDA RETIRADA. POR SER APENAS UM APRENDIZ, OS PONTOS DO COMPASSO FICAM ESCONDIDOS EMBAIXO DO ESQUADRO. ELE AINDA NÃO ESTÁ PREPARADO PARA PARTICIPAR DA APLICAÇÃO DO PLANO DIVINO. MAS, COMO MAÇOM, AGORA É SEU DEVER COOPERAR COM O GRANDE ARQUITETO NA EXECUÇÃO DE SEU PLANO, ERIGINDO O GRANDE TEMPLO CÓSMICO. O ESQUADRO QUE COBRE O COMPASSO SIMBOLIZA A FERRAMENTA ESPIRITUAL QUE ELE PRECISARÁ DOMINAR PARA MOLDAR SUA ALMA EM UM CUBO PERFEITO.

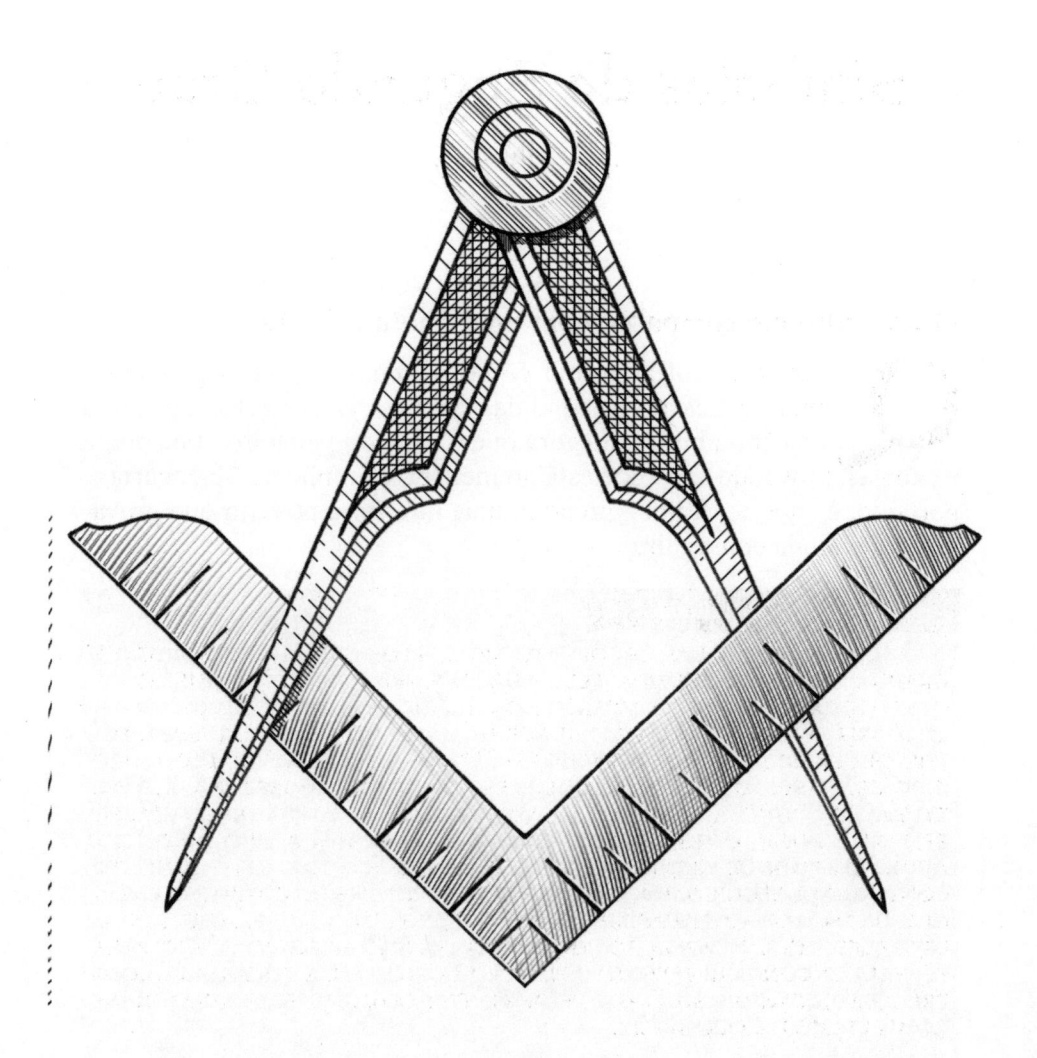

Símbolos do Primeiro Grau 205

Capítulo 11

Símbolos do Segundo Grau

O esquadro e o compasso com uma ponta coberta

Quando você foi admitido como Aprendiz, as duas pontas do compasso ficavam escondidas de sua vista, mostrando que é um recém-admitido. Agora que é um Companheiro, uma ponta é exposta, provando que você está no meio do caminho na Maçonaria e, portanto, é superior a um Aprendiz, mas inferior à posição que provavelmente ainda conseguirá.

> **Visão pessoal de Robert Lomas**
>
> À MEDIDA QUE UM MAÇOM PROGRIDE PELOS GRAUS, A ESCURIDÃO É GRADUALMENTE DISSOLVIDA PELA LUZ. NO GRAU DE COMPANHEIRO DE OFÍCIO, UMA PONTA DO COMPASSO DO GRANDE ARQUITETO APARECE PARA ENCOBRIR O ESQUADRO DA ATIVIDADE HUMANA NO MOLDE DA ALMA. DEPOIS DE SER INICIADO NOS PRINCÍPIOS MÍSTICOS E CÓSMICOS DO ESQUADRO E DO COMPASSO, O MAÇOM VÊ QUE ELES SE APOIAM NA BASE INABALÁVEL DO PLANO DIVINO. A MUDANÇA NA VISIBILIDADE DA PONTA DO COMPASSO REFLETE A POSIÇÃO NO MEIO DO CAMINHO DO COMPANHEIRO DE OFÍCIO. AGORA ELE PODE DISCERNIR, TANTO NO COMPASSO COMO EM SI, O CONFLITO CONTÍNUO DE ESCURIDÃO E LUZ. QUANDO AS PONTAS DO COMPASSO EMERGEM DA ESCURIDÃO, ELAS SIMBOLIZAM QUE, NO FIM, A LUZ SEMPRE VENCE. ESTE SÍMBOLO, EM EVOLUÇÃO, PREPARA O COMPANHEIRO DO OFÍCIO PARA ESPERAR ENCONTRAR DIFICULDADES ENQUANTO TENTA FOCAR SUA COMPREENSÃO, COMO SIMBOLIZADO PELAS PONTAS DO COMPASSO ELEVANDO-SE COMPLETAMENTE PARA A LUZ.

Símbolos do Segundo Grau

Um sinal de madeira de uma taverna no norte de Nova York. Da coleção do Chanceler Robert R. Livingston. Biblioteca Maçônica da Grande Loja, Nova York, N.Y.

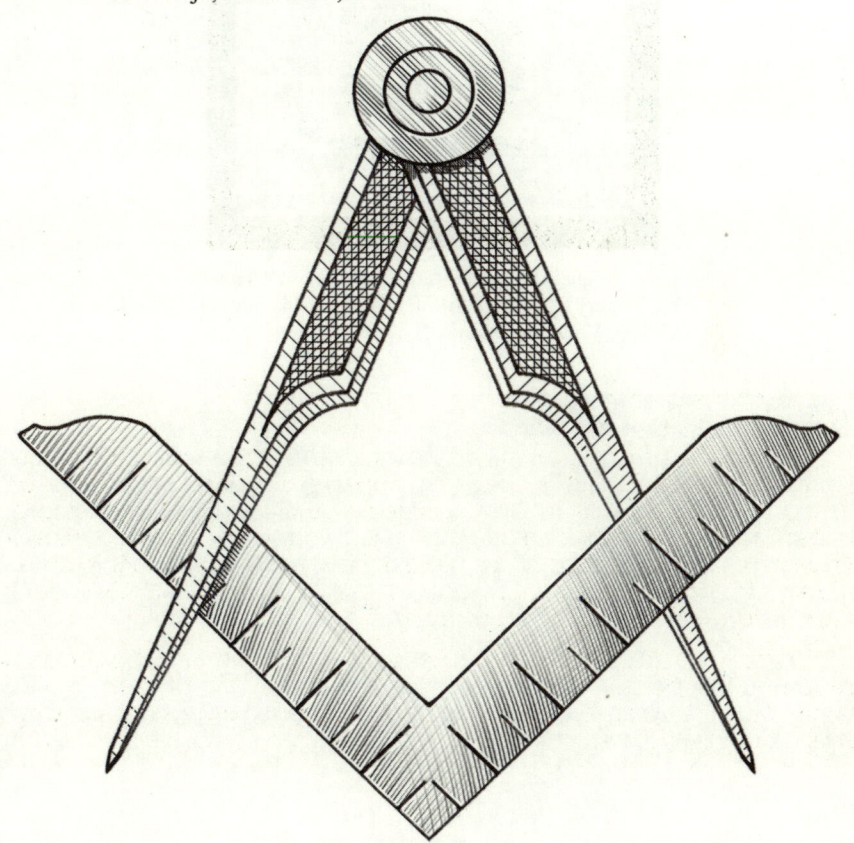

A coluna direita

Jachin era o nome da coluna direita que ficava na entrada ou pórtico do Templo do Rei Salomão. Recebeu o nome do grande sumo sacerdote que oficiou na dedicação do templo e representa o poder do sacerdote e a força benevolente da religião.

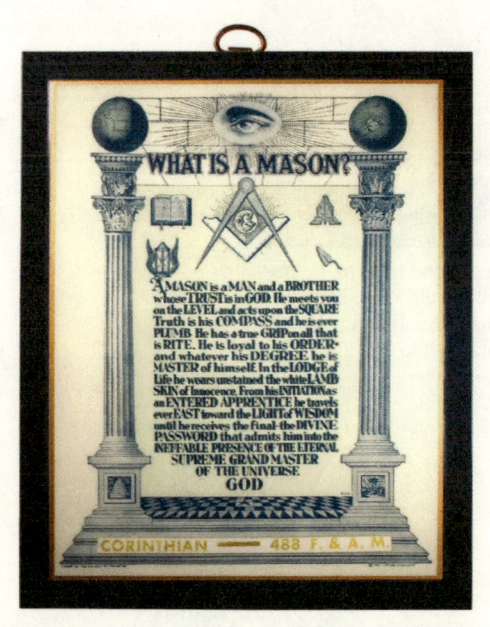

Uma plaqueta de madeira da coleção do Chanceler Robert R. Livingston. Biblioteca Maçônica da Grande Loja, Nova York, N.Y.

Visão pessoal de Robert Lomas

LEMBRE-SE DE QUE A COLUNA ESQUERDA RECEBEU O NOME DE UM REI E GOVERNANTE E SIMBOLIZA A FORÇA DO PODER SECULAR NA SOCIEDADE. DA MESMA FORMA, A COLUNA DIREITA RECEBEU O NOME DE UM SUMO SACERDOTE E SIMBOLIZA O PODER E A FORÇA DA RELIGIÃO NA VIDA DA SOCIEDADE. A ATIVIDADE SÁBIA (BOAZ) DEVE SER EQUILIBRADA COM A PASSIVIDADE IGUALMENTE SÁBIA (JACHIN), SE UM MAÇOM SE ESTABELECER NA FORÇA E FICAR FIRME E CONSOLIDADO ESPIRITUALMENTE.

ESTE NÃO É UM TRABALHO PARA SER FEITO COM PRESSA. OS QUE CONSTROEM OS TEMPLOS DA HUMANIDADE DEVEM TRABALHAR DEVAGAR E NÃO FAZER NADA EM EXCESSO, CONSIDERANDO APENAS AS FORÇAS DOS PODERES TEMPORAL E ESPIRITUAL.

Símbolos do Segundo Grau

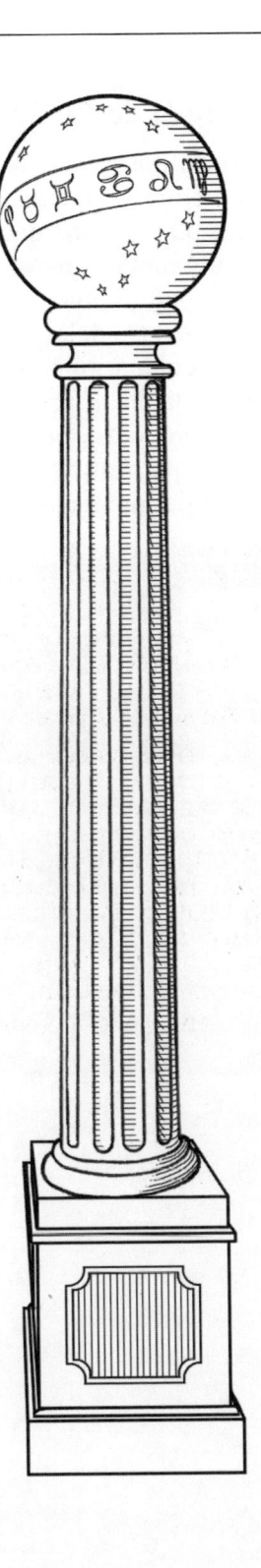

As duas colunas na entrada do Templo do Rei Salomão

A coluna à esquerda do pórtico do Templo do Rei Salomão chamava-se Boaz e a coluna da direita, Jachin. Aquela denota força e esta, quando juntas, estabilidade. O ritual diz que cada uma tinha 17,5 côvados de altura, 12 de circunferência e quatro de diâmetro.

As colunas eram ocas para melhor servirem como arquivos para os maçons, que depositaram dentro delas os anais constitucionais. Cada borda externa, ou casca da coluna, tinha quatro polegadas [dez centímetros] de espessura e era feita de bronze derretido. O revestimento foi fundido na planície do Rio Jordão, na terra argilosa entre Sucot e Sartã, onde o rei Salomão ordenou que elas e todos os seus recipientes sagrados fossem produzidos. O superintendente da fundição foi Hiram Abiff.

Visão pessoal de Robert Lomas

TODA MATÉRIA COMPÕE-SE DE FORÇAS POSITIVAS E NEGATIVAS EM EQUILÍBRIO PERFEITO, E CONTÉM OBJETOS QUE SE DESINTEGRARIAM E DESAPARECERIAM SE ELES NÃO PERMANECEREM FIRMES, EM EQUILÍBRIO PERFEITO. AS DUAS COLUNAS SIMBOLIZAM ESSA INTEGRIDADE PERFEITA DE CORPO E ALMA, O QUE É ESSENCIAL PARA CONQUISTAR A PERFEIÇÃO ESPIRITUAL.

NA FILOSOFIA ANTIGA, TODAS AS COISAS FORAM CRIADAS DO FOGO E DA ÁGUA, O FOGO COMO ELEMENTO ESPIRITUAL E A ÁGUA, COMO ELEMENTO MATERIAL. AS DUAS COLUNAS REPRESENTAM ESSAS PROPRIEDADES UNIVERSAIS. NESSE SIMBOLISMO, O CAMINHO PARA A SABEDORIA VERDADEIRA É UMA ENTRADA ENTRE FOGO, NA MÃO DIREITA, E A ÁGUA PROFUNDA, NA ESQUERDA. O CAMINHO É TÃO ESTREITO QUE O MAÇOM DEVE ATRAVESSÁ-LO SOZINHO. ESSE CAMINHO ESTREITO DA VERDADEIRA INICIAÇÃO É SIMBOLIZADO QUANDO ENTRAMOS NO TEMPLO CÓSMICO, ENTRE AS COLUNAS SIMBÓLICAS. POIS, COMO O RITUAL DIZ: "AQUELA DENOTA FORÇA; ESTA, ESTABELECER; E, QUANDO JUNTAS, ESTABILIDADE, POIS DEUS DISSE 'COM FORÇA ESTABELECEREI MINHA PALAVRA EM MINHA CASA, PARA QUE ELA FIQUE DE PÉ PARA SEMPRE'".

Símbolos do Segundo Grau

Esse certificado de associação do século XVIII na "Loge Le Parfait Silence" em Lyon, França, está situado entre duas colunas e inclui um texto em três idiomas: francês, italiano e inglês.

Os capitéis

Os capitéis de cada uma dessas colunas eram decorados com redes, lírios e romãs. Cada tipo de decoração tinha um sentido simbólico, explicado depois. Elas também serviam para indicar o lugar onde estavam guardados os segredos da Maçonaria.

Os capitéis oferecem mais uma camada de simbolismo às duas colunas. Cortesia de <www.tracingboards.com>.

Visão pessoal de Robert Lomas

HÁ OUTRAS CAMADAS DE SIMBOLISMO NAS DUAS COLUNAS QUE FICAVAM NA ENTRADA DO TEMPLO DO REI SALOMÃO. OS CAPITÉIS FORAM DEIXADOS OCOS QUANDO FORAM FUNDIDOS COM BRONZE DERRETIDO NA PLANÍCIE DO RIO JORDÃO, NA TERRA ARGILOSA ENTRE SUCOT E SARTÃ. ESSE TRABALHO DE FUNDIÇÃO FOI DIRIGIDO PELO MESTRE ARQUITETO HIRAM ABIFF. ELE FUNDIU AS COLUNAS OCAS PARA SERVIREM COMO UM REPOSITÓRIO DOS ARQUIVOS DA MAÇONARIA, GUARDADOS DENTRO DELAS. PARA MARCAR QUE ELAS CONTINHAM OS SEGREDOS OCULTOS DA MAÇONARIA, OS CAPITÉIS TINHAM CINCO CÔVADOS DE ALTURA E ERAM DECORADOS COM SÍMBOLOS ADEQUADOS.

A rede

A rede, feita de tramas entrelaçadas, representa união.

A rede simboliza a união universal e a irmandade da Maçonaria. Cortesia de <www.tracingboards.com>.

Visão pessoal de Robert Lomas

O RITUAL NOS DIZ QUE AS CABEÇAS DAS DUAS COLUNAS FORAM ENRIQUECIDAS COM REDES. PELA UNIÃO E NATUREZA ENTRELAÇADA DE SUAS TRAMAS, ELA SIMBOLIZA A UNIÃO UNIVERSAL E IRMANDADE DA MAÇONARIA. A REDE FOI O TRABALHO FINAL, FEITO ANTES DE AS COLUNAS SEREM CONSIDERADAS ACABADAS. NESSE SIMBOLISMO, OS IRMÃOS APRENDEM QUE O TRABALHO NO TEMPLO DA HUMANIDADE SÓ ESTARÁ COMPLETO SE TODOS PUDEREM SE RESPEITAR COMO IRMÃOS. OS REGISTROS OCULTOS TÊM O PLANO DIVINO DE COMO ISSO PODE SER CONSEGUIDO.

Flor-de-lis

A flor-de-lis, por sua brancura, representa a paz.

A flor-de-lis significa um amor mais completo na perfeição. Cortesia de <www.tracingboards.com>.

Visão pessoal de Robert Lomas

A FLOR-DE-LIS QUE ADORNA OS CAPITÉIS É UM SÍMBOLO DE PAZ E PUREZA. SUA BRANCURA FALA DE LUZ E VERDADE, E AS FLORES REPRESENTAM A PAZ. A FLOR-DE-LIS É UM SÍMBOLO TRADICIONAL DE DIVINDADE, PUREZA E ABUNDÂNCIA. SIGNIFICA UM AMOR MAIS COMPLETO NA PERFEIÇÃO, NA CARIDADE E NA GRAÇA DIVINA. A FLOR-DE-LIS CERCA CADA UMA DAS DUAS COLUNAS, ASSIM COMO O AMOR FRATERNO DA ORLA DENTADA CERCA A LOJA.

As romãs

As romãs, pela exuberância de suas sementes, representam a fartura. Havia duas fileiras de romãs em cada capitel, com cem em cada um.

Por causa da abundância das sementes da romã, ela simboliza a riqueza. Cortesia de <www.tracingboards.com>.

Visão pessoal de Robert Lomas

PARA AS NAÇÕES DA ANTIGUIDADE, A ROMÃ FOI UM SÍMBOLO MUITO ESTIMADO. POR CAUSA DA ABUNDÂNCIA DAS SEMENTES, ERA CONHECIDA COMO UM SÍMBOLO DE RIQUEZA, ABUNDÂNCIA E FARTURA. DIZIAM AOS MAÇONS QUE A BARRA DO MANTO DE AARÃO ERA DECORADA COM CAMPÂNULAS DOURADAS E ROMÃS, QUE TAMBÉM ADORNAVAM OS CANDELABROS DOURADOS NO TEMPLO. TINHAM DUAS FILEIRAS, CADA UMA CONTENDO CEM ROMÃS EM CADA CAPITEL, SIMBOLIZANDO A PROSPERIDADE E A RIQUEZA DE CONHECIMENTO, CONTIDAS NOS ARQUIVOS SECRETOS DA MAÇONARIA.

Os globos

As colunas eram adornadas também com duas esferas que continham mapas dos globos celeste e terrestre, destacando que a Maçonaria é uma ciência universal.

O globo celeste representa o poder do sacerdote sobre os reinos do céu, e o terrestre representa o poder do rei sobre as nações da Terra. Cortesia de <www.tracingboards.com>.

Visão pessoal de Robert Lomas

OS CAPITÉIS DAS DUAS COLUNAS TAMBÉM ERAM DECORADOS COM DUAS ESFERAS. A COLUNA DE BOAZ TINHA UM GLOBO TERRESTRE E A DE JACHIN, UM GLOBO CELESTE. ELES SIMBOLIZAM O PODER DO REI SOBRE AS NAÇÕES DA TERRA E O PODER DO SACERDOTE SOBRE OS REINOS DO CÉU, RESPECTIVAMENTE. AS COLUNAS DO PRIMEIRO E DO SEGUNDO VIGILANTES REPERCUTEM OS GLOBOS CELESTE E TERRESTRE QUANDO A LOJA É ABERTA. O GLOBO CELESTE DO PRIMEIRO VIGILANTE FICA ELEVADO E O GLOBO TERRESTRE DO SEGUNDO VIGILANTE FICA ABAIXADO, PARA DEMONSTRAR QUE A LOJA TRABALHA NO NÍVEL ESPIRITUAL, E NÃO NO TEMPORAL.

Símbolos do Segundo Grau

A Câmara do Meio

Nossos Irmãos antigos iam receber seus salários na Câmara do Meio do Templo do Rei Salomão. Eles entravam pelo pórtico ou entrada no lado sul, chegando ao pé da escada de caracol que levava à Câmara do Meio.

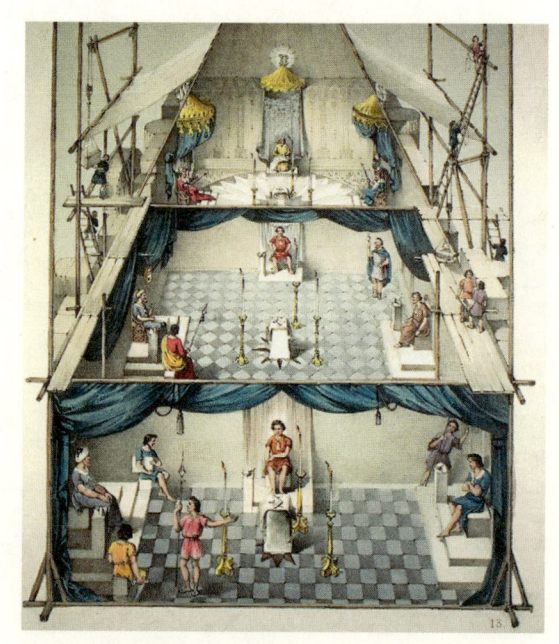

Uma impressão litográfica bem colorida de um livro da Loja, mostrando a Câmara do Meio pela qual os maçons passavam antes de alcançar o fogo do espírito. Da coleção do Chanceler Robert R. Livingston. Biblioteca Maçônica da Grande Loja, Nova York, N.Y.

Visão pessoal de Robert Lomas

A CÂMARA DO MEIO É UM SÍMBOLO DA MENTE HUMANA. ELA FICA NO MEIO DO CAMINHO ENTRE AS COISAS MATERIAIS E ESPIRITUAIS. É REPRESENTADA COMO UM LUGAR SAGRADO INTERMEDIÁRIO, POR ONDE O MAÇOM DEVE PASSAR ANTES DE ALCANÇAR ESSE SANTO DOS SANTOS FINAL: O FOGO DO ESPÍRITO. POR SER UMA CÂMARA DO MEIO, O MAÇOM É LEVADO A SEGUIR UMA ASCENSÃO GRADUAL, DO MATERIAL PARA O ESPIRITUAL. ESSE SIMBOLISMO EXPLICA POR QUE ATINGIMOS NÍVEIS CADA VEZ MAIS ELEVADOS, ABRINDO-O SIMBOLICAMENTE DE UM GRAU A OUTRO, E EXPONDO EM CADA NÍVEL A TÁBUA DE DELINEAR APROPRIADA. MAS NÃO DEVEMOS NOS ESQUECER DE QUE CADA ABERTURA E GRAU ENVOLVEM UMA ELEVAÇÃO DA MENTE E DO CORAÇÃO A UM NÍVEL MAIS ALTO DE CONTEMPLAÇÃO.

Símbolos do Segundo Grau   219

A escada em caracol

Quando os Irmãos se aproximavam da escada em caracol, o Segundo Vigilante impedia sua subida. Ele exigia deles o toque e a palavra de passe. Só era permitida a passagem daqueles que conseguiam dar os dois corretamente.

Os Irmãos que passavam subiam por uma escada em caracol composta de três, cinco, sete, ou mais degraus: três para governar uma Loja, cinco para constituí-la e sete, ou mais, para torná-la perfeita. Os três degraus representam o Mui Venerável Mestre e seus dois Vigilantes, os cinco representam o Mui Venerável Mestre, os dois Vigilantes e dois Companheiros de Ofício e os sete representam esses cargos e mais dois Aprendizes.

Três governam uma Loja porque foram três os Grão-Mestres que presidiram a construção do Templo do Rei Salomão: Salomão, rei de Israel; Hirão, rei de Tiro, e Hiram Abiff, mestre arquiteto. Sete ou mais a tornam perfeita porque o rei Salomão demorou mais de sete anos para construir e dedicar o templo em Jerusalém ao serviço de Deus. Os sete degraus também representam as sete artes e ciências liberais: Gramática, Retórica, Lógica, Aritmética, Geometria, Música e Astronomia.

A escada em espiral, como vista em uma versão de uma Tábua de Delinear do Segundo Grau.

Quando nossos antigos Irmãos alcançaram o topo da escada em caracol, chegaram à porta da Câmara do Meio. Eles a encontraram aberta, mas devidamente guardada pelo antigo Primeiro Vigilante, que exigiu deles o sinal, o toque e a palavra de um Companheiro do Ofício. Depois de fornecerem essas provas convincentes, os Irmãos puderam passar. Eles entraram então na Câmara do Meio para receber seus salários, o que faziam sem escrúpulos nem desconfianças. Quando estavam na câmara, certos caracteres hebraicos chamaram sua atenção, que agora estão representados em um Companheiro da Loja do Ofício pela letra G, indicando o Grande Arquiteto do Universo.

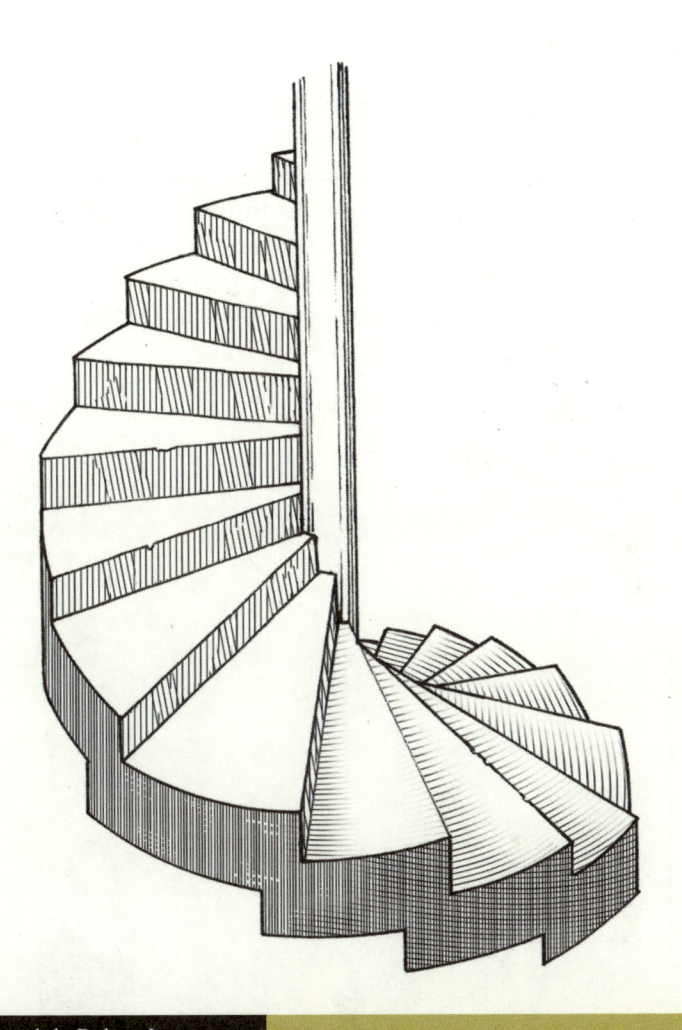

Visão pessoal de Robert Lomas

QUANDO UM CANDIDATO A COMPANHEIRO DE OFÍCIO ENTRA PELA PRIMEIRA VEZ NA LOJA, ELE TRILHA UM CAMINHO QUADRADO. AO FAZER ISSO, ELE VISITA OS QUATRO LADOS POR VEZ E CADA UM DOS MÉTODOS SIMBÓLICOS, PARA GANHAR CONHECIMENTO. MAS, ENTÃO, ELE É ORIENTADO A SUBIR EM ESPIRAL POR UM LANCE DE DEGRAUS EM CARACOL. OS DEGRAUS NIVELADOS CEDERAM PASSAGEM A UMA SUBIDA ESPIRAL, SIMBOLIZANDO QUE O CANDIDATO ESTÁ PRONTO PARA DEIXAR O NÍVEL DO MUNDO SENSORIAL E ELEVAR-SE AO SUPRASSENSORIAL. À MEDIDA QUE SOBE PELA ESCADA EM CARACOL, O CANDIDATO DEIXA PARA TRÁS, MENTALMENTE, O MUNDO EXTERNO E ELEVA-SE A UM MUNDO ESPIRITUAL INTERIOR. SIMBOLICAMENTE, ENQUANTO ELE SOBE A ESCADA EM CARACOL, SUA MENTE ASCENDE À FONTE DE LUZ. EXPLORAR ESSAS NOVAS REGIÕES E APRENDER SEUS MUITOS SEGREDOS E MISTÉRIOS É SEU DEVER COMO COMPANHEIRO DE OFÍCIO.

Os salários

Como observado antes, nossos antigos Irmãos recebiam seus salários na Câmara do Meio do Templo. Eles recebiam seus salários sem escrúpulos nem desconfianças, sabendo bem que tinham direito a eles. Quando os Irmãos estavam na Câmara do Meio, certos caracteres hebraicos chamaram sua atenção, que agora estão representados na Loja de um Companheiro de Ofício pela letra G, indicando o Grande Arquiteto do Universo, a quem todos devemos nos submeter e a quem devemos nos esforçar a obedecer com alegria.

Uma impressão litográfica mostrando os antigos Irmãos recebendo seus salários. Um maçom aprende que a dificuldade, a adversidade e a perseguição são sofrimentos (isto é, retribuições) que ele deve aprender a aceitar.

Visão pessoal de Robert Lomas

A PEDRA BRUTA SÓ PODE SER AJUSTADA E APERFEIÇOADA PELO DESBASTE E POLIMENTO. O MAÇOM APRENDE QUE A DIFICULDADE, A ADVERSIDADE E A PERSEGUIÇÃO SERVEM A UM PROPÓSITO ÚTIL. ESSES SOFRIMENTOS SÃO SUAS RETRIBUIÇÕES, E ELE DEVE APRENDER A ACEITÁ-LAS, COMO DIZ O RITUAL. "SEM ESCRÚPULOS NEM DESCONFIANÇA, SABENDO QUE TEM DIREITO A ELES, E PELA CONFIANÇA QUE ELE TEM NA INTEGRIDADE DE SEU EMPREGADOR".

QUANDO UM MAÇOM COLOCA SEUS PÉS NO CAMINHO DA LUZ DO ORIENTE, QUANDO ELE VÊ A PASSAGEM ENTRE AS COLUNAS E ENTRA EM CONHECIMENTO MAIS PROFUNDO, E QUANDO ELE SOBE A ESCADA EM CARACOL ÀS ALTURAS, ELE ROMPE COM SEU PASSADO E COLOCA SEUS ANTIGOS MÉTODOS DE VIDA PARA TRÁS DE SI. ELE SE AFASTA DOS INTERESSES QUE ANTES PREZAVA, EM FAVOR DE ALGO MELHOR. ELE SE VERÁ CAMINHANDO ENTRE ESTADOS DE LUZ E ALEGRIA, E PERÍODOS DE ESCURIDÃO E TRISTEZA. DUVIDARÁ DO CAMINHO NO QUAL SE COLOCOU.

EXPERIÊNCIAS COMO ESSA CONSTITUEM SUAS RETRIBUIÇÕES, E ELE DEVE APRENDER A ACEITÁ-LAS SEM RECLAMAR, COMO DIZ O RITUAL, "SEM ESCRÚPULO NEM DESCONFIANÇA". OS SALÁRIOS SEREM PAGOS É EVIDÊNCIA DE PROGRESSO ESPIRITUAL. QUANDO VOCÊ PERMANECE ESTAGNADO EM SUA VIDA INCORRIGÍVEL, ESTÁ DORMINDO ESPIRITUALMENTE, MAS, QUANDO ACORDA DE SEU TORPOR, PROVOCA ENERGIAS ADVERSAS. ESSAS EXPERIÊNCIAS SÃO LIÇÕES SALUTARES EM SABEDORIA E CONTRIBUEM PARA AQUELA ESTABILIDADE DE ALMA DE QUE VOCÊ PRECISARÁ PARA ATINGIR GRAUS MAIS ELEVADOS.

Uma espiga de milho perto de uma poça de água

Este símbolo indica fartura. Data da época quando um exército de efraimitas cruzou o Rio Jordão de uma maneira hostil contra Jefta, o famoso general Gileadita. Os efraimitas sempre foram considerados um povo vociferante e turbulento. Como a tentativa de Jefta de sujeitar os efraimitas fracassou, ele reuniu seu exército e lutou contra eles, que bateram em retirada. Para tornar sua vitória decisiva, Jefta mandou destacamentos de seu exército para proteger as passagens do Rio Jordão por onde os insurgentes fugiriam. Ele deu ordens precisas a seus guardas, dizendo que, se um fugitivo efraimita fosse por aquele caminho, deveria ser morto imediatamente; porém, se ele burlasse a verdade ou negasse, deveria pronunciar uma palavra teste. Se o fugitivo não conseguisse pronunciá-la direito, isso lhe custaria a vida.

Depois o rei Salomão adotou essa palavra teste como uma palavra de passe em uma Loja de Companheiro de Ofício. A palavra foi usada para impedir qualquer pessoa desqualificada de subir a escada em caracol, que levava à Câmara do Meio do Templo.

Na cerimônia do Segundo Grau, o Aprendiz recebe uma espiga de milho como símbolo de seu crescimento. Cortesia de <www.tracingboards.com>.

Visão pessoal de Robert Lomas

NA CERIMÔNIA DO SEGUNDO GRAU, O APRENDIZ RECEBE UMA ESPIGA DE MILHO QUANDO DEIXA A LOJA, PARA QUE ELE POSSA SE PREPARAR DIREITO PARA PASSAR AO GRAU DE COMPANHEIRO DE OFÍCIO. ESSA ESPIGA É UM SÍMBOLO DO CRESCIMENTO DO APRENDIZ. QUANDO ELE FOI ADMITIDO, PELA PRIMEIRA VEZ, COMO UMA SEMENTE SECA, SUBNUTRIDA, ELE FOI PLANTADO NO SOLO BOM E LISO DO CANTO NORDESTE DA LOJA. RECEBEU NUTRIÇÃO COM A IRRIGAÇÃO CUIDADOSA DO POÇO CALMO E DOUTO DA SABEDORIA, QUE É A ALMA UNIDA DA LOJA, E, AGORA, FLORESCEU EM UM ÚNICO BROTO.

A PALAVRA DE PASSE, QUE DESCREVE A ESPIGA DE MILHO, INCORPORA O SOM DE UMA BRISA SUAVE, SIMBOLIZANDO O SOPRO DO CONHECIMENTO DIVINO EXALADO DO CENTRO NA MENTE EM DESENVOLVIMENTO DO NOVO COMPANHEIRO DE OFÍCIO. ENQUANTO SEU BROTO BALANÇA SUAVEMENTE NA BRISA DA COMPREENSÃO, O MAÇOM CRESCE CIENTE DO CENTRO.

As cinco ordens nobres da Arquitetura

Os cinco maçons necessários para constituir uma Loja são representados pelas cinco ordens da Arquitetura: Toscana, Dórica, Jônica, Coríntia e Compósita.

Os antigos seres humanos, de posse da liberdade selvagem e inculta, escondiam-se na mata fechada e em tocas ou cavernas de terra. Nesses pobres recessos e na solidão soturna, a Maçonaria os encontrou, e o Grande Arquiteto do Universo, compadecido de sua situação miserável, os instruiu a construir casas para sua defesa e conforto. Os primeiros esforços foram mínimos e as estruturas eram simples e rústicas, não mais do que algumas árvores inclinadas, juntas no topo, na forma de um cone, entrelaçadas com ramos e remendadas com lama para eliminar o ar.

Nesse período antigo, podemos supor que cada pessoa desejava deixar sua casa mais confortável do que a de seu vizinho, melhorando o que já fora feito. Isso levou a considerar as inconveniências do tipo de habitação arredondada e a construir outras, mais espaçosas e confortáveis, de formato quadrado, colocando três troncos na perpendicular com o terreno, para formar os lados, e enchendo as frestas entre eles com ramos bem entrelaçados e cobertos com barro. Então, vigas horizontais eram colocadas nos troncos verticais, que eram bem encaixados nos ângulos e, assim, mantinham os lados firmes. O teto da construção era composto de vigas sobre as quais eram colocadas várias camadas de junco, folhas e barro.

Esses construtores antigos inventaram métodos para tornar suas choupanas ainda mais duradouras e bonitas, além de confortáveis. Eles tiraram a casca e outras irregularidades dos troncos das árvores, que formavam os lados, elevaram-nos acima do terreno e da umidade nas pedras e os cobriram com pedras planas ou telhas para afastar a chuva. Fecharam os espaços entre as extremidades das vigas com barro, ou alguma outra substância, e cobriram essas extremidades com tábuas, cortadas no estilo de tríglifos. A forma do telhado também foi alterada. Por ser achatado, não conseguia despejar a chuva, que caía em abundância durante o inverno. Então, os construtores o elevaram no meio, dando-lhe a forma de um telhado triangular, colocando esteios nas vigas para sustentar o barro, e eles usavam outros materiais para criar uma cobertura.

As ordens de Arquitetura começaram dessas formas simples. As construções de madeira foram deixadas de lado e os homens começaram a erigir edifícios de pedra, sólidos e imponentes. Logo, essas choupanas primitivas se transformaram nos primeiros templos. Cada um dos diferentes modelos foi refinado a um grau tamanho de perfeição que foi, por distinção, denominado de Ordem.

Três dessas cinco ordens originaram-se na Grécia e são chamadas Ordens Gregas. Conhecidas pelos nomes Dórica, Jônica e Coríntia, exibem três caracteres de composição distintos, sugeridos pela diversidade de forma na estrutura humana. As outras duas têm origem italiana, são chamadas Ordens Romanas e são conhecidas pelos nomes Toscana e Compósita.

A Ordem Toscana é a mais simples e sólida. Fica em primeiro lugar na lista das cinco Ordens da arquitetura por sua simplicidade. A base de sua coluna tem poucas molduras. Foi comparada a um trabalhador musculoso vestindo um traje rústico.

As cinco ordens nobres da Arquitetura, da esquerda para a direita: Toscana, Dórica, Jônica, Coríntia e Compósita.

A Dórica é a primeira das Ordens Gregas e fica em segundo na lista das cinco Ordens. Sua coluna não tem ornamentos, exceto pelas molduras em cada base ou capitel. Seu friso é notável pelos tríglifos e métopas, e sua cornija, por mútulos. Por ser a mais antiga de todas as Ordens, a Dórica preserva mais do estilo da choupana primitiva do que qualquer uma das outras. Sua composição é grandiosa e nobre. Por ter sido formada seguindo o modelo de um homem adulto musculoso, os ornamentos são contrários à sua solidez característica. A Ordem Dórica é usada principalmente em estruturas militares, em que se exigem força e uma simplicidade nobre.

Cada uma das cinco Ordens nobres representa como um maçom pode realçar todos os aspectos de seu caráter.

Durante essa era, os edifícios eram admiravelmente calculados para terem força e conforto, mas lhes faltavam graça e elegância. A observação contínua das mulheres forneceu essas características, pois o olho encantado com a simetria deve ter consciência da elegância e beleza de uma mulher. Isso deu origem à Ordem Jônica. Seu capitel é adornado com volutas e sua cornija tem dentilhões. O famoso Templo de Diana, em Éfeso (cuja construção demorou mais de 200 anos), era composto dessa Ordem. A invenção dessa coluna exibe elegância e criatividade, por ter como modelo uma linda jovem.

Calímaco fundou uma nova capital em Corinto, que deu origem à Ordem Coríntia, considerada a mais rica das Ordens. O capitel dessa coluna é adornado com duas fileiras de folhas e oito volutas que seguram o ábaco. Essa Ordem é usada principalmente em estruturas imponentes e soberbas.

A última Ordem é a Compósita, assim denominada por ser composta de partes das outras. Seu capitel é adornado com as duas fileiras de folhas da Coríntia e as volutas da Jônica, e tem o quarto-redondo das Ordens Toscana e Dórica. A cornija da compósita tem dentilhões ou modilhões simples. Esta Ordem é usada principalmente em estruturas que exibem força, elegância e beleza.

Visão pessoal de Robert Lomas

AS CINCO ORDENS NOBRES DA ARQUITETURA MOSTRAM COMO UM MAÇOM PODE DESENVOLVER E REALÇAR TODOS OS ASPECTOS DE SEU CARÁTER:

- A TOSCANA MOSTRA A VIRTUDE DO ESFORÇO PESSOAL QUE DEVE SER APLICADO AO DESENVOLVIMENTO DA SABEDORIA DA ALMA. REPRESENTA PERSISTÊNCIA.
- A DÓRICA REPRESENTA A FORÇA NECESSÁRIA PARA REALIZAR MUDANÇAS EM SUA ALMA E A VIRTUDE DE TRABALHAR PARA O BEM DA SOCIEDADE.
- A JÔNICA MOSTRA A NECESSIDADE DE APRECIAR E CRIAR A BELEZA NO MUNDO.
- A CORÍNTIA MOSTRA COMO SABEDORIA, FORÇA E BELEZA PODEM SE COMBINAR PARA PRODUZIR UMA ALMA IMPONENTE E IMPACTANTE.
- A COMPÓSITA MOSTRA COMO TODOS OS ENSINAMENTOS DO OFÍCIO DEVEM SER REUNIDOS PARA FORMAR UMA ESTRUTURA (ISTO É, UMA ALMA) QUE EXIBA FORÇA, SABEDORIA E BELEZA DE ACORDO COM O ASPECTO DO QUAL É VISTA.

Capítulo 12

Símbolos do Terceiro Grau

O esquadro e o compasso com as duas pontas reveladas

Quando você foi admitido como Aprendiz, as duas pontas estavam escondidas e, no Segundo Grau, uma foi revelada. Agora você é um Mestre Maçom e tudo é exibido, sugerindo que agora você tem liberdade para trabalhar com as duas pontas para completar o círculo de seus deveres maçônicos.

O esquadro e o compasso do Mestre Maçom.

Visão pessoal de Robert Lomas

QUANDO UM CANDIDATO MAÇOM AVANÇA PARA SE TORNAR MESTRE MAÇOM, MUDA-SE A POSIÇÃO DO ESQUADRO E DO COMPASSO PARA REVELAR AS DUAS PONTAS DO COMPASSO E O ESQUADRO SEPARADO. AGORA, O MESTRE MAÇOM ENFRENTOU O TESTE DERRADEIRO DO TERCEIRO GRAU: ELE DEMONSTROU QUE COMPREENDE QUE HONRA, LEALDADE E ABNEGAÇÃO PODEM SER MAIS IMPORTANTES DO QUE A PRÓPRIA VIDA. AO ADQUIRIR ESSE CONHECIMENTO, ELE AUMENTA O ALCANCE DA COMPREENSÃO DE SUA ALMA. O ESQUADRO MOSTRA QUE ELE TRABALHOU PARA MOLDAR SUA ALMA EM UM CUBO PERFEITO, QUE PODE SER TESTADO E PROVADO EM QUALQUER CANTO PELO ESQUADRO SEPARADO LIVREMENTE. ALÉM DISSO, O COMPASSO AGORA ESTÁ LIVRE PARA AJUDÁ-LO A ENCONTRAR O CENTRO MÍSTICO, OU SEJA, AQUELE PONTO EQUIDISTANTE DA CIRCUNFERÊNCIA QUE MARCA O LOCAL DE ONDE, UMA VEZ ENCONTRADO, NENHUM MAÇOM PODE ERRAR.

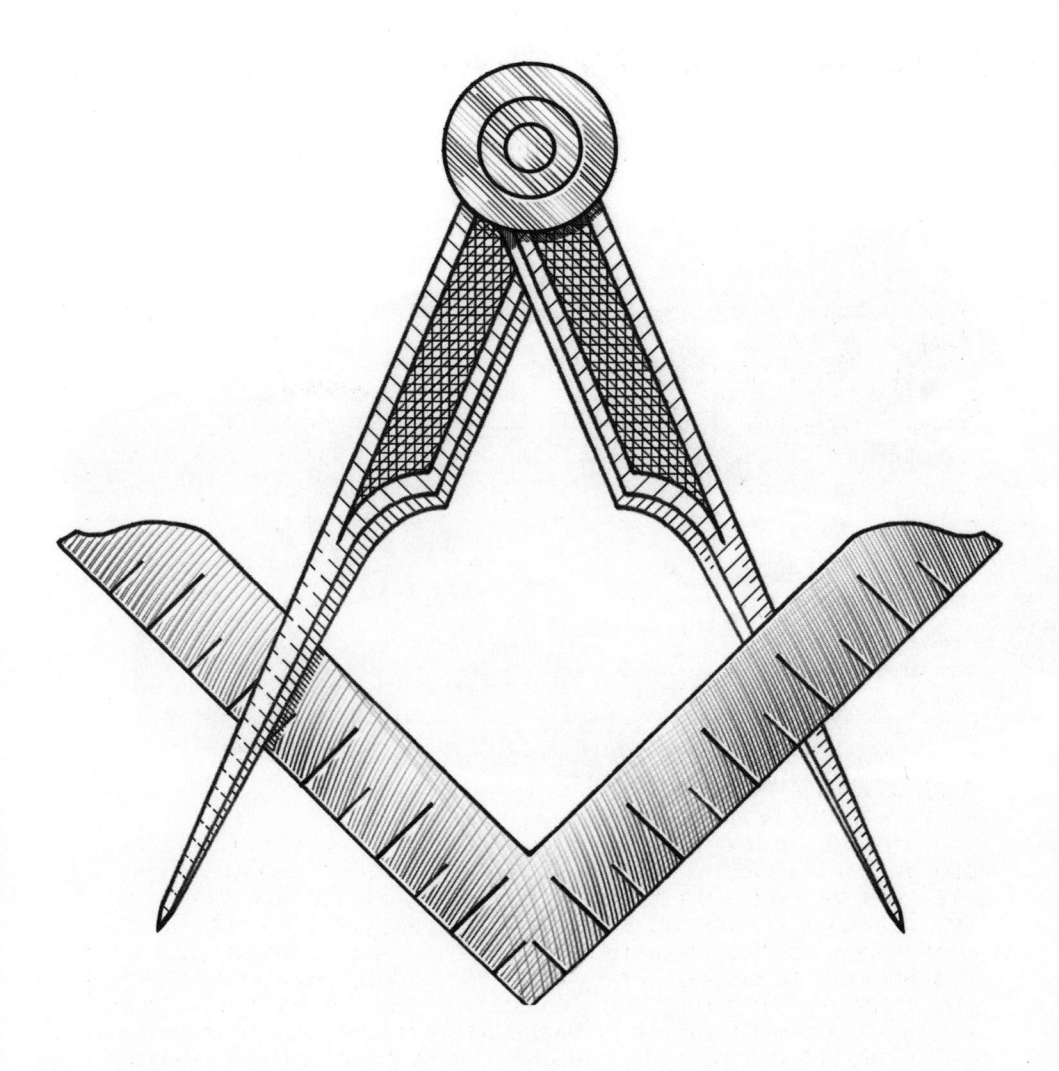

Símbolos do Terceiro Grau

O túmulo aberto

A luz de um Mestre Maçom é a escuridão visível, servindo apenas para exprimir essa tristeza na perspectiva do futuro. É esse véu misterioso que o olho da razão humana somente consegue penetrar auxiliado pela luz vinda de cima. Mas até com esse raio bruxuleante você pode perceber que está à beira do túmulo no qual você acabou de descer, figurativamente, e que, quando sua vida transitória se esvair, o receberá de novo em seu seio gélido.

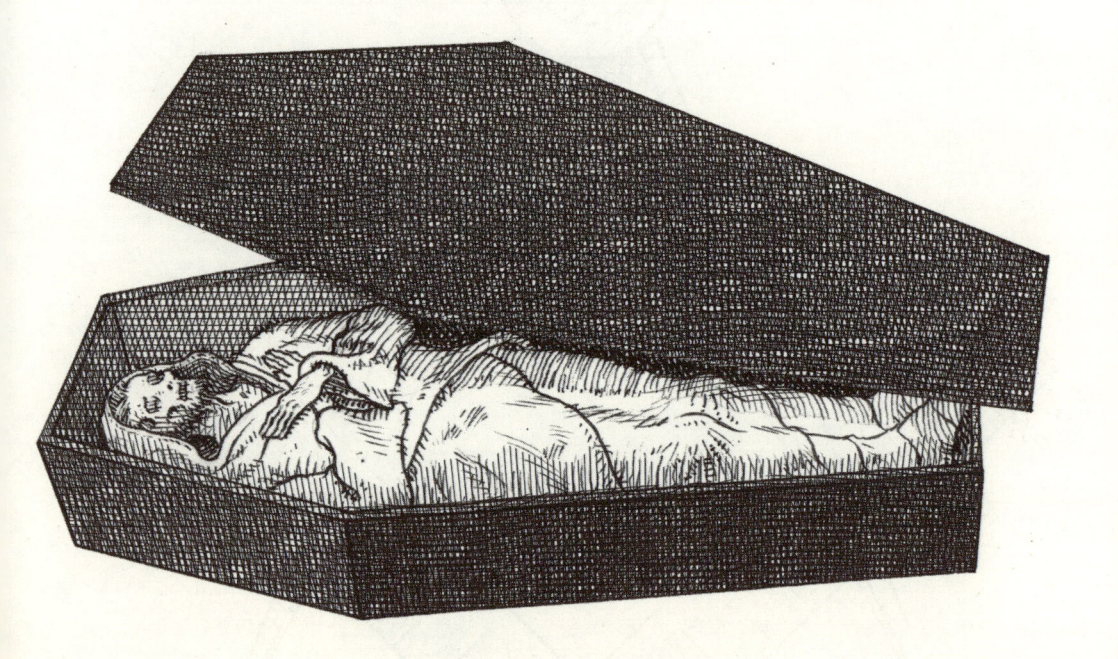

Símbolos do Terceiro Grau

O túmulo aberto é um símbolo que ajuda a revelar aos maçons a união entre a alma individual e o mistério do centro. Gravura de Sam Lacy de um desenho de J. A. Embeds Esq. segundo rascunhos de Joseph Gandy.

Visão pessoal de Robert Lomas

ENTERRADO NO CENTRO DA ALMA DE CADA MAÇOM ESTÁ UM PRINCÍPIO IMORTAL, UMA CENTELHA VITAL QUE O LIGA AO CENTRO DIVINO. ELA NUNCA SE EXTINGUE, NÃO IMPORTA QUANTO SUA VIDA SEJA MÁ OU IMPERFEITA.

A LUZ PERDIDA QUE TODOS OS MAÇONS BUSCAM ESTÁ ENTERRADA NO CENTRO DE CADA INDIVÍDUO. UM HOMEM PODE SE ESTICAR PARA CIMA OU PARA BAIXO DO CENTRO DE SEU CORPO (ISTO É, TRÊS PÉS [UM METRO] ENTRE NORTE E SUL, ISTO É, ALTO E BAIXO) E PODE SE ESTICAR PARTINDO DO CENTRO DE SEU CORPO (ISTO É, TRÊS PÉS ENTRE OCIDENTE E ORIENTE, OU SEJA, O COMPRIMENTO DE SEUS BRAÇOS). ESTAS SÃO INDICAÇÕES SIMBÓLICAS PELAS QUAIS O RITUAL SUGERE QUE O TÚMULO DE HIRAM ABIFF DEVE FICAR NO CENTRO DE CADA MAÇOM QUE O REPRESENTA (ISTO É, EM SUA ALMA).

ESSE SIMBOLISMO GUIA UM MAÇOM AO CONHECIMENTO DE QUE O PROPÓSITO DA INICIAÇÃO É REVELAR A UNIÃO ENTRE A ALMA INDIVIDUAL E O MISTÉRIO DO CENTRO. ELA É REPRESENTADA PELA CONJUNÇÃO FAMILIAR DO ESQUADRO E DO COMPASSO. O ESQUADRO É O EMBLEMA DA ALMA E O COMPASSO É O EMBLEMA DO ESPÍRITO QUE RESIDE NESSA ALMA. COMO VIMOS, O MAÇOM VÊ PRIMEIRO AS PONTAS DO COMPASSO OCULTAS ATRÁS DO ESQUADRO E, NA MEDIDA EM QUE ELE AVANÇA, ESSAS PONTAS SAEM DO ESCONDERIJO ATÉ AS DUAS APARECEREM ACIMA DO ESQUADRO. ISSO SIMBOLIZA UMA SUBORDINAÇÃO PROGRESSIVA DA ALMA E A LIBERTAÇÃO CORRESPONDENTE DO ESPÍRITO INTERIOR NA CONSCIÊNCIA PESSOAL DA MENTE. DESSA FORMA, UM MAÇOM PODE TRABALHAR COM AS DUAS PONTAS DO COMPASSO PARA SE TORNAR UM CONSTRUTOR EFICIENTE DE SEU ESPÍRITO E COMPLETAR, ASSIM, O CÍRCULO DE SEU SER, ENQUANTO ELE CONQUISTA UMA ALIANÇA CONSCIENTE COM SEU VERDADEIRO EU.

O cubo perfeito

Podemos mudar de uma pedra bruta para um cubo perfeito e sermos levados da escuridão natural para a luz sobrenatural. Assim como o corpo externo pode ser aberto para uma investigação cirúrgica, a Loja pode ser aberta para nós compreendermos o mecanismo e o propósito de nosso eu interior. O espírito reside na mente, assim como esta enche o corpo. Mas apenas na mente, depois de ela ter sido corrigida, purificada e trabalhada, da pedra bruta ao cubo perfeito, o centro pode ser trazido à vida e à consciência.

Uma alegoria da alma de um maçom.

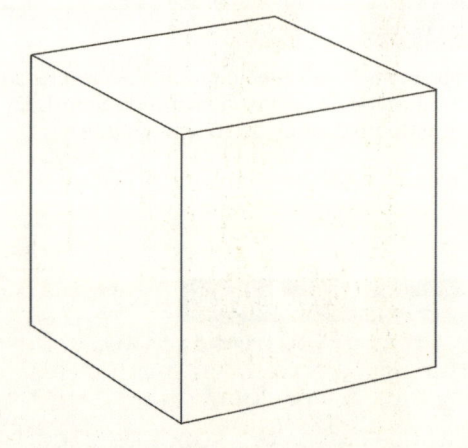

Visão pessoal de Robert Lomas

QUANDO UM HOMEM SE TORNA MEMBRO DE UMA LOJA, SUA ALMA É CONSIDERADA UMA PEDRA BRUTA, RECÉM-CORTADA DE UMA ROCHA VIVA NA PEDREIRA. TEM UM ASPECTO ÁSPERO E BRUTO. MAS, DENTRO DELA, HÁ UM CUBO PERFEITO DE PEDRA POLIDA. O MAÇOM RECEBE AS FERRAMENTAS PARA TRABALHAR EM SUA ALMA E É ENCORAJADO A FAZER PROGRESSOS DIÁRIOS AO SE MOLDAR, ATÉ ATINGIR UM ESTADO PERFEITO. ELE É ENCORAJADO A CONTROLAR SEUS ANSEIOS DEGRADANTES PARA SUA ALMA TORNAR-SE MAIS REGULAR EM FORMA. TAMBÉM É ENCORAJADO A DESENVOLVER SUA MENTE PARA ADQUIRIR O REFINAMENTO DE UMA EDUCAÇÃO LIBERAL. POR FIM, ACIMA DE TUDO, É ENCORAJADO A COMPORTAR-SE COM HONESTIDADE E INTEGRIDADE, PARA TRATAR TODA A SOCIEDADE COM EQUIDADE E HONESTIDADE, ATÉ TORNAR-SE UM QUADRADO PERFEITO EM TODOS SEUS ASPECTOS E SUA ALMA ASSUMIR A FORMA DE UM QUADRADO PERFEITO COM TODAS AS TRÊS DIMENSÕES.

O pórtico

O Pórtico fica antes da entrada do *Sanctum Sanctorum*.

O Pórtico é a entrada de um maçom em uma consciência interior sobrenatural. Cortesia de <www.tracingboards.com>.

Visão pessoal de Robert Lomas

O PÓRTICO DO TEMPLO SIMBOLIZA UMA ABERTURA PARA UMA CONSCIÊNCIA INTERIOR SOBRENATURAL, QUE PODE SER ENCONTRADA NO SANTUÁRIO CENTRAL. PARA ALCANÇÁ-LA, DEVEMOS TRABALHAR ENQUANTO SUBIMOS A ESCADA EM CARACOL, CONSTRUINDO, GRADUALMENTE, NOSSOS CORPOS E MENTES, ENQUANTO NOS ADAPTAMOS A UM GRAU SUBLIME DE CONSCIÊNCIA. NUTRIMO-NOS DOS ELEMENTOS DE CONSAGRAÇÃO USADOS PARA ESTABELECER A LOJA QUE, AGORA, É UM TEMPLO DE PEDRAS VIVAS.

NOSSAS MENTES EM CRESCIMENTO PRECISAM DE SUSTENTO PARA SE DESENVOLVER. SIMBOLICAMENTE, OS ELEMENTOS QUE CONSAGRAM O TEMPLO ALIMENTAM NOSSAS MENTES À MEDIDA QUE FAZEMOS PROGRESSOS NA DIREÇÃO DO SANTO INTERIOR. A ESPIGA DE MILHO MODELA A FORMA ESTRUTURAL DE NOSSA MENTE. O VINHO REVITALIZA, ESTIMULA A MENTE E FORTALECE SEU INTELECTO PARA APROFUNDAR NOSSA VISÃO INTERIOR. O ÓLEO LUBRIFICA, FAZENDO AS PARTES DIFERENTES DE NOSSA CONSCIÊNCIA SE MOVEREM COM SUAVIDADE E SEM FRICÇÃO ENQUANTO NOS DESENVOLVEMOS.

A trapeira

A trapeira é a janela que dá a luz ao *Sanctum Sanctorum*.

A trapeira da Capela dos Cavaleiros Templários, Salão dos Maçons, Molesworth Street, em Dublin, Irlanda.

Visão pessoal de Robert Lomas

A TRAPEIRA É A JANELA COLOCADA NO ALTO, NO ASPECTO ORIENTAL DO TEMPLO, ONDE OS RAIOS DO SOL NASCENTE BRILHAM NA AURORA DO EQUINÓCIO PRIMAVERIL, QUANDO DIA E NOITE FICAM EM PERFEITO EQUILÍBRIO. SÓ QUANDO O SOL NASCE NO DEVIDO PONTO NO ORIENTE, SEUS RAIOS PODEM BRILHAR PELA TRAPEIRA E ILUMINAR O *SANCTUM SANCTORUM*, OU ESPAÇO SAGRADO INTERIOR.

NA MAÇONARIA, SEMPRE QUE O RITUAL SE REFERIR A UM TEMPLO, É UM SÍMBOLO DA ALMA DE UM MAÇOM. EM CERTAS OCASIÕES DO ANO, NA ESTAÇÃO DO EQUILÍBRIO ENTRE LUZ E ESCURIDÃO, UM RAIO DE VERDADE ESPIRITUAL RESPLANDECE DIRETAMENTE DO ORIENTE ETERNO. SE O TEMPLO FOR BEM CONSTRUÍDO E A TRAPEIRA ESTIVER ALINHADA CORRETAMENTE, ENTÃO OS RAIOS DOURADOS DA LUZ DA AURORA BRILHARÃO COMO UM FEIXE DA VERDADE PARA ILUMINAR O CENTRO AINDA ESCURO DA ALMA DO MAÇOM, PARA ELE CONHECER A GLÓRIA DA VERDADE BEM DENTRO DE SI.

Símbolos do Terceiro Grau

O pavimento xadrez

Este pavimento é para o sumo sacerdote perambular, significando que cada maçom, como sumo sacerdote do templo de seu corpo, deve caminhar nas ocorrências inconstantes da existência. Ele deve ser superior a elas, permanecer estável, sereno e imparcial em meio aos acontecimentos que alegram ou desanimam aqueles cujos sentimentos ainda estão focados no transitório e no irreal. Ele não deve tentar escolher um caminho tímido e agradável apenas sobre os quadrados brancos. Em vez disso, com coragem e confiança, deve pisar nos pretos também, percebendo o bem e o mal, o prazer e a dor, o nascimento e a morte, a adversidade e a prosperidade, e todos os outros opostos representados pelos quadrados bicolores. Eles são apenas aspectos alternados de um único processo e têm igual valor para seu crescimento.

O pavimento xadrez ajuda o maçom a desenvolver seus potenciais espirituais inatos. Direitos reservados e reproduzido com permissão da Biblioteca e Museu da Maçonaria, Londres e Painton Cowen.

Visão pessoal de Robert Lomas

O PISO XADREZ É UM GRANDE SÍMBOLO CONSTRUÍDO NA MOBÍLIA DA LOJA. O RITUAL NOS DIZ: "O PAVIMENTO XADREZ É PARA O SUMO SACERDOTE PERAMBULAR". ESSA DECLARAÇÃO NÃO SE REFERE APENAS A ANTIGOS SUMOS SACERDOTES, MAS A TODOS OS MAÇONS. TODOS DEVEM APRENDER A SE TORNAR O SUMO SACERDOTE DE SEU TEMPLO PESSOAL E FAZER DELE UM LUGAR ONDE ELE E O GRANDE ARQUITETO PODEM SE ENCONTRAR.

TODO MAÇOM PERAMBULA EM UM PAVIMENTO XADREZ COM O BEM E O MAL MISTURADOS EM CADA AÇÃO DE SUA VIDA. O PANO DE CHÃO É UM SÍMBOLO DE SUA VERDADE FILOSÓFICA RUDIMENTAR, MAS O MAÇOM QUE ALMEJA SER MESTRE DE SEU DESTINO DEVE PERAMBULAR NESSES OPOSTOS E TRANSCENDÊ-LOS OU SUPERÁ-LOS. DEVE PISAR EM SUA NATUREZA INFERIOR SENSUAL E MANTÊ-LA DOMINADA. DEVE FICAR INDIFERENTE AOS ALTOS E BAIXOS DO DESTINO. O MAÇOM EMPENHA-SE EM DESENVOLVER SUAS POTENCIALIDADES ESPIRITUAIS INATAS, O QUE NÃO É POSSÍVEL QUANDO É DOMINADO POR EMOÇÕES INSTÁVEIS DE PRAZER E DOR. AO CONSEGUIR SERENIDADE E EQUILÍBRIO MENTAL SOB TODAS ESSAS CIRCUNSTÂNCIAS, UM MAÇOM REALMENTE "PERAMBULA" NA BASE XADREZ DA EXISTÊNCIA E AS TENDÊNCIAS CONFLITANTES DE SUA NATUREZA MAIS MATERIAL.

Símbolos do Terceiro Grau 239

O cordel

É uma ferramenta que age em um pino central, do qual se traça uma linha para marcar o terreno para a fundação de uma estrutura planejada. É usado para preparar a colocação da fundação e, portanto, antes das outras ferramentas da Maçonaria. Como não somos todos maçons operativos, mas sim Livres e Aceitos, ou especulativos, aplicamos essa ferramenta a nossas morais. Nesse sentido, o cordel indica a linha de conduta firme e íntegra traçada por nossa busca no Livro da Lei.

O cordel, mostrado aqui em uma interpretação moderna de uma Tábua de Delinear do Terceiro Grau, simboliza o modo de encontrar o centro. Direitos reservados Angel Millar. Reimpresso com permissão.

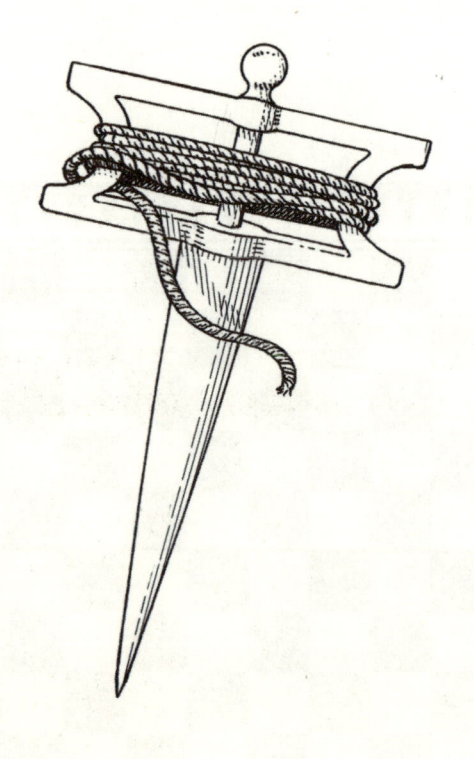

Visão pessoal de Robert Lomas

O CORDEL SIMBOLIZA O MODO DE ENCONTRAR O CENTRO. QUANDO POSICIONADO NO CENTRO DE UM CÍRCULO, TODO PONTO NA CIRCUNFERÊNCIA DO CÍRCULO É EQUIDISTANTE DELE. SÓ ENCONTRANDO O CENTRO, O MAÇOM PODE VIR A COMPREENDER SEU MISTÉRIO. ENQUANTO REFLETE SOBRE A FUNÇÃO DO CORDEL, ELE PONDERA SOBRE COMO PODE ENCONTRAR O CENTRO DO CÍRCULO DE SEU SER. AO FAZER ISSO, COMO DIZ O RITUAL, ELE "DELINEIA O EDIFÍCIO", ISTO É, SUA ALMA, PARA QUE POSSA POSICIONAR O PINO CENTRAL E TRAÇAR UMA LINHA VERDADEIRA PARA MARCAR O TERRENO PARA A FUNDAÇÃO DO EDIFÍCIO.

O lápis

Com ele, o artista habilidoso delineia o edifício em um projeto ou planta que instruirá e guiará os trabalhadores. Mas, de novo, como nem todos somos maçons operativos, aplicamos essa ferramenta a nossas morais. Nesse sentido, usar o lápis nos ensina que nossas ações e palavras são observadas e registradas pelo Grande Arquiteto, a quem devemos prestar contas de nossa conduta pela vida.

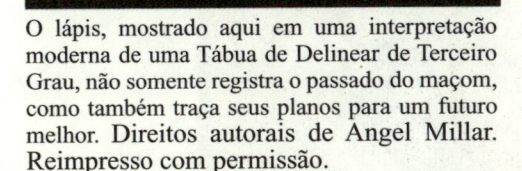

O lápis, mostrado aqui em uma interpretação moderna de uma Tábua de Delinear de Terceiro Grau, não somente registra o passado do maçom, como também traça seus planos para um futuro melhor. Direitos autorais de Angel Millar. Reimpresso com permissão.

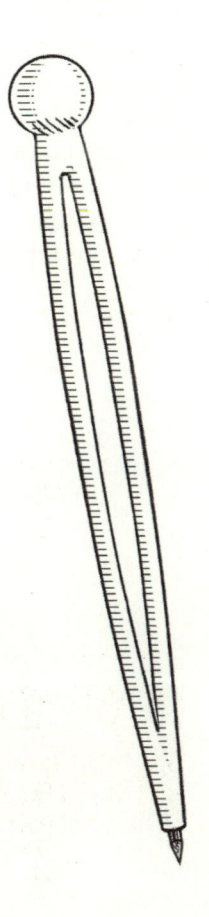

Visão pessoal de Robert Lomas

O LÁPIS SIMBOLIZA O REGISTRO DAS ANTIGAS DÍVIDAS DO MAÇOM COM SEUS COMPANHEIROS, COM VELHAS INJUSTIÇAS QUE FORAM CORRIGIDAS. AS RETRIBUIÇÕES DE NOSSO MAU COMPORTAMENTO PASSADO SÃO REGISTRADAS EM NOSSO SUBCONSCIENTE POR UM LÁPIS QUE OBSERVA E REGISTRA TODOS OS NOSSOS PENSAMENTOS, PALAVRAS E AÇÕES. O RITUAL DIZ QUE UM CANDIDATO FILOSÓFICO RECEBE ESSAS RETRIBUIÇÕES SEM "ESCRÚPULOS NEM DESCONFIANÇA", SABENDO QUE TEM DIREITO MERECIDO A ELAS E ESTÁ FELIZ DE EXPURGAR ANTIGAS OFENSAS. TODOS TEMOS DÉBITO COM ALGUÉM POR NOSSA PRESENTE POSIÇÃO NA VIDA, E DEVEMOS RETRIBUIR O QUE DEVEMOS À HUMANIDADE. O LÁPIS NÃO SÓ REGISTRA NOSSO PASSADO, MAS TAMBÉM TRAÇA NOSSOS PLANOS PARA UM FUTURO MELHOR.

O compasso

Com ele, o artista habilidoso pode determinar os limites e proporções de um edifício com acurácia e precisão. Mas, como somos Maçons Livres e Aceitos, ou especulativos, e não operativos, aplicamos essa ferramenta a nossas morais. Nesse sentido, o compasso nos lembra da justiça infalível e imparcial do Grande Arquiteto. Depois de definir os limites do bem e do mal para nossa instrução, ele nos recompensará, ou punirá, por termos obedecido ou desprezado seus comandos divinos.

O compasso representa o princípio divino emitido pelo Grande Arquiteto.

Visão pessoal de Robert Lomas

O COMPASSO SOBRE O LIVRO DA LEI REPRESENTA O PRINCÍPIO DIVINO ENUNCIADO PELO GRANDE ARQUITETO, QUE DEVE SER MANIFESTADO TANTO NO COSMOS QUANTO NO INDIVÍDUO, PERMITINDO QUE OS DOIS FUNCIONEM E SEJAM COMPREENDIDOS DE ACORDO COM AS LEIS QUE GOVERNAM O UNIVERSO. O COMPASSO SIMBOLIZA A EXTENSÃO DE UMA MENTE PERSPICAZ E SUA HABILIDADE DE MEDIR O ESPÍRITO DE UM MAÇOM. COM O ESQUADRO DE FORMA CORPÓREA, USADO PARA TESTAR E PROVAR A ALMA, O COMPASSO DELINEIA O FORMATO DE UMA PEDRA VIVA APTA A SER USADA NO TEMPLO CÓSMICO.

Símbolos do Terceiro Grau

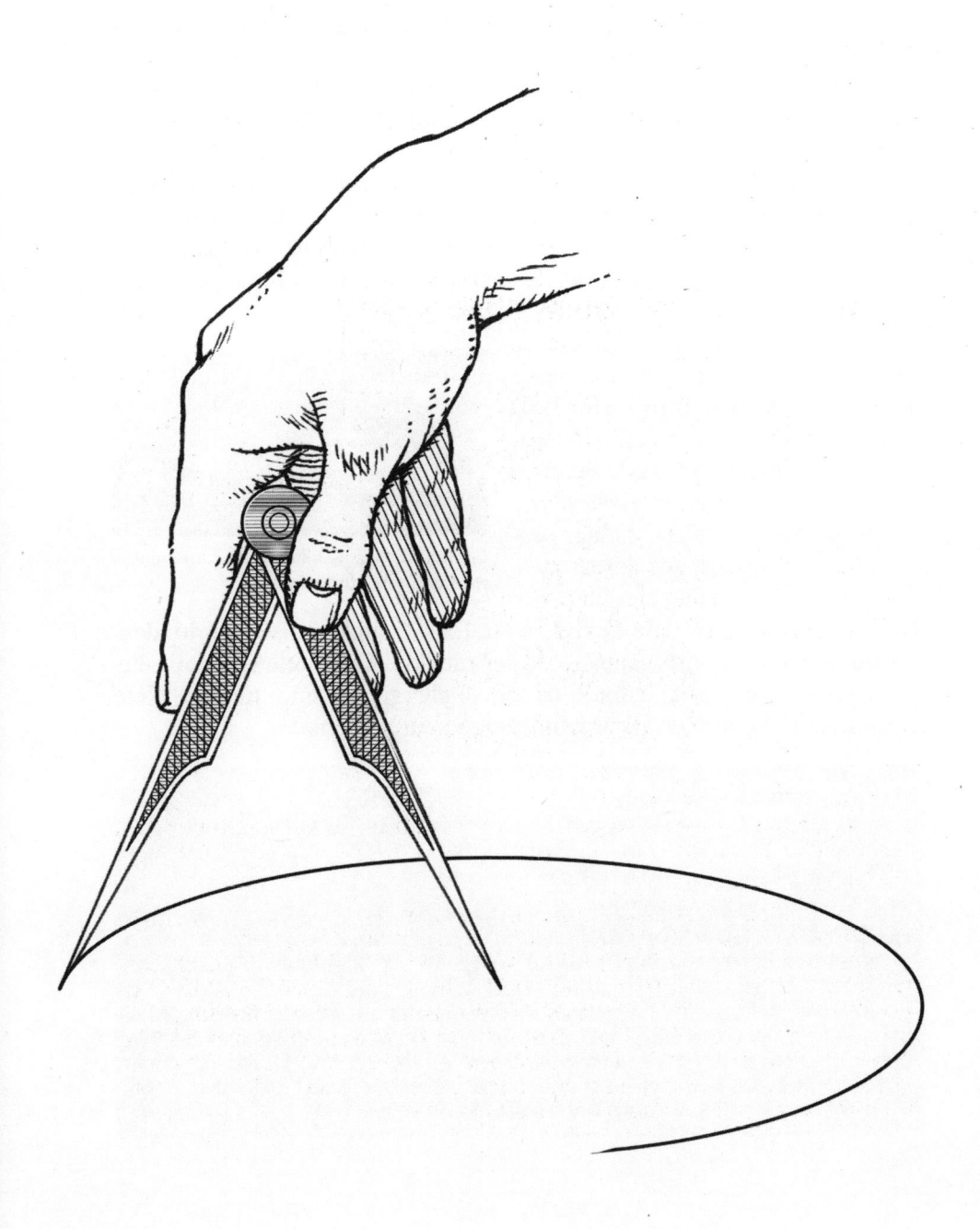

O ramo de acácia

Marca o túmulo de um Mestre Maçom. Essa tradição surgiu depois do assassinato de Hiram Abiff.

Um dia, 12 artífices que se juntaram na conspiração original para o assassinato se colocaram diante do rei Salomão e confessaram por vontade própria tudo que sabiam. Preocupado com a segurança de Hiram, o rei selecionou 15 Companheiros de Ofício de confiança e os mandou fazer uma busca atenciosa pelo arquiteto mestre, para determinar se ele ainda estava vivo. O rei também marcou um dia para os Companheiros retornarem a Jerusalém. Depois de se reunirem em três Lojas, eles partiram das três entradas do templo.

Os Companheiros de Ofício passaram muitos dias em uma busca infrutífera. De fato, a primeira Loja voltou sem ter feito nenhuma descoberta de importância. Mas a segunda teve mais sorte. Uma noite, depois de sofrer grande privação e fadiga pessoal, um dos Irmãos, que descansava, avistou um arbusto que crescia perto.

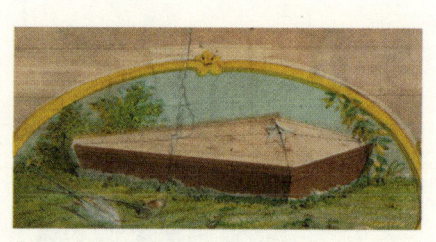

O ramo de acácia ajuda o maçom a compreender o mistério da morte.

Para sua surpresa, ele saiu fácil do solo. Examinando mais de perto, descobriu que a terra tinha acabado de ser mexida. Então, ele chamou seus companheiros e, com o esforço de todos, eles reabriram o túmulo. Nele encontraram o corpo de Hiram, indecentemente enterrado.

Visão pessoal de Robert Lomas

O RITUAL E A TÁBUA DE DELINEAR NOS DIZEM QUE UM RAMO DE ACÁCIA MARCAVA O TÚMULO DO ARQUITETO ASSASSINADO. ELA FOI PLANTADA FROUXAMENTE E FORA DO CENTRO.

O TÚMULO SIMBOLIZA A ALMA DO MAÇOM E O RAMO DE ACÁCIA REPRESENTA A SEMENTE DIVINA PLANTADA NESSE SOLO. QUANDO O RAMO FLORESCE NO TOPO DA SEPULTURA, O MAÇOM ENTENDERÁ OS MISTÉRIOS DA MORTE DE HIRAM E DA CONSCIÊNCIA ESPIRITUAL, COMO A PERCEPÇÃO DO CENTRO DIVINO ABRE A INTELIGÊNCIA HUMANA À MENTE UNIVERSAL E ONISCIENTE DO GRANDE ARQUITETO. O RAMO DE ACÁCIA, QUE REPRESENTA O ESPÍRITO HUMANO ETERNO, É PLANTADO SIMBOLICAMENTE NO TOPO DO TÚMULO PORQUE ELE É NOSSO PRINCÍPIO VITAL SUPREMO, DO QUAL EMANAM TODAS AS NOSSAS FACULDADES SUBORDINADAS.

Os Companheiros cobriram o túmulo de novo, com todo o devido respeito e reverência. E, para distinguir o local, enfiaram um ramo de acácia na ponta do túmulo. Então, eles correram para Jerusalém para comunicar a notícia terrível ao rei Salomão.

Os emblemas da mortalidade

Esses emblemas o levarão a contemplar seu destino inevitável e guiará suas reflexões sobre o mais interessante dos estudos humanos: o autoconhecimento. Tome o cuidado de cumprir sua tarefa designada enquanto ainda é dia. Também continue a ouvir a voz da natureza testemunhando que, até em sua estrutura perecível, reside um princípio vital e imortal. Ela inspira a confiança sagrada de que o Senhor da Vida nos ajudará a pisar no Rei dos Terrores, embaixo de nossos pés, e elevar nossos olhos à brilhante estrela da manhã, cujo raiar traz paz e salvação aos membros fiéis e obedientes da raça humana.

Com este símbolo, exibido no avental de um Grande Secretário, o Mestre Maçom adquire conhecimento de seu verdadeiro eu. Da coleção do Chanceler Robert R. Livingston. Biblioteca Maçônica da Grande Loja, Nova York, N.Y.

Visão pessoal de Robert Lomas

NO RITUAL DO TERCEIRO GRAU ACONTECE UM MOMENTO IMPORTANTE QUANDO A ESCURIDÃO, DE REPENTE, CEDE CAMINHO PARA A LUZ DESCONCERTANTE. POR ESSA LUZ, QUE VEM DO RAIAR DA BRILHANTE ESTRELA DA MANHÃ, O MESTRE MAÇOM RECÉM-INSTALADO OBSERVA, PELA PRIMEIRA VEZ, OS VESTÍGIOS DE SEU PASSADO E VÊ OS EMBLEMAS DE SUA MORTALIDADE. O MÍSTICO RAMO DE ACÁCIA FLORESCEU NO TOPO DE SEU TÚMULO, NUTRIDO POR SUAS MENTE E ALMA PURIFICADAS.

NESSE MOMENTO, NA CERIMÔNIA MAÇÔNICA, O MAÇOM ADQUIRE O CONHECIMENTO DE SEU VERDADEIRO EU. SUA EXPANSÃO DE CONSCIÊNCIA E SABEDORIA TORNOU-SE PARTE DE SEU NOVO CARÁTER, E SUA EVOLUÇÃO ESPIRITUAL ESTÁ COMPLETA. AGORA, ELE RETORNA, NAS PALAVRAS DO RITUAL, ÀS "COMPANHIAS DE SEU ANTIGO TRABALHO" PARA AJUDAR O RESTANTE DA HUMANIDADE A ATINGIR O NÍVEL DA CONSCIÊNCIA ESPIRITUAL.

Símbolos do Terceiro Grau

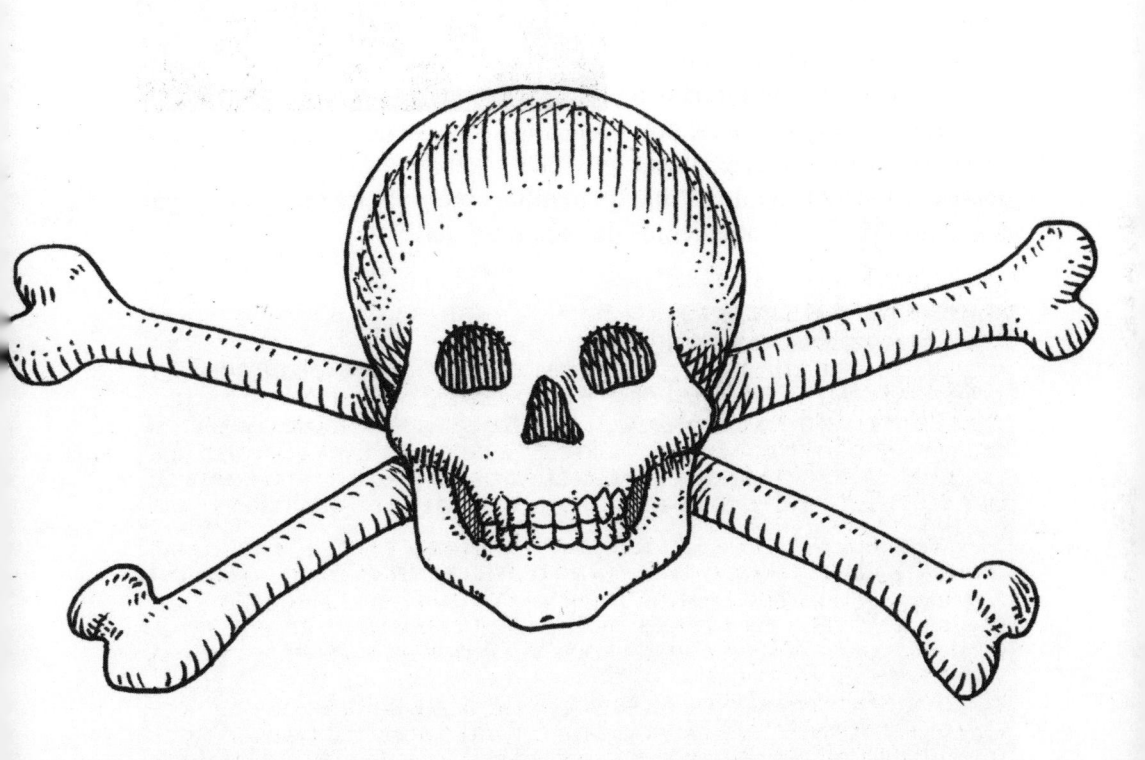

A brilhante estrela da manhã

Como o ritual já nos disse, devemos ter o cuidado de cumprir nossa tarefa designada enquanto ainda é dia. Ouça a voz da natureza testemunhando que, até em sua estrutura perecível, reside um princípio vital e imortal. Ela inspira a confiança sagrada de que o Senhor da Vida nos ajudará a pisar no Rei dos Terrores, embaixo de nossos pés, e elevar nossos olhos à brilhante estrela da manhã, cujo raiar traz paz e salvação aos membros fiéis e obedientes da raça humana.

A brilhante estrela da manhã simboliza o âmago máximo de nosso ser.

Visão pessoal de Robert Lomas

A ESTRELA NO ORIENTE, OU ESTRELA DA MANHÃ DE CINCO PONTAS, SIMBOLIZA O ÂMAGO MÁXIMO DE NOSSO SER, ALÉM DO TEMPO E DO ESPAÇO. PARA SE TORNAR UM INICIADO REAL, UM MAÇOM DEVE VIVENCIAR A PASSAGEM PELA ESCURIDÃO DIVINA, REGIÃO PSÍQUICA E INSTÁVEL, PARA ENCONTRAR A LUZ DESSA DISTANTE ESTRELA DA MANHÃ BRILHANTE. SEUS RAIOS PROMETEM QUE ELE RESISTIRÁ AO ÚLTIMO E MAIOR TESTE ATÉ O FIM, E SAIRÁ TRIUNFANTE.

O SIMBOLISMO DA MORTE NÃO TRATA DA MORTE FÍSICA DO CORPO, MAS DA MORTE MÍSTICA DO EGO. SÓ QUANDO O OFÍCIO ENSINA O EGO DO MAÇOM A MORRER, SEU ESPÍRITO GANHA A LIBERDADE. UM MESTRE MAÇOM PASSOU POR ESSA MORTE E PELA TRANSFORMAÇÃO QUE ELA ENVOLVE. ELE NÃO A TEME, POIS JÁ ESTEVE NO OUTRO LADO E VIU O QUE HÁ ALÉM. SABE QUE ELA É O COMPLEMENTO INEVITÁVEL DA VIDA, UM INCIDENTE DA EXISTÊNCIA, COMO ADORMECER QUANDO SE ESTÁ CANSADO. ELE EQUILIBROU SUAS COLUNAS E SE TORNOU, NAS PALAVRAS DO RITUAL, "ESTABELECIDO NA FORÇA". VIVE DO CENTRO, E O CENTRO VIVE NELE. ENTRA EM SUA VIDA NOVA COM A LUZ DE SUA PRÓPRIA ESTRELA DA MANHÃ PARA GUIÁ-LO.

Símbolos do Terceiro Grau

Capítulo 13

Símbolos Gerais do Ofício Mais Amplo

O triângulo equilátero

Três personagens míticos – Hirão, Hiram e Salomão – combinam-se para simbolizar uma criatividade triplicada. A sabedoria, representada por Salomão, rei de Israel, tem a visão para criar. A força e os recursos, personificados por Hirão, rei de Tiro, projetam o mundo da natureza como o material, no qual a ideia criativa deve tomar forma na criatura. Por fim, a potência arquitetônica e geométrica, personificada por Hiram Abiff, molda essa ideia na beleza da forma objetiva, o terceiro aspecto da energia criativa. Ele representa o construtor cósmico, o Grande Arquiteto que faz todas as coisas.

O triângulo equilátero mostrado aqui faz parte de um pingente dado ao sumo sacerdote passado da Phoenix Capítulo nº 3 na cidade de Nova York. Da coleção do Chanceler Robert R. Livingston. Biblioteca Maçônica da Grande Loja, Nova York, N.Y.

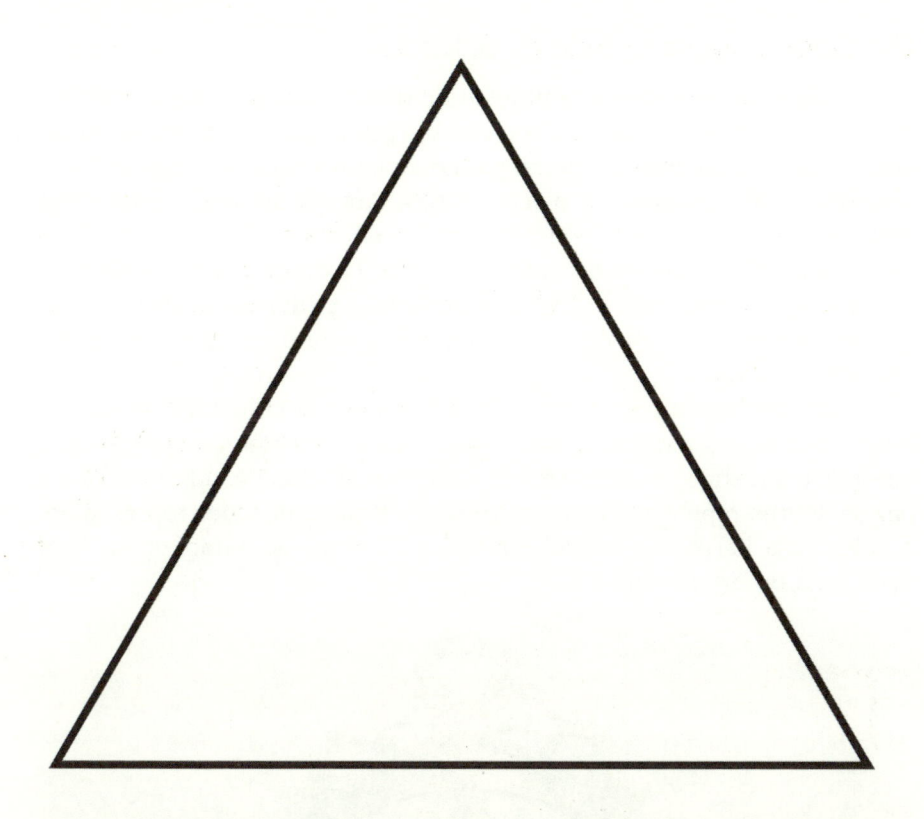

Visão pessoal de Robert Lomas

QUALQUER TRIÂNGULO EQUILÁTERO, MOSTRADO, ÀS VEZES, COM UM PONTO EM SEU CENTRO, É UM SÍMBOLO DO GRANDE ARQUITETO. UMA VERSÃO DOURADA DELE É USADA PELOS COMPANHEIROS DO SANTO ARCO REAL.

ESSE TRIÂNGULO TEM UM SIGNIFICADO TRIPLO: PRIMEIRO, REPRESENTA AS PARTES ESPIRITUAL, MENTAL E FÍSICA DO MAÇOM, EM EQUILÍBRIO PERFEITO AO REDOR DO PRINCÍPIO VITAL DO CENTRO. SEGUNDO, REPRESENTA AS TRÊS PARTES DO PLANO DO GRANDE ARQUITETO: A MUITO GRANDE, EXEMPLIFICADA PELA RELATIVIDADE; A MUITO PEQUENA, EXEMPLIFICADA PELA MECÂNICA QUÂNTICA; E A ESCALA HUMANA, REPRESENTADA PELA MECÂNICA NEWTONIANA. TODAS AS TRÊS EXPLICAM PARTE DO MISTÉRIO DO CENTRO, MAS NENHUMA DELAS, SOZINHA, PODE EXPLICAR A TOTALIDADE DA LEI CÓSMICA.

UM MAÇOM USA O TRIÂNGULO EQUILÁTERO PARA DEMONSTRAR QUE SE ESFORÇA PARA COLOCAR SUA NATUREZA TRIPLA (SENTIDOS, RAZÃO E INTELECTUALIDADE ESPIRITUAL) EM EQUILÍBRIO, SIMETRIA E UNIDADE. ESSE SÍMBOLO RECONHECE QUE O VÉU DA EXISTÊNCIA FINITA FOI AFASTADO PARA DEIXÁ-LO VER A LUZ DA BRILHANTE ESTRELA DA MANHÃ RAIANDO NO ORIENTE DE SUA LOJA PESSOAL.

O triângulo duplo (o Selo de Salomão)

O Selo de Salomão é composto de dois triângulos equiláteros entrelaçados: um com a base para o céu e a ponta para a Terra e, o outro, com a base para a terra e a ponta para o céu. Os triângulos têm sentidos simbólicos semelhantes às duas colunas. Aquele apontado para cima representa o rei, com seu poder baseado na Terra e olhando para o céu para ter a orientação do Grande Arquiteto. O outro, com sua base no céu e a ponta atingindo a Terra, representa o poder do sacerdote, que tira sua autoridade espiritual do céu e a usa para orientar as ações dos humanos na Terra.

Em um Capítulo do Arco Real, sete luzes são colocadas nos ângulos e no centro desse triângulo duplo. Três representam a sabedoria, a verdade e a justiça, e outras três representam a verdade, a harmonia e a paz. A sétima representa o centro místico. Reunidas, todas representam a beleza e a harmonia visível em todas as obras da natureza, na qual nada falta ou é supérfluo.

Uma imagem do pingente inteiro referido na página 250. Observe a data 1818 gravada no círculo externo (abaixo, à esquerda). Da coleção do Chanceler Robert R. Livingston. Biblioteca Maçônica da Grande Loja, Nova York, N.Y.

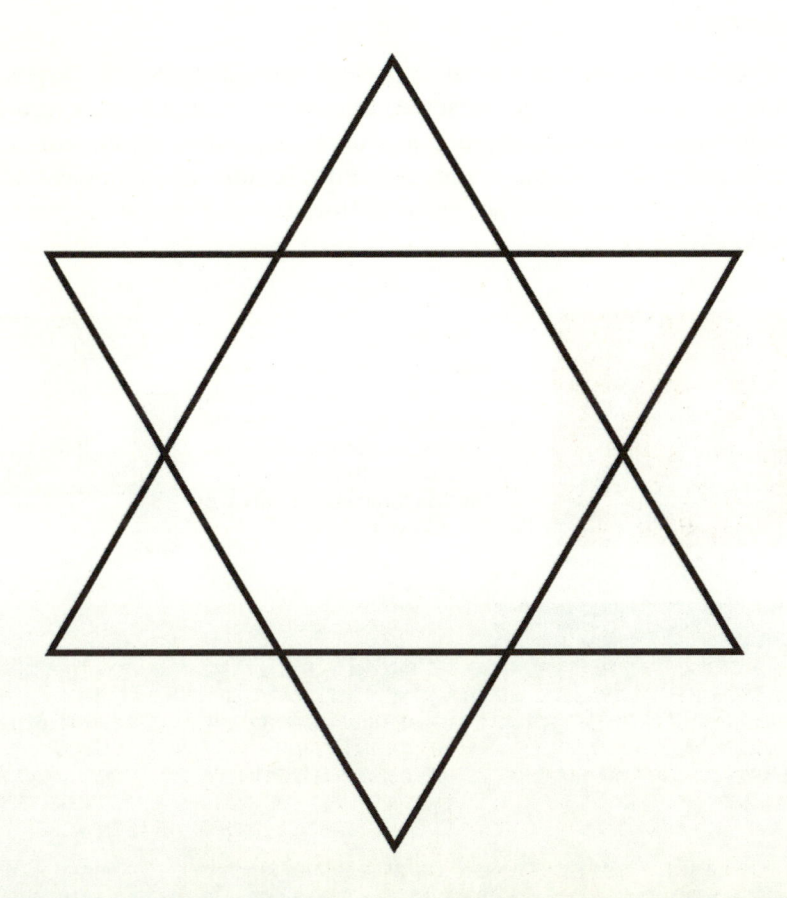

Visão pessoal de Robert Lomas

O SELO DE SALOMÃO É UM SÍMBOLO CONSTRUÍDO DA UNIÃO DAS DUAS COLUNAS DE BOAZ E JACHIN. COM ELE, O CANDIDATO APRENDE A VER QUE EXISTEM, DENTRO DELE, DOIS PRINCÍPIOS OPOSTOS, MAS COMPLEMENTARES. BOAZ (ESPÍRITO) E JACHIN (MATÉRIA) ESTÃO PRESENTES. PARA O ESPÍRITO SER EFICAZ, PRECISA DE UM CORPO NO QUAL SE EXPRESSA. PARA A MATÉRIA SE APERFEIÇOAR, DEVE SER COBERTA PELO ESPÍRITO. PARA FICAR, COMO DIZ O RITUAL, "ESTABELECIDO NA FORÇA E PERMANECER FIRME PARA SEMPRE" IMPLICA O EQUILÍBRIO PERFEITO E A HARMONIA ENTRE ESSES DOIS OPOSTOS.

ESSA MESMA VERDADE MAÇÔNICA BÁSICA ESTÁ DEFINIDA NO ESQUADRO E NO COMPASSO, UNIDOS, E NO SÍMBOLO DOS TRIÂNGULOS ENTRELAÇADOS, COMO O SELO DO REI SALOMÃO. OS TRIÂNGULOS ENTRELAÇADOS, DA LUZ CERCANDO O ALTAR CENTRAL NO GRAU DO SANTO ARCO REAL DE JERUSALÉM, SIMBOLIZAM A UNIÃO DA FACULDADE PERCEPTIVA DO MAÇOM COM O OBJETO DE SUA CONTEMPLAÇÃO: A MISTURA DA CONSCIÊNCIA HUMANA COM A LEI CÓSMICA DO CENTRO.

O tau triplo

É o símbolo de um maçom do Real Arco. Representa Hirão, rei de Tiro, e Hiram Abiff. Representa, também, o templo de Jerusalém, e é utilizado no Real Arco para o usuário revelar-se como um servo do verdadeiro Deus. O tau triplo, portanto, lembra-nos de nosso dever constante de ofertar culto ao grande Elohim, o altíssimo, o eterno, o Todo-Poderoso Deus.

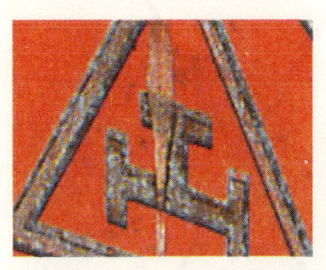

O símbolo do tau triplo visto no rótulo de uma garrafa de bebida do século XIX. Direitos autorais reservados e reproduzida com permissão da Biblioteca e Museu da Maçonaria, Londres e Painton Cowen.

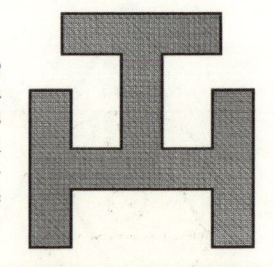

Visão pessoal de Robert Lomas

A CRUZ TAU, NO FORMATO DA LETRA T, É UM SÍMBOLO QUE DESCREVE OS PASSOS REGULARES DE UM MAÇOM À MEDIDA QUE ELE APRENDE OS SEGREDOS DO CENTRO. O RITUAL DIZ QUE, QUANDO TRÊS DESSES SÍMBOLOS SE COMBINAM NA FORMA DE UM TAU TRIPLO, SIMBOLIZAM "UM LUGAR ONDE SE ESCONDE UMA COISA PRECIOSA". ESSE É O CONHECIMENTO DO CENTRO, ADQUIRIDO, AGORA, PELO MAÇOM QUE DEU OS PRIMEIROS TRÊS PASSOS REGULARES NA MAÇONARIA E TEM O CONHECIMENTO DE CADA UM DELES.

O SÍMBOLO TEM DOIS ÂNGULOS RETOS NAS LINHAS EXTERIORES E DOIS NA UNIÃO DO CENTRO. SÃO OITO ÂNGULOS RETOS AO TODO, CORRESPONDENDO A DOIS TRIÂNGULOS, O QUE FAZ DELE UMA REPRESENTAÇÃO CRÍPTICA DO SELO DE SALOMÃO. SEGUNDO O RITUAL DO ARCO REAL, O SÍMBOLO CONTÉM UM DADO NÚMERO DE ÂNGULOS RETOS QUE "REPRESENTAM OS CINCO CORPOS PLATÔNICOS REGULARES".

QUANDO USADO PELO MESTRE MAÇOM, INDICA QUE ELE É CAPAZ DE GOVERNAR ESSA LOJA DENTRO DE SI. ELE PASSOU PELOS TRÊS GRAUS DE PURIFICAÇÃO E APERFEIÇOAMENTO PRÓPRIO E REGULOU, NIVELOU E HARMONIZOU A NATUREZA TRIPLA DE SEU CORPO, ALMA E ESPÍRITO.

O triângulo dentro de um círculo

O círculo é um emblema da eternidade, por não ter início nem fim. Por isso é um lembrete adequado da pureza, da sabedoria e da glória do Onipotente, que não tem início nem fim. O triângulo é um símbolo da união divina e um emblema do Três em Um misterioso, representando, igualmente, os atributos da divindade e sua essência tripartite. O triângulo dentro do círculo representa o grande e tremendo nome de Deus, o sagrado, misterioso e inefável Tetragrammaton (o nome hebraico para o Deus de Israel).

O triângulo dentro de um círculo em uma aquarela maçônica de 1802. Direitos autorais reservados e reproduzida com permissão da Biblioteca e Museu da Maçonaria, Londres.

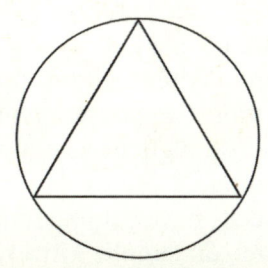

Visão pessoal de Robert Lomas

A MAÇONARIA É UM SISTEMA DE FILOSOFIA RELIGIOSA QUE NOS APRESENTA UMA DOUTRINA DO UNIVERSO E DO NOSSO LUGAR NELE. O OFÍCIO E SUA FILOSOFIA TEM DOIS PROPÓSITOS:

1. MOSTRAR QUE, EMBORA OS HUMANOS TENHAM CAÍDO DO CENTRO MISTERIOSO PARA A CIRCUNFERÊNCIA DO CÍRCULO, PODEMOS RECUPERAR ESSE CENTRO ENCONTRANDO-O DENTRO DE NÓS. O GRANDE ARQUITETO É COMO UM CÍRCULO CUJO CENTRO ESTÁ EM TODO LUGAR: LOGO, CONCLUI-SE QUE UM CENTRO DIVINO É, SEGUNDO O RITUAL, UM "PRINCÍPIO VITAL E IMORTAL" E EXISTE DENTRO DE NÓS.

2. ENSINAR O MODO COMO O CENTRO PODE SER ENCONTRADO DENTRO DE NÓS. ISSO ESTÁ PERSONIFICADO NA DISCIPLINA E PROVAÇÕES DELINEADAS NOS TRÊS GRAUS DA MAÇONARIA.

O TRIÂNGULO EQUILÁTERO É SÍMBOLO DO GRANDE ARQUITETO E O CÍRCULO, DO MAÇOM. O TRIÂNGULO DENTRO DO CÍRCULO LEMBRA A CADA MAÇOM DE QUE O CAMINHO PARA O CENTRO ESTÁ DENTRO DELE.

A pedra angular

Na construção do Templo do Rei Salomão, perdeu-se a valiosa e curiosa pedra angular, com muitas moedas valiosas e as dez letras, em uma construção em pedra preciosa, que Hiram Abiff se esforçou para completar. Acredita-se que ela tenha sido retirada por alguns dos trabalhadores. O rei Salomão ofereceu uma recompensa para o rápido retorno da pedra ou a elaboração de outra para substituir a original.

Um Aprendiz habilidoso fez uma pedra nova e a assentou no espaço vazio do arco. Porém, alguns dos Companheiros de Ofício consideraram uma afronta à Ordem deixar alguém de um grau inferior ter essa honra. No calor da inveja, eles pegaram a pedra nova e a jogaram no Rio Cedron, ao lado do templo. Uma recompensa também foi oferecida a quem achasse essa segunda pedra. O Irmão que a fez e dois Aprendizes procuraram por ela e, depois de a encontrarem, receberam, em partes iguais, a última recompensa e, com ela, o grau de Companheiro de Ofício. O Irmão que fez a pedra angular recebeu a primeira recompensa por sua habilidade e, com seus dois parceiros, teve a honra de assentar a pedra no arco pela segunda vez.

A pedra angular vista em um avental de seda branco. Da coleção do Chanceler Robert R. Livingston Biblioteca Maçônica da Grande Loja, Nova York, N.Y.

Visão pessoal de Robert Lomas

A PEDRA ANGULAR É AQUELA PARTE ESSENCIAL DE UM ARCO QUE UNE OS DOIS LADOS EM UM TODO, FORTE E COERENTE. SEM ESSA PEDRA VITAL, O ARCO FICA FRACO E INCONSISTENTE. NÃO FICA FORTE O BASTANTE NEM PARA SUPORTAR SEU PRÓPRIO PESO, ATÉ A PEDRA ANGULAR SER COLOCADA NO LUGAR. PORÉM, A PEDRA PODE SER IGNORADA, POR NÃO TER UM FORMATO REGULAR. PARA OS MAÇONS, ACOSTUMADOS A CRIAR BLOCOS RETANGULARES, A PEDRA ANGULAR PODE APARECER DEFORMADA E SER REJEITADA POR NÃO SER UM QUADRADO E NÃO CABER.

MAS ISSO É UMA ILUSÃO. A PEDRA TEM O FORMATO PERFEITO PARA SUA FUNÇÃO, QUANDO COLOCADA NA POSIÇÃO CORRETA, E PODE SUPORTAR TODO O PESO DE UM EDIFÍCIO. DA MESMA FORMA, UM MAÇOM RECÉM-ADMITIDO PODE PARECER ESTRANHO E MALFORMADO, INCONVENIENTE E DESAJEITADO, MAS, ASSIM QUE ELE ENCONTRA SEU LUGAR E DESENVOLVE SUAS FORÇAS, SERVE COMO UM ESTEIO VALIOSO PARA SI E SEUS IRMÃOS.

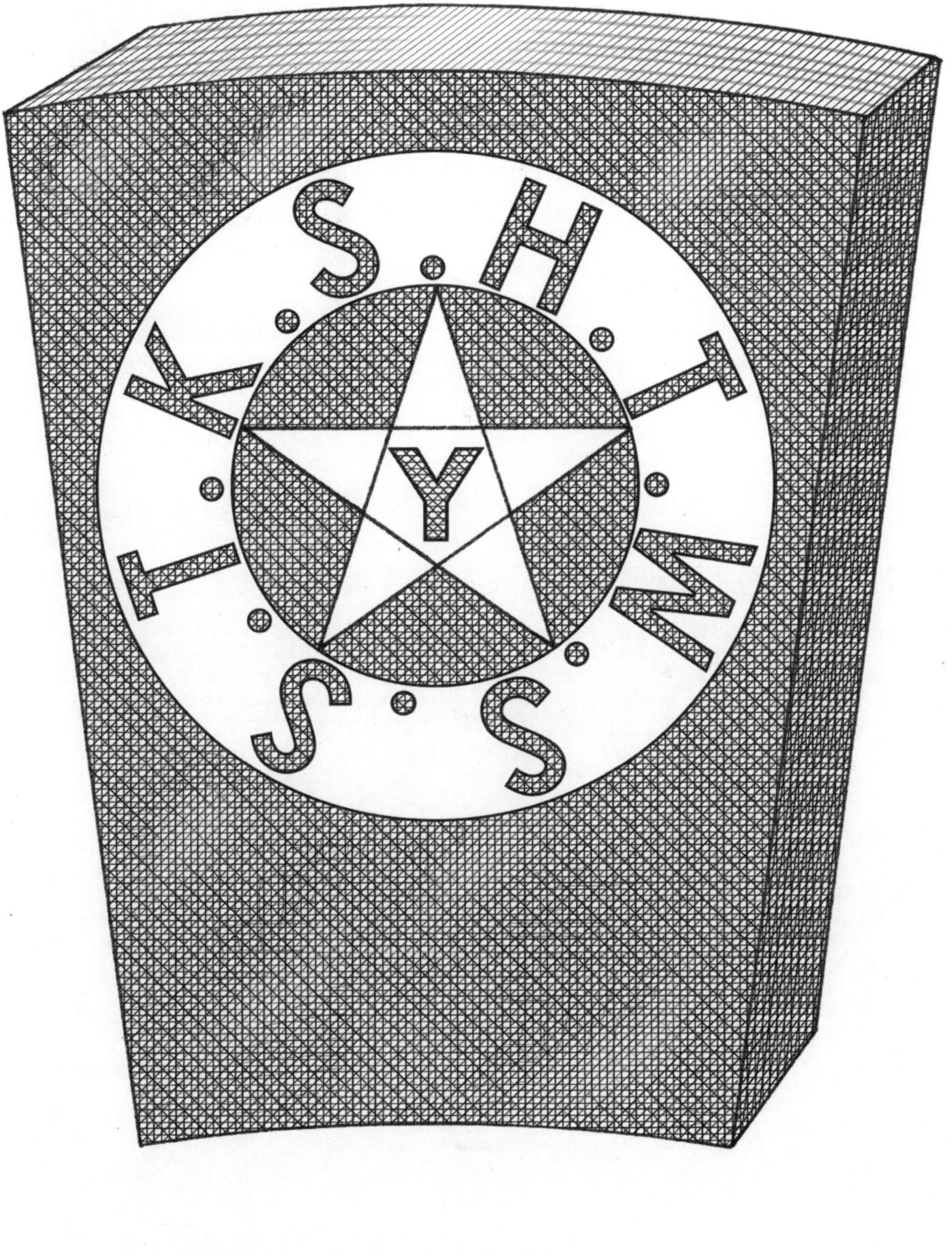
S.H.T.W.S.S.T.K.S.
Y

A cripta

Davi pretendia construir um templo para Deus, mas legou a iniciativa a Salomão, seu filho. Este escolheu um lugar perto de Jerusalém. Ao encontrar lá os restos do templo de Enoch e, imaginando que fossem as ruínas de um templo pagão, ele escolheu o Monte Moriá como local de seu templo ao verdadeiro Deus. Sob esse templo, ele construiu uma cripta à qual se aproximava por oito outras criptas, todas subterrâneas, e à qual uma passagem longa e estreita levava sob o palácio do rei. Na nona cripta, Salomão realizava suas conferências privadas com o rei Hirão, de Tiro, e Hiram Abiff.

A cripta simboliza a centelha divina no fundo da alma do maçom, que o permite reconhecer a luz do centro. Gravura de Sam Lucy de um desenho de J.A. Embeds Esq. com os esboços de Joseph Gandy.

Visão pessoal de Robert Lomas

O RITUAL NOS DIZ QUE ENOCH RECEBEU PRIMEIRO A PALAVRA PERDIDA DA MAÇONARIA E ELA FICOU ESCONDIDA EM UMA CRIPTA SECRETA, ENCONTRADA QUANDO O TEMPLO DO REI SALOMÃO FOI CONSTRUÍDO NO MESMO LOCAL. A PALAVRA FOI ESCONDIDA DE NOVO PELO REI SALOMÃO NA CRIPTA SECRETA, QUE CONTINUOU DEBAIXO DE SEU TEMPLO. FOI ENCONTRADA E DEVOLVIDA À MAÇONARIA QUANDO ZOROBABEL RECONSTRUIU O TEMPLO. E ELA SÓ PODE SER PRONUNCIADA POR TRÊS MAÇONS DO ARCO REAL JUNTOS.

A CRIPTA SIMBOLIZA A CENTELHA DIVINA NO FUNDO DA ALMA DO MAÇOM, QUE O PERMITE RECONHECER A LUZ DO CENTRO. SIMBOLICAMENTE, O MAÇOM FICA NA PRESENÇA DA CRIPTA DE PEDRA OU DA MATRIZ DENSA DE ONDE SEU SER MAIS REFINADO EMERGIU E, EM SEU CÉU, A BRILHANTE ESTRELA DA MANHÃ NASCEU PARA BANHÁ-LO NA LUZ DO CONHECIMENTO. ESSA LUZ TRANSFORMA SEU CARÁTER CAÓTICO E INCONSCIENTE EM UMA FORMA PERFEITA E LÚCIDA, AO SE TORNAR UM VEÍCULO COCONSCIENTE COM O PLANO DIVINO.

Símbolos Gerais do Ofício Mais Amplo

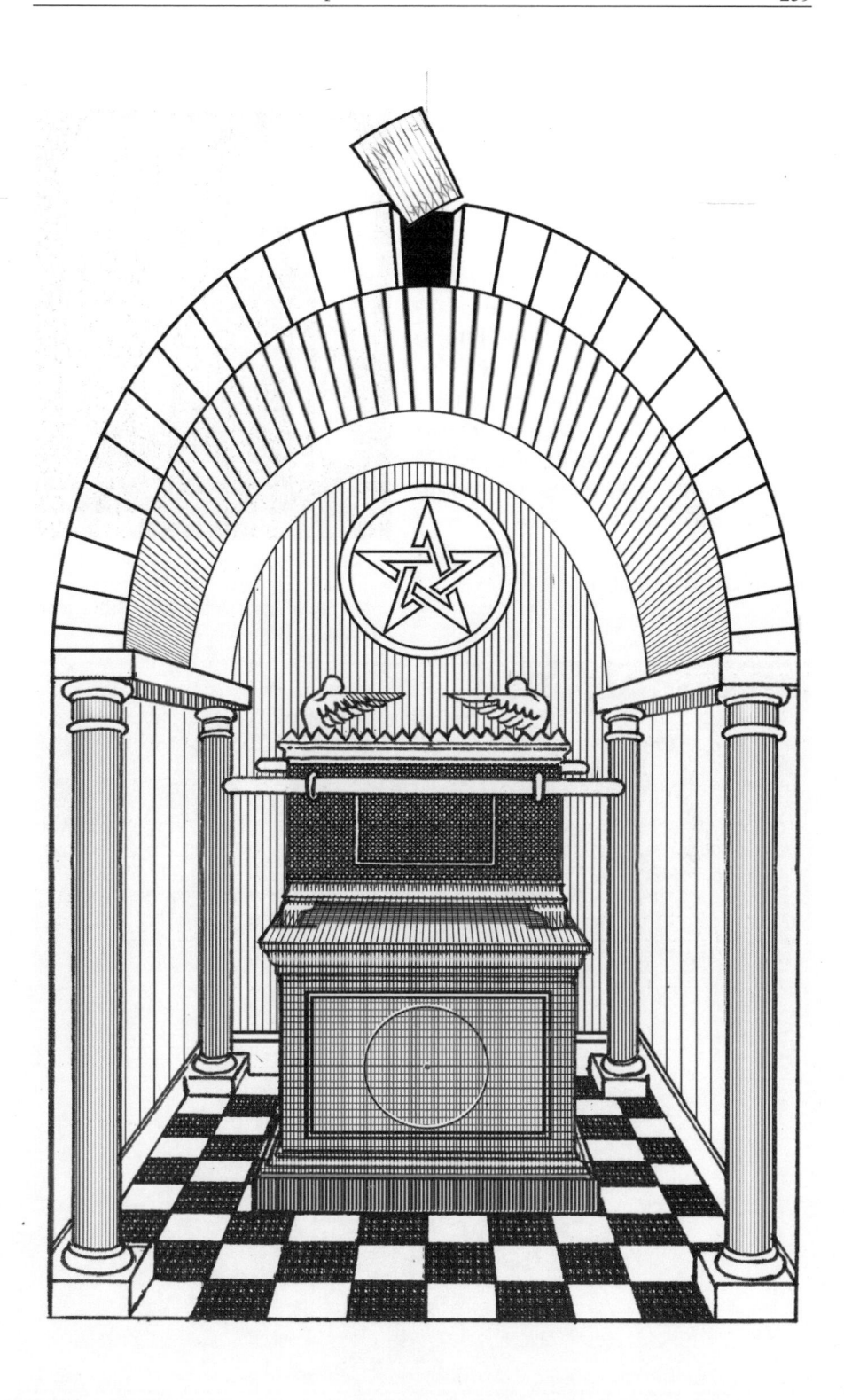

O templo incompleto

A morte de Hiram, o arquiteto chefe, lançou os trabalhadores do Templo do Rei Salomão em uma grande confusão. Atrasaram a construção do edifício por um tempo, pela necessidade de planos essenciais e de um especialista para dirigir o trabalho. Ao fim do período de luto, o rei Salomão, após consulta, selecionou cinco superintendentes, um para cada um dos cinco departamentos de arquitetura e, sob a supervisão deles, a construção do templo avançou. Desse modo, o trabalho para completar o templo tornou-se o propósito da Maçonaria.

O Mestre Maçom que ainda não fora elevado ao Arco Real é simbolizado como um templo inacabado. Da Biblioteca Britânica, Londres.

Visão pessoal de Robert Lomas

A MAÇONARIA NÃO LIDA COM O EDIFÍCIO MATERIAL DE NENHUMA ESTRUTURA EXTERNA, MAS COM O TEMPLO DESORDENADO DA ALMA HUMANA. OS RITUAIS DA MAÇONARIA SIMBOLIZAM ALGO PROFUNDO E PESSOAL: A CONFIGURAÇÃO DA ALMA DO MAÇOM, DA PEDRA BRUTA, NO CUBO PERFEITO.

OS GRAUS DO OFÍCIO DÃO UMA INSTRUÇÃO SOLENE NA PREPARAÇÃO PARA ESSE TRABALHO, MAS A OBRA DO OFÍCIO SÓ ESTÁ COMPLETA QUANDO O MESTRE MAÇOM SE AVENTURA NA CRIPTA ESCURA DE SEU SER INTERIOR DURANTE O RITUAL DO SANTO ARCO REAL. A OBRA PERMANECE INACABADA SEM A OBTENÇÃO DO ARCO REAL. O MESTRE MAÇOM, QUE AINDA NÃO FOI ELEVADO, É SIMBOLIZADO COMO UM TEMPLO INACABADO.

Símbolos Gerais do Ofício Mais Amplo 261

As colunas, o círculo e o centro

O círculo é o símbolo do infinito, cujo centro está em todo lugar e cuja circunferência não está em nenhum. Você é o infinito reduzido e comprimido a um ponto, mas do qual você pode se expandir conscientemente em um ser infinito. Seu eu pessoal e temporal é apenas um ponto separado e individualizado no oceano do espírito universal que o cerca. Ao renunciar a seu eu pessoal, você o transcenderá e, ao perder o senso de alteridade, crescerá até uma união consciente com a vida indivisível que compreende tudo.

As linhas paralelas que confinam o círculo declaram que essa vida indivisível está em todo lugar, como caracterizado pelos dois aspectos opostos unidos em equilíbrio perpétuo: espírito e matéria, amorfo e formal, liberdade e necessidade, justiça inflexível e misericórdia ilimitada. Essas paralelas permeiam o Universo em todos os planos, caracterizando cada parte dele e presente em todos os átomos. Mas eles ficam unidos em equilíbrio eterno em um ponto neutro central, onde os opostos se misturam em harmonia.

Esse ponto em você é o centro. Para encontrá-lo, você deve seguir um meio-termo, um caminho direto e estreito, sem virar à direita ou à esquerda e, em cada busca, ter a Unidade Eterna em vista.

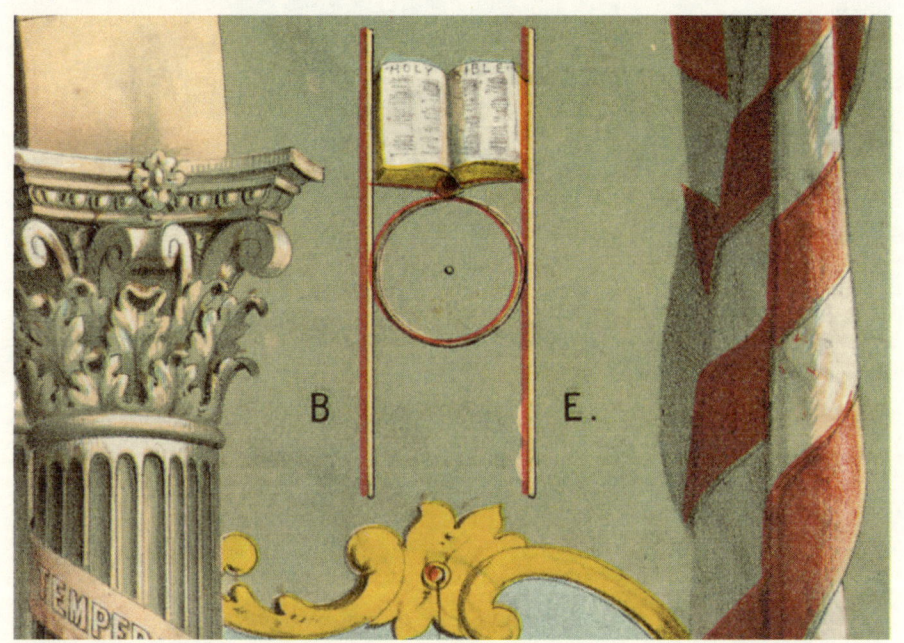

As colunas, o círculo e o centro vistos na imagem de George Washington que aparece na página 105. Biblioteca do Congresso.

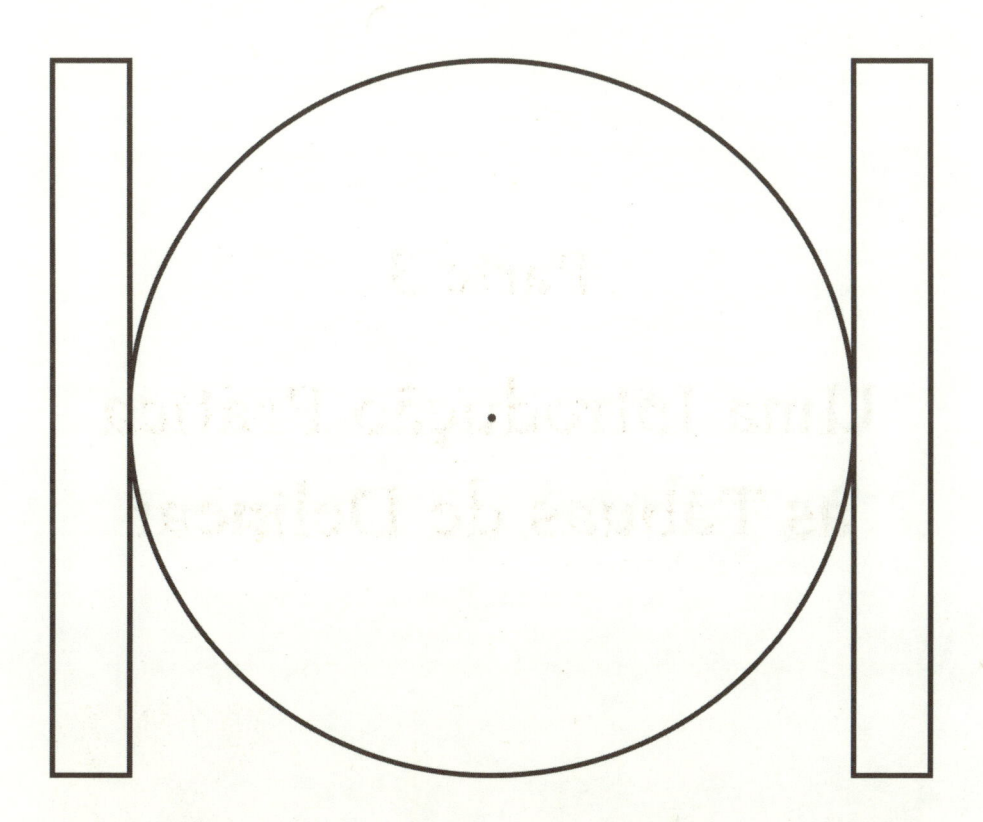

> **Visão pessoal de Robert Lomas**
>
> AS COLUNAS, O CÍRCULO E O CENTRO SIMBOLIZAM TODO O PROPÓSITO DO OFÍCIO. COM SEU CENTRO, ESPERAMOS RECUPERAR OS SEGREDOS DA NOSSA NATUREZA PERDIDA. ASSIM COMO AS LEIS DO GRANDE ARQUITETO ESTÃO NO CENTRO DE TODO O UNIVERSO E O CONTROLAM, E O SOL É O CENTRO E O DOADOR DA VIDA DE NOSSO SISTEMA SOLAR, CONTROLANDO E ALIMENTANDO COM VIDA OS PLANETAS QUE CIRCULAM AO SEU REDOR, NO CENTRO SECRETO DE CADA INDIVÍDUO, A VIDA HUMANA EXISTE COMO UM PRINCÍPIO VITAL E IMORTAL: O ESPÍRITO E A VONTADE ESPIRITUAL.
>
> USANDO ESSA FACULDADE (UMA VEZ ENCONTRADA), NUNCA ERRAREMOS. SEGUNDO O RITUAL, ELA É UM PONTO DENTRO DO CÍRCULO DE NOSSA NATUREZA E, VIVENDO COMO NÓS VIVEMOS NESTE MUNDO FÍSICO, O CÍRCULO DE NOSSA EXISTÊNCIA É DELIMITADO POR DUAS GRANDES LINHAS PARALELAS. "UMA REPRESENTA MOISÉS; A OUTRA, O REI SALOMÃO", ISTO É, LEI E SABEDORIA. A LEI DIVINA REGULANDO O UNIVERSO DE UM LADO E A SABEDORIA DIVINA NO OUTRO. O MAÇOM QUE SE MANTIVER CIRCUNSCRITO ASSIM NÃO PODE ERRAR.

Parte 3

Uma Introdução Prática às Tábuas de Delinear

Depois de cada cerimônia ensinar o candidato sobre os símbolos individuais e dar treinamento para sensibilizá-lo à sua importância, eles são combinados em uma imagem composta, chamada Tábua de Delinear. Ela é usada com dois propósitos:

1. Mostra como os símbolos podem ser combinados para dar maior compreensão nas questões consideradas.
2. Apresenta um foco para a reflexão maçônica na qual o candidato é levado a considerar que mensagem essa combinação de símbolos pode passar.

O método de ensinamento é revelar a Tábua de Delinear e depois dar uma explicação ritualística de seu significado maçônico.

São seis as tábuas que levam a uma compreensão completa do símbolo místico final, conhecido como o centro, o ponto a partir do qual nenhum maçom pode errar.

Capítulo 14

As Tábuas de Delinear

A Tábua de Delinear do Primeiro Grau

Mostra ao maçom recém-admitido uma visão do escopo filosófico de seu ofício. O piso quadriculado da Loja, abrangendo luz e escuridão, prolonga-se até encontrar o céu distante, que, por sua vez, se divide em dia e noite. O Sol, no canto nordeste, é mostrado governando o dia e iluminando a pedra bruta, protegida da luz pela Coluna da Beleza. A Lua, no canto noroeste, é mostrada para governar a noite, e seus raios de conhecimento iluminam a pedra perfeita, que fica diante da Coluna da Força, apoiada em um Lewis.

No chão ficam as ferramentas de trabalho dos Oficiais da Loja: o esquadro, o nível e o prumo, iluminadas pelo Sol em seu meridiano. No centro da Loja fica o altar, sustentando os três grandes *Landmarks* do esquadro, o compasso e o Livro da Lei. O altar

Cortesia de <www.tracingboards.com>.

escora a base da Escada de Jacó, que alcança o raiar da brilhante estrela da manhã no Oriente, e na escada ficam os sete oficiais angelicais da Grande Loja no céu, incluindo fé, esperança e caridade. Na fachada do altar fica o símbolo do centro, o ponto do qual nenhum Mestre Maçom pode errar. O altar é iluminado pela brilhante estrela da manhã, e sua sombra cai sobre a Tábua de Delinear, mostrando o projeto divino, ainda na escuridão, e as ferramentas de trabalho do Mestre Instalado, cujo trabalho é trazê-lo à luz.

As ferramentas de trabalho de todos os graus estão distribuídas sobre esses principais *Landmarks* simbólicos.

A Tábua de Delinear do Segundo Grau

Mostra o candidato chegado ao pé da escada espiral, que leva à câmara interna onde ele receberá seus salários. Ele deixou a cidade distante e cruzou o rio de água corrente e os campos cheios de espigas de milho para chegar ao Pórtico, ou entrada, para o Templo do Rei Salomão. Lá, ele é desafiado pelo Segundo Vigilante, que fica diante da entrada do templo, entre as colunas terrestre e celestial, Boaz e Jachin. Essas colunas denotam força e, quando unidas, estabelecem a estabilidade.

Losangos equiláteros pretos adornam o lindo pavimento branco do Pórtico. O pavimento xadrez do corredor superior leva ao centro sombrio e misterioso do Templo, que esconde um símbolo sagrado do Grande Arquiteto do Universo. A entrada para a Câmara do Meio é guardada pelo Primeiro Vigilante. Seu dever é desafiar cada Companheiro de Ofício, exigindo o toque e a palavra de passe de seu Grau como prova de seu merecimento para receber seu salário.

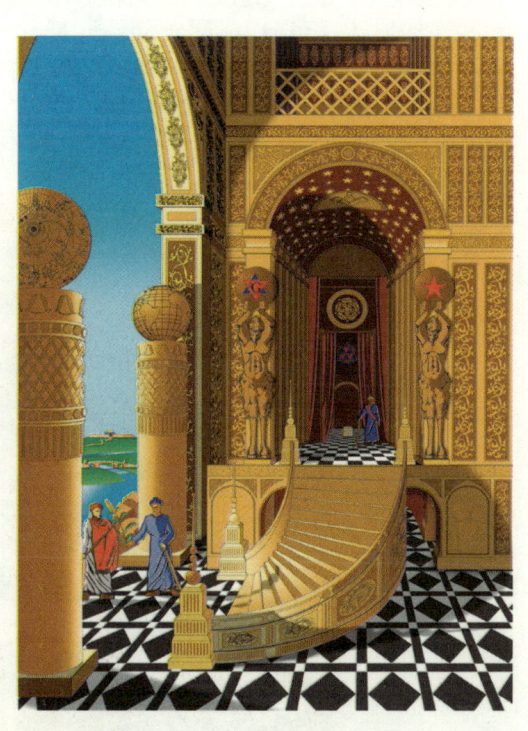

Cortesia de <www.tracingboards.com>.

A Tábua de Delinear da Marca

Era colocada no interior do Templo do Rei Salomão logo antes de os maçons terminarem o trabalho de construção. Ela mostra uma vista pelo arco incompleto, na direção da pedreira, ao lado do Rio Cedron. A distância, ficam as montanhas e a cidade eterna, e uma estrela flamejante brilha no céu sobre eles. O Segundo Vigilante fica na entrada da pedreira para supervisionar o trabalho.

O Pórtico é emoldurado pelo símbolo em três partes do tau triplo e realçado pelas duas colunas, Boaz e Jachin. Contra uma das colunas, o machado de dois gumes do Primeiro Vigilante fica pronto para testar a integridade de todos os Maçons da Marca. O piso do Pórtico mostra o pavimento xadrez levando para baixo, primeiro para o pavimento de losangos e, por fim, para o labirinto preto e branco em cujo centro fica o altar cúbico.

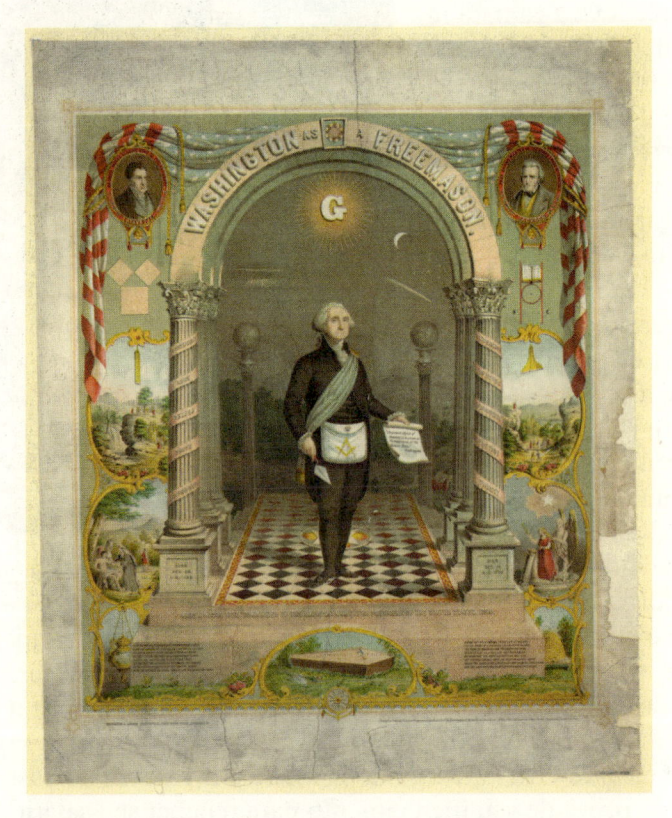

Ir. George Washington retratado em meio às imagens retiradas das Tábuas de Delinear.

No fundo ficam a pedra perfeita, a pedra angular e o cubo duplo perfeito. Losangos azuis são colocados na borda vermelha da tábua, simbolizando o tamanho infinito da Loja. Nos cantos ficam os símbolos misteriosos gravados por Hiram Abiff nas quatro faces da pedra angular.

A Tábua de Delinear do Terceiro Grau

Mostra a cova rasa na qual os restos mortais do Grão-Mestre, Hiram Abiff, foram encontrados pela Loja de Companheiros de Ofício que o procuravam. Eles o cobriram com um pano branco em sinal de respeito, como um símbolo de inocência, e marcaram seu túmulo com um ramo de acácia no topo. Em volta da cova foram colocadas as ferramentas do Mestre Maçom, o que nos lembra de cumprir as tarefas que nos forem atribuídas, enquanto ainda é dia, e de ouvir a

Cortesia de <www.tracingboards.com>.

voz da natureza. Dentro de nossa moldura perecível reside um princípio imortal. Ele inspira uma confiança sagrada que o Senhor da Vida nos ajudará a pisar no Rei dos Terrores e elevar nossos olhos àquela brilhante estrela da manhã, cujo raiar traz paz e tranquilidade aos membros fiéis e obedientes da raça humana.

Um esquadro, o emblema do Mestre Maçom, é colocado em seu peito, e a planta, o cordel, o compasso, o lápis, o nível e o prumo são arranjados em sua mortalha. A seus pés estão os emblemas da mortalidade, que levaram um maçom a contemplar seu destino inevitável e guiar suas reflexões na direção dos mais interessantes e úteis de todos os estudos humanos: o autoconhecimento.

A Tábua de Delinear do Arco Real

Mostra a descoberta da cripta secreta embaixo das ruínas do Templo do rei Salomão pelos três hóspedes empregados pelo Sanhedrin, de Jerusalém, para reconstruir o templo. Eles estão levantando a pedra angular do pórtico para acessar a câmara secreta, que contém o altar sagrado e a palavra perdida da Maçonaria.

O feixe de luz do Sol cai sobre a cripta sombria, que contém a palavra perdida escavada na face do pedestal, colocado em um triângulo equilátero, que é o antigo símbolo enoquiano do Grande Arquiteto.

O pavimento xadrez representa a incerteza da vida e a instabilidade das

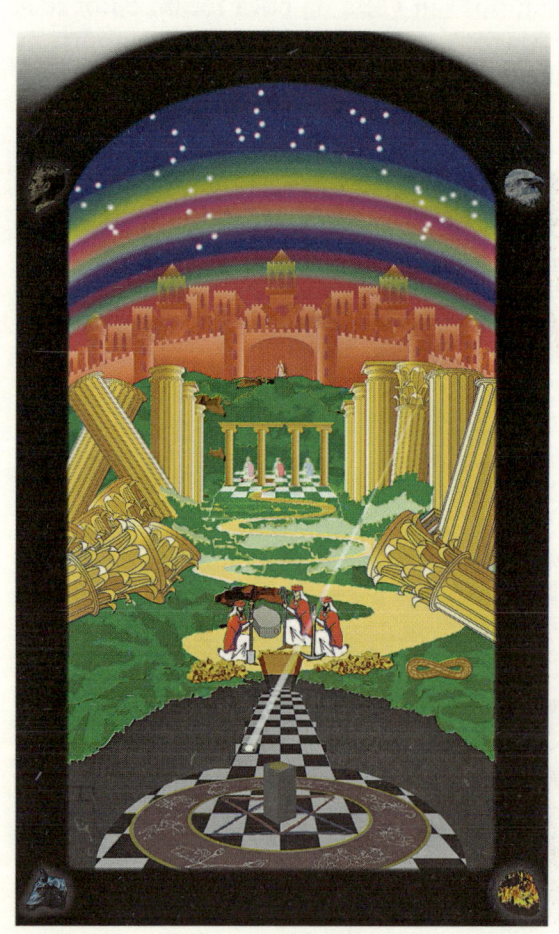

Cortesia de <www.tracingboards.com>.

coisas terrestres, e o pedestal de mármore branco puro, na forma de um cubo duplo verdadeiro, é o emblema perfeito da inocência e da pureza. Está posicionado em um círculo, o emblema da eternidade, por não ter início nem fim. O círculo nos lembra da pureza, da sabedoria e da glória do Onipotente, que não tem início nem fim.

No fundo, no fim do caminho espiral, estão os três chefes do Sanhedrin: Zorobabel, Ageu e Josué. Eles ficam entre as colunas da estabilidade e as do conhecimento. Atrás deles está a cidade eterna e, acima dela, o arco-íris e o Santo Arco Real do céu.

A Tábua de Delinear do centro

Mostra o desenvolvimento de um Candidato até se tornar Mestre Maçom. Cada um dos quatro passos, de Candidato a Aprendiz, depois para Companheiro e, finalmente, para Mestre Maçom, é colocado dentro do círculo que circunda o centro místico. As sombras das figuras representam as posições do Sol onde são dados os vários passos: o Candidato com o Sol no canto nordeste, o Aprendiz com o Sol no canto sudeste, o Companheiro de Ofício com o Sol nascendo no equinócio vernal, e o Mestre Maçom com o Sol no meio-dia em ponto, quando um homem não lança sombra.

A Loja é preparada com seus símbolos traçando o caminho em espiral para o centro, no pavimento preto e branco. As duas linhas de símbolos representam o declínio ao quadrado escuro da morte e a ascensão à luz da brilhante estrela da manhã.

Essa tábua resume a jornada espiritual completa de Candidato a Mestre Maçom. A Maçonaria baseia-se nos três grandes princípios: amor fraterno, assistência e verdade. Em nossas reuniões sociais praticamos o amor fraterno e, com nossas doações para caridade, praticamos a assistência. Por fim, não devemos ignorar a busca maçônica curiosa e intelectual pela verdade, que deve ser a força motriz por trás de nosso anseio de tornar visível a luz do centro.

Cortesia de <www.tracingboards.com>.

O centro

O ritual maçônico preceitua o seguinte diálogo formal entre o Venerável Mestre e seus Vigilantes:

>*Venerável Mestre*: Irmão Segundo Vigilante, enquanto contemplais os deveres de seu ofício, o que observais?
>*Segundo Vigilante*: Um símbolo profundo, Irmão Mestre.
>*Venerável Mestre*: Irmão Primeiro Vigilante, onde este símbolo profundo é encontrado?
>*Primeiro Vigilante:* No centro da Loja, Irmão Mestre.
>*Venerável Mestre*: Irmão Segundo Vigilante, como os Irmãos podem reconhecer este símbolo?
>*Segundo Vigilante:* Pela letra G, brilhando do centro de uma estrela flamejante, Irmão Mestre.
>*Venerável Mestre*: Irmão Primeiro Vigilante, a que esse símbolo se refere?
>*Primeiro Vigilante:* Ao Grande Arquiteto do Universo ao qual vós, eu e todos devemos mostrar respeito, Irmão Mestre.

Portanto, Irmãos, lembremos, seja onde estivermos e o que fizermos, o olho onividente do Grande Arquiteto do Universo vê todos nós, assim como todas as nossas ações pelo Universo. Devemos perseverar como Irmãos fiéis do Ofício e aplicar a Geometria com fervor e zelo para atingir esse ponto do qual nenhum Mestre Maçom pode errar.

Índice Remissivo

A

Abadia da Santa Cruz 77

Aberdeen, Loja de 83, 85, 124

Abiff, Hiram 129, 130, 210, 220, 244, 250, 254, 256, 258, 268

Aldrin, Edwin E. "Buzz" 133

Álgebra, símbolos da 95

al-Khwarizmi, Mohammad ibn-Musa 96

Apolo 132, 133, 136, 137, 138, 139

Aprendiz 95, 124, 133, 134, 168, 170, 171, 198, 204, 206, 224, 230, 256, 269

Arco Real 17, 252, 260, 269

Arquitetura 130, 226, 227

B

Beleza 128, 129, 130, 131, 134, 178, 266

Bohr, Neils 103

C

Capela Rosslyn 82, 83, 85, 87

Caridade 188

Casa Branca 117, 136

Caverna Blombos 25, 53

Cérebro 69

Charles I 115, 116

Colunas 110

Companheiro de Ofício 222, 224, 256, 267, 269

Compasso 133

Constituição dos Estados Unidos 18, 121, 122, 128, 131

Cromwell, Oliver 18, 19, 90, 106, 108, 115

Cruz latina 81

Cruz Verdadeira 77, 81, 82

D

Declaração de Independência 121, 122, 123

Delta 136, 137

Dórica 18, 130, 176, 226, 227, 228, 229

E

Edelman, Gerald 42, 46

Edwards, Betty 35

Egito 62, 65, 78, 111, 112, 113, 114, 118

Einstein, Albert 93, 103, 137

Enoch 110, 111, 258

Escada de Jacó 148, 182, 200, 266

Escócia 48, 60, 77, 82, 83, 84, 88, 108, 115

Esperança 186

Esquadro 123, 124, 133

Estrelas 129, 135, 136, 180

Euclides 67, 98, 99

Euro 120

"Eva Mitocondrial" 23

F

Fé 184

Flor-de-Lis 214

Força 128, 129, 130, 131, 134, 176, 266

Franklin, Benjamin 18, 121, 126

G

Galileu 96

Geometria 29, 79, 90, 94, 96, 98, 100, 220, 272

Gimbutas, Marija 31, 47

Giz 201

Gourlay, Kath 83

Graham, William 84

Grande Arquiteto do Universo 90, 96, 97, 99, 110, 137, 184, 196, 220, 222, 226, 267, 271, 272

Grécia 67, 227

Guerra Civil Inglesa 10, 115, 116

H

Hackwell, W. John 61

Haye, Gilbert 77, 82, 85, 87

Heliópolis 112, 113, 118

Henshilwood, Chris 25

Hirão, rei de Tiro 67, 113, 114, 115, 129, 130, 220, 250, 254, 258

Hitler, Adolf 103

Homo Sapiens 22, 23, 25, 45, 46, 47, 111

I

Império Romano 80

J

Jackson, Thomas W. 17

Jaffe, Aniela 30
Jay, John 127, 131
Johnson, Lyndon B. 133
Jônica 18, 130, 174, 226, 227, 229
Jung, Carl Gustav 28

K

Kennedy, John F. 132, 133
Kleinknecht, Kenneth 138

L

Lafayette, marquês de 109, 126
Lewis 27, 43, 44, 45, 46, 202, 266
Lewis-Williams, David 27, 43
Lily, William 98

Livro da Lei 133, 152, 153, 196, 200, 240, 266

Logan, George 75

Lojas lunares 135

Lojas Maçônicas 156, 202

Lua 129, 132, 133, 134, 135, 136, 137, 138, 139, 140, 158, 166, 180, 266

M

Madison, James 126, 127, 131

Malho 170

Marca 17, 244, 267

Matemática 16, 18, 29, 43, 59, 90, 92, 97, 98, 99, 101, 103

McClintock, Martha 72

Mellaart, James 50

Mesopotâmia 55, 61, 182

Mestre 24, 64, 85, 86, 95, 109, 114, 115, 119, 123, 124, 125, 126, 128, 129, 131, 134, 139, 144, 146, 148, 154, 162, 166, 196, 220, 230, 232, 244, 246, 260, 266, 267, 268, 269, 270, 271, 272

Mestre da Loja 86, 134, 166

Montesquieu, Charles 127

Moray, Robert 90, 96, 100
Morris, Brent 126, 131

N

National Aeronautics and Space Administration (NASA) 133, 134, 136, 137, 141
Newton, Isaac 18, 96, 97, 98, 99
Nível 94, 95, 123, 125

O

Ofício 85, 86, 87, 90, 131, 134, 162, 220, 222, 224, 244, 250, 256, 267, 268, 269, 272
Oppenheim, Leo 59
Orkney 34, 60, 61, 83
Oughtred, William 92, 93

P

Penrose, Roger 102

Pergaminho Kirkwall 83, 84, 85, 86, 88, 108, 132, 134, 136

Pierce, William 127

Platão 16, 21, 28, 29, 67, 101, 102

Pórtico 110, 235, 267

Primeiro Grau 87, 144, 192, 204, 266

Primeiro Vigilante 95, 123, 125, 129, 146, 220, 267, 271

Principia Mathematica 100

Prumo 123, 125, 148

R

Real Sociedade 90, 91, 94, 96, 97, 98, 99, 100

Recorde, Robert 94

Religião 90

Revolução Americana 126

Revolução Francesa 18, 107, 108

RGP 32, 34, 43

Roosevelt, Franklin D. 103, 137

S

Sabedoria 128, 129, 130, 131, 134, 174

Salomão, rei 67, 87, 97, 98, 99, 109, 110, 113, 114, 115, 129, 130, 164, 200, 208, 210, 218, 220, 224, 244, 245, 250, 252, 256, 258, 260, 267, 269

Santa Cruz 77, 82

Schmandt-Besserat, Denise 56

Secondat, Charles de 127

Segunda Guerra Mundial 103, 104

Segundo Grau 54, 148, 206, 220, 224, 230, 267

Segundo Vigilante 95, 123, 125, 129, 220, 267, 270, 271

Selo de Salomão 252

Shreeve, James 23

Símbolos da fala 38

Símbolos de contagem 39

Símbolos emotivos 38

Sinclair, William 77, 82, 85

Sol 96, 101, 129, 134, 135, 136, 137, 138, 156, 158, 166, 180, 192, 194, 266, 269

Stagg, J. C. 127

Suméria 55, 56, 61, 62, 64, 96

Sykes, Bryan 23

Szilard, Leo 103, 137

T

Tábuas de Delinear 17, 18, 88, 134, 264, 266, 268

Templo de Salomão 87, 98, 99, 109

Terceiro Grau 194, 230, 240, 241, 268

Toscana 226, 227, 229

U

União Soviética 136

V

Vale Boyne 60, 75

W

Wallis, John 18, 90, 92, 93, 94, 98
Washington, George 105, 106, 107, 108, 117, 127, 262, 268
Webb, James E. 137
Wedekind, Claus 73
Wilson, Jim 47
Wolfe, Tom 136, 138